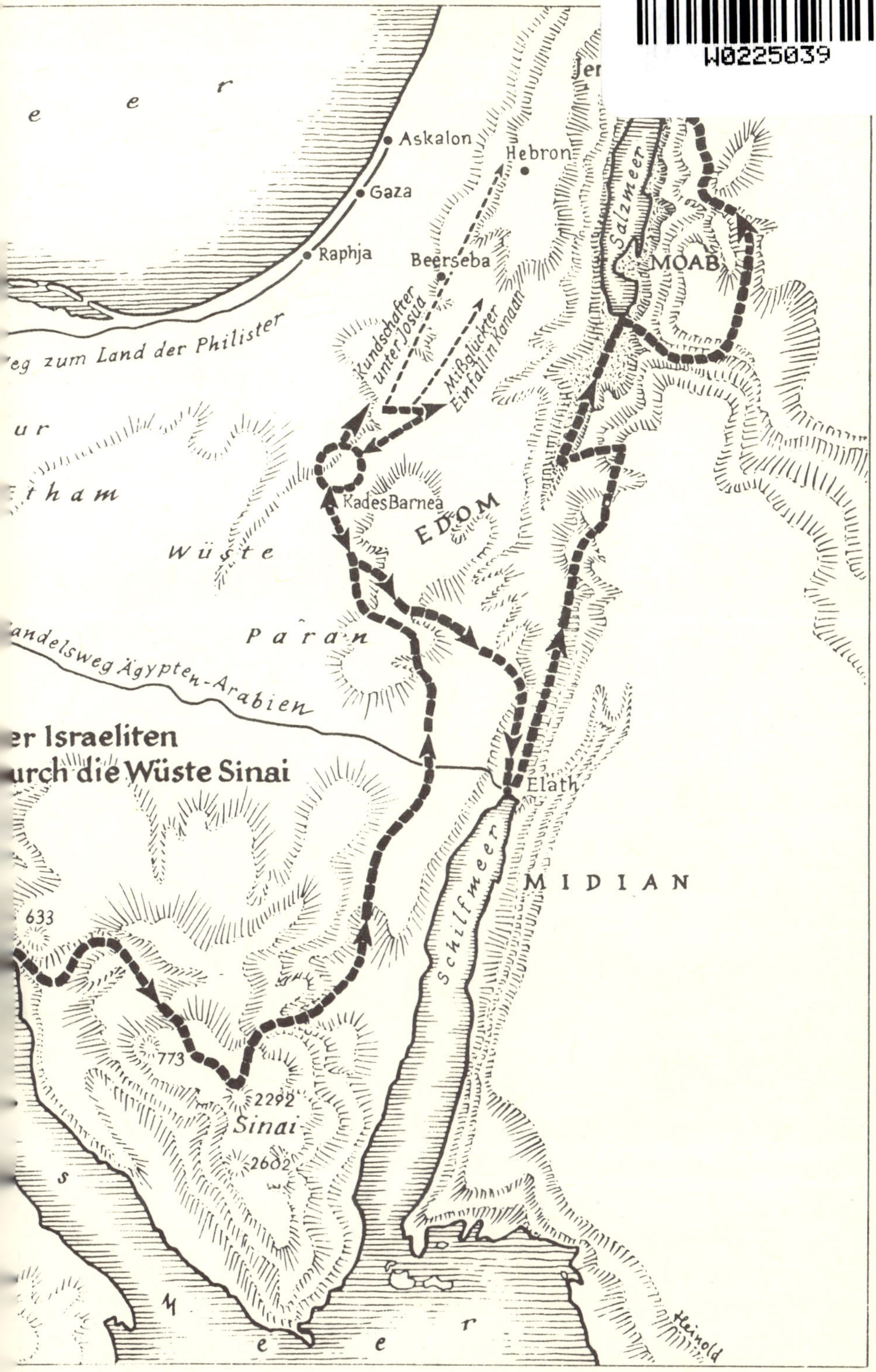

e e r
Askalon
Hebron
Gaza
Raphja
Beerseba
Salzmeer
MOAB
eg zum Land der Philister
Kundschafter unter Josua
Mißglückter Einfall in Kanaan
u r
t h a m
Kades Barnea
EDOM
W ü s t e
P a r a n
andelsweg Ägypten-Arabien
er Israeliten
urch die Wüste Sinai
Elath
MIDIAN
Schilfmeer
633
773
2292
Sinai
2602
s
M e e r
Heinold

Gerhard Konzelmann

Die Hebräer

Gerhard Konzelmann

Die Hebräer

Ursprung und Aufbruch des biblischen Volkes

27 Abbildungen
6 Übersichtskarten

Herbig

Ersterscheinungstermin 1976
unter dem Titel »*Aufbruch der Hebräer*

Erweiterte Auflage

Schutzumschlagentwurf: Christel Aumann, München
Gesamtherstellung: Mohndruck
Graphische Betriebe GmbH, Gütersloh
Printed in Germany
ISBN 3-7766-0808-0

Das Geschehen von heute
wurzelt in den
Ereignissen von gestern

Inhalt

Statt eines Vorworts

Die fünf Bücher Mose – Israels Grundbuch des Nahen Ostens

Israels Ministerpräsident Itzhak Schamir erhielt im Frühsommer des Jahres 1990 eine gute Nachricht: Der sowjetische Präsident Michael Gorbatschow hatte angekündigt, die Grenzen seines Landes seien künftig durchlässiger und für die jüdischen Menschen, die aus der Sowjetunion nach Israel ausreisen wollen. Für Itzhak Schamir sind Gorbatschows Worte Anlaß, sich auf die baldige Ankunft von 750000 neuen Bürgern des Staates Israel zu freuen. Er kalkulierte, daß sich damit die Zahl der Bewohner Israels um nahezu ein Viertel erhöhen werde. Schamir sah fortan seine Aufgabe vor allem darin, sich Gedanken zu machen, wo die Neubürger untergebracht werden können. Naheliegend ist für den israelischen Ministerpräsidenten die Vision, den Familien aus der Sowjetunion Boden im besetzten Gebiet westlich des Jordan zu überlassen – Boden, auf den Israel allerdings nach internationalem Recht keinen Anspruch besitzt, denn er gehört völkerrechtlich zum Territorium der Araber.

Itzhak Schamir aber denkt in religiös orientierten Rechtskategorien. Für ihn ist das Alte Testament, sind die Fünf Bücher Mose das Grundbuch des Nahen Ostens. In diesen Schriften wird berichtet, Gott habe dem jüdischen Volk für alle Zeit den Boden zwischen Mittelmeer und Jordanland zugewiesen, und dazu gehöre eben die Region, die heute »besetztes Gebiet« genannt werde. Schamirs Standpunkt ist, ein israelischer Ministerpräsident habe nicht das Recht, ein derartiges Geschenk, das Gott einst seinem auserwählten Volk gemacht habe, in unserer Zeit zurückzuweisen. Er fühlt sich verpflichtet, das Land, das Israel seit 1967 besetzt hält, den jüdischen Menschen, die Israel zur Heimat gewählt haben, zu sichern. Diese Verpflichtung zwingt ihn dazu, den Rechtsanspruch der Palästinenser zu mißachten: Daß arabische Menschen das Gebiet westlich des Jordan als ihr Eigentum betrachten, kann in der politisch-religiösen Gedankenwelt des israelischen Ministerpräsidenten kein Faktor sein, der Rücksichtnahme verdient. Itzhak Schamir muß die Überzeugung ausdrücken, durch den Griff nach dem Westjordanland werde in unserer Zeit der Wille Gottes erfüllt. Diese Verpflichtung gilt seit Mitte Juni 1990 in besonders starkem Maße: Nach langen Wochen der Verhandlungen ist es Schamir gelungen, eine Regierung zu bilden, in die kompromißlose national-religiöse Politiker eingebunden sind, die darauf bedacht sind, jeglichen Verzicht auf Boden, der in alttestamentarischer Zeit den jüdischen Stämmen gehört hat, unter allen Umständen zu verhindern. Die Regierung des Staates Israel, die im Sommer des Jahres 1990 die Verantwortung für die Politik übernahm, wird nicht daran denken, irgendwelche besetzten Gebiete an Araber zurückzugeben. Der Prozeß der Eingliederung des Westjordanlandes setzt sich fort.

Gegen diese Landnahme wehrt sich die palästinensische Bevölkerung durch »Intifade«, durch den Aufstand. Vor allem die jungen Palästinenser, die nach 1967, nach der Besetzung des Westjordanlandes durch Israel geboren worden sind, rebellieren gegen die Besatzungsmacht, die ihnen das Recht auf Selbstbestimmung, auf Selbstverwaltung verweigert. In ihren Aufgaben zu »Intifada« könnte sich die Palästinenserführung auf Übereinstimmung mit dem Standpunkt der Mehrheit aller Staaten berufen, die in den Vereinigten Nationen vertreten sind. Der Sicherheitsrat der Vereinten Nationen hatte schon im Herbst 1967 durch Beschluß Nummer 242 festgestellt, daß Landnahme jeglicher Art in unserer Zeit von der Völkergemeinschaft nicht mehr geduldet werden dürfe. Doch die führenden Köpfe der Palästinenser denken nicht mehr daran, auf Hilfe durch internationale Gremien, wie den Weltsicherheitsrat, zu hoffen. Fast ein Vierteljahrhundert lang hat das palästinensische Volk vergeblich darauf gewartet, daß ihm die Gemeinschaft der Völker zu seinem, durch Sicherheitsratsbeschluß verbrieften Recht auf sein Land verhelfe. Die Enttäuschung, die sich während des vergeblichen Wartens aufgestaut hatte, kommt zur Entladung in »Intifada«, im Kampf gegen die israelische Besatzungsmacht.

Die Führung der »Intifada« feuert Jugendliche an, Steine gegen die hochgerüsteten Sicherheitskräfte des israelischen Staates zu werfen. Es gehört auch zu ihrer Taktik, die Polizisten und Soldaten zu provozieren, sie sogar zum Gebrauch der Schußwaffe zu veranlassen. Daß Palästinenser im Verlauf der »Intifada« ihr Leben verlieren, gehört auch zum Kalkül der Palästinenserführung. Der Tod der Kinder und Jugendlichen soll die Welt aufrütteln, soll die Weltöffentlichkeit dazu zwingen, mit allen politischen Mitteln auf eine Lösung des Konflikts zu drängen – allerdings auf eine Lösung, die Rücksicht nimmt auf die Rechte der Palästinenser.

Die Grundlage für eine politische Lösung hat Jasir Arafat im Jahre 1988 geschaffen: Er hat die Existenz eines Staates der Palästinenser proklamiert, ohne über das Land zu verfügen, auf dem sein Volk diesen Staat aufbauen könnte. Der Ausgangspunkt der Überlegung des Chefs der Palästinensischen Befreiungsbewegung ist, daß für einen Staat drei völkerrechtlich wirksame Pfeiler nötig sind. Diese Pfeiler sind: Ein Volk, ein Land für dieses Volk, und internationale Anerkennung für die politische Vertretung dieses Volkes. Verfügt der PLO-Vorsitzende über zwei dieser Pfeiler, dann besitzt er die Chance, den dritten Pfeiler auf dem Weg kluger Verhandlungen erreichen zu können.

Arafat war es gelungen, in einem zähen Kampf, der fast drei Jahrzehnte lang andauert, aus einer Masse von Flüchtlingen das palästinensische Volk zu formen, dessen Existenz auch von den israelischen Politikern nicht mehr bezweifelt wird. Golda Meir hatte am Ende der 60er Jahre noch sagen können: »Das Volk der Palästinenser gibt es gar nicht – das sind doch alles jordanische Flüchtlinge!« Das israelitische Volk mußte bittere Opfer bringen im Prozeß des Begreifenlernens, daß die Existenz des Volkes der Palästinenser Realität ist.

Das Land, das diesem Volk gehört, wird nach der Vorstellung Arafats das Gebiet des Gazastreifens und des Westjordanlandes sein. Dazu gehört auch der Ostteil von Jerusalem, der 1967 der Autorität des jordanischen Königs unterstanden hatte. Im Rahmen seiner Staatsproklamation verkündet Arafat, Jerusalem werde künftig die Hauptstadt Palästinas sein. Mit dieser Verkündung hat die PLO-Führung allerdings ein Hindernis auf dem Weg zum Staat Palästina aufgebaut, das nicht zu überwinden sein wird. Ohne Zweifel kann Itzhak Schamir mit der Unterstützung durch nahezu alle Bürger Israels rechnen, wenn er sagt: »Auf die Stadt, in der die Klagemauer steht, werden wir nie mehr verzichten!«

Der General und Politiker Ariel Scharon hatte im Juni 1967 unmittelbar nach der Eroberung von Ostjerusalem im Angesicht der Klagemauer die richtungsweisende Parole ausgegeben: »Das jüdische Volk ist hierher zurückgekehrt, an den Platz, an dem die Urahnen gebetet haben, um hier für alle Zeiten zu bleiben! Nie mehr lassen wir uns von diesem heiligen Ort vertreiben!«

Das waren die Worte, durch die Ariel Scharon den Bezug hergestellt hat zwischen heute und der Frühzeit des jüdischen Volkes, zwischen der Epoche der Neuorientierung der Juden im Land der Väter und dem Zeitalter des Aufbruchs. Die Klagemauer in Jerusalem ist ein Zeugnis jenes Zeitalters. Sie ist der letzte Bestandteil des Tempels von Jerusalem, der bis in die Gegenwart überdauert hat. Die Klagemauer ist der steinere Beweis dafür, daß das jüdische Volk bereits vor Jahrtausenden genau an diesem Punkt der Erde seinen religiösen Mittelpunkt besaß. Parlament

und Regierung des Staates Israel haben deshalb immer wieder bekräftigt, die Heilige Stadt Jerusalem sei unteilbar, dürfe nie mehr mit einem anderen Volk geteilt werden – also auch nicht mit den Palästinensern.
Doch gerade auch dieses Volk fühlt sich durch seinen glauben an Jerusalem gebunden. Der Grund dafür ist in der Koransure »Die Nachtreise« zu finden. Darin wird beschrieben, daß der Prophet Mohammed nächstens auf wunderbare Weise von Mekka nach Jerusalem entrückt wurde, damit er dort erlebe, welche Werte den wahren Glauben auszeichnen. Die islamische Tradition ergänzt den Korantext. Überliefert ist, der Prophet habe am Zielpunkt der Nachtreise die anderen Propheten getroffen, die bis dahin den Menschen die Lehre vom einen und allmächtigen Gott übermittelt haben. Da sei Abraham gewesen, aber auch Mose und Jesus. Gerade Jesus habe Mohammed den Vortritt gelassen beim Gebet – Jesus habe damit Mohammed als den Vollender der Offenbarung anerkannt. Mit diesem Akt der Unterwerfung habe Jesus vor allem den Eindruck getilgt, er sei etwas Besonderes – er sei der Sohn Gottes. Diese Meinung, so sagen die Moslems, könne seit der Offenbarung der Koransure »Die Nachtreise« nur als Ketzerei gelten.
Daß auch Mose den Propheten der Araber beim gemeinsamen Gebet als Vollender der Offenbarung anerkannt habe, ist nach Überzeugung der Moslems das Zeichen dafür, daß der Glaube der Juden durch den Islam überholt wurde und überflüssig geworden ist. Dieses gemeinsame Gebet habe auf der großen grauen Felsplatte stattgefunden, über der sich seit zwölf Jahrhunderten die goldene Kuppel des Felsendoms wölbt. Von dieser Felsplatte aus sei Mohammed auf einer Lichtleiter in den Himmel gestiegen, um dort mit dem ewigen Buch Allahs vertraut gemacht zu werden.
Diese Überlieferung ist die Ursache dafür, daß sich kein islamischer Palästinenser jemals mit der israelischen Besetzung der heiligen Zone um den Felsendom abfinden kann. Dabei muß eine Besonderheit des islamischen Glaubens festgehalten werden: Glaube und Politik sind untrennbar miteinander verbunden. Die Heiligkeit des Felsendoms ist eine politische Realität – daran zu glauben, ist nicht Privatsache. Deshalb gilt der Grundsatz: Ein Moslem, der auf die islamische Souveränität über den Felsendom verzichtet, der wird zum Feind des Islam.
Juden und Moslems halten – verankert in Geschehnissen, die weit zurückliegen – an ihren Glaubenstraditionen unverrückbar fest. Doch schließt eine Glaubenstradition die andere aus. Nur eine von beiden kann in der Gegenwart politisch wirksam sein. Durchsetzen wird sich

die Seite, die ein Höchstmaß an Überzeugung mit dem Höchstmaß an Kampfkraft verbindet. So war dies schon zur Zeit des Aufbruchs der Hebräer gewesen: Die Philister – das waren die biblischen Vorfahren der Palästinenser gewesen – hatten sich vor drei Jahrtausenden den jüdischen Stämmen schließlich beugen müssen, weil ihre religiöse Ideologie dem Glauben der Juden weit unterlegen war. Die Philister hatten zwar gewußt, wie eiserne Schwerter herzustellen waren – den jüdischen Stämmen war diese Fertigkeit zur Zeit der Landnahme nicht vertraut – doch die Juden waren geführt von der Überzeugung, der allmächtige Gott Jahwe stehe auf ihrer Seite. Diese Überzeugung hatten die Philister keine gleichwertige Ideologie entgegenzustellen. So wurden ihre Schwerter nutzlos.

Die Rückerinnerung an das, was sich vor drei Jahrzehnten ereignet hatte, bringt in dieser Zeit dem Staat Israel Vorteile, die von den Palästinensern nicht ausgeglichen werden können. Im Bewußtsein fast aller Menschen in Europa und in den USA ist die Kenntnis von Existenz und Bedeutung des Alten Testaments fest verankert. Verbunden damit ist die Selbstverständlichkeit der Überzeugung, die jüdischen Bewohner des Berglandes an der Ostküste des Mittelmeers hätten dort ein älteres Recht auf Heimat als jedes andere Volk. Ganz von selbst steht so die Mehrheit der Christen insgesamt auf Seiten Israels. Der Standpunkt ist: Die Israelis von heute leben im Land ihrer Väter und sie haben das Recht, dort so zu handeln, wie sie es für richtig erachten.

Jasir Arafat kann sich nur matt gegen diese Argumentation wehren durch die Parole: »Das Alte Testament kann an der Wende zum dritten Jahrtausend moderner Zeitrechnung doch nicht mehr das Grundbuch des Nahen Ostens sein!«

Die Philister von heute setzen sich durch ihre Fruchtbarkeit zur Wehr: Die Palästinenser haben eine weit höhere Geburtenrate als die israelischen Bürger an der Ostküste des Mittelmeers. Die Palästinenserführung hat längst errechnet, daß die jüdischen Menschen dort im Verlauf der Jahre unmittelbar nach der Jahrtausendwende ihre zahlenmäßige Überlegenheit verlieren werden. Die Chefs der PLO haben darauf gesetzt, die Verantwortlichen des Staates Israel würden aus dieser Erkenntnis doch irgendwann die Bereitschaft entwickeln, mit den Palästinensern in einen Dialog zu treten, der auch vom amerikanischen Präsidenten Bush und dessen Außenminister Baker dringend erwünscht wird. Ein wirkliches Zeichen für eine derartige Hoffnung bestand allerdings nie. Der letzte Rest eines Wunschdenkens in dieser Richtung wurde Mitte Juni des Jahres 1990 ausgelöscht, als Itzhak Schamir

eindeutig erklärte, ein Dialog könne nur mit den Palästinensern stattfinden, die Israels Autorität im besetzten Gebiet anerkennen würden.
Die anderen aber, die sich nicht beugen wollen, fürchten, abgeschoben zu werden ins Haschemitische Königreich Jordanien. Sie haben Angst vor derartigen Aktionen, für die bereits der Begriff »Palästinensertransfer« geprägt worden ist. Der Ministerpräsident Itzhak Schamir, der nun mit Hilfe national-religiös orientierter Kräfte Israel regiert, hat diese Angst noch vermehrt.
»Juden aus der Sowjetunion haben künftig ein Heimatrecht in Palästina, die Palästinenser werden verjagt!« Solche Parolen sind im Sommer des Jahres 1990 im Gazastreifen und im Westufergebiet des Jordan zu hören. Michael Gorbatschow hat durch seine Ankündigung, jüdischen Menschen der Sowjetunion künftig freie Reisemöglichkeit nach Israel zu gewähren, dem Frieden einen schlechten Dienst erwiesen. Die Voraussetzung ist geschaffen, daß sich der Streit um das Heilige Land, der seit tausenden von Jahren aktuell ist, auch ins nächste Jahrtausend hinein fortsetzt.

Im Juni 1990 Gerhard Konzelmann

Das Archiv des letzten Fürsten von Israel

Vier dünne Holzplättchen, die sich zu einem Rechteck zusammenfügen lassen. Format: siebzehn mal sieben Zentimeter. Die hebräische Schrift ist ohne Schwierigkeiten zu entziffern: »Shimeon Bar Kosiba, Fürst über Israel. Shalom. Ich befehle, daß ihr sucht und beschlagnahmt, was sich an Weizen im Besitz des Hanun befindet.« Eine Konfiszierungsorder, ausgestellt von einem Mann, der sich Fürst über Israel nennt.

Fundort dieses Dokuments ist der hinterste Winkel einer weiträumigen und verzweigten Höhle am Steilabhang von Nahal Hever bei der Stadt En Gedi am Toten Meer. Zweihundert Meter hoch in der Felswand liegt der Eingang der Höhle, nur mit Strickleitern erreichbar oder unter Lebensgefahr über einen kaum vierzig Zentimeter breiten, zum Abgrund hin steil abfallenden Pfad. Drei Höhlen staffeln sich übereinander in der Wand. Sie sind der letzte Fluchtort verfolgter jüdischer Freiheitskämpfer im 2. Jahrhundert unserer Zeitrechnung.

»Shimeon Bar Kosiba an Jehonathan und Masabala. Schickt alle Männer aus Tekoa und anderen Orten, die sich bei euch aufhalten, zu mir ohne Verzögerung. Wenn ihr sie nicht schickt, so sollt ihr wissen, daß ihr bestraft werdet.« Mit Tinte ist dieser Mobilisierungsbefehl geschrieben, auf einen Papyrusstreifen in der Größe von vierundzwanzig mal zehn Zentimetern. Am Ende des Schreibens nennt dieser Shimeon Bar Kosiba den Namen seiner Gegner: »Ich werde mit den Römern fertig werden.«

Yigael Yadin, Professor für Archäologie an der Hebräischen Universität von Jerusalem, ein ehemaliger Generalstabschef der israelischen Armee, hat die Dokumente gefunden. Ihn ärgerte, daß immer wieder uralte Schriften, meist in schwer beschädigtem Zustand, von Beduinen den Archäologen zum Kauf angeboten wurden. Die Nomaden, die in den Seitentälern des Toten Meeres leben, erkannten um die Gründungszeit des Staates Israel, wie begehrt von den israelischen Historikern Papyrusstreifen selbst winzigsten Formats sind. Suchten sie bisher in den Höhlen ihrer Umgebung nach alten Waffen, nach Bronzekammern und Tonvasen, an denen die Antiquitätenhändler von Jerusalem interessiert sind, so konzentrierten sie sich nach den ersten Erfahrungen mit Privatforschern und eben installierten israelischen Staatsinstituten auf den Raub von Papyrusdokumenten und Briefen auf Holz. Da Militärpatrouillen in den abgelegenen und verwinkelten Tälern die Plünderungen nicht verhindern konnten, beschlossen die Experten der Hebräischen Universität, der Israel Exploration Society und des Departments of Antiquities, die Höhlen am Toten Meer selbst systematisch abzusuchen – mit Hilfe der Armee. Ihre Funde revolutionierten das Geschichtsbewußtsein und das nationale Selbstverständnis der Menschen im Staat Israel: die Dokumente wurden zum Pfeiler der historischen Brücke, die den Ursprung, die Wurzel des jüdischen Volkes mit der Gegenwart verbindet. Den Männern und Frauen, die sich ihren Staat erkämpft hatten, konnte jetzt der Nachweis gelingen: »Wir waren früher schon in diesem Land, unser Volk lebte immer hier.«

»Shimeon an Jehuda Bar Menashe in Qiryat Arabaya. An euch sind zwei Esel unterwegs, schickt mit ihnen zwei Mann an Jehonathan Bar Be'ayan und Masabala, damit sie zu euch in das Lager Palmzweige und Zitronen holen, und sendet andere, die euch Myrten bringen und Weiden. Das Heer ist groß. Friede mit euch.« In Aramäisch ist dieser Brief des Fürsten über Israel abgefaßt. Sein Inhalt ist ein Befehl, Palmzweige, Zitronen, Myrten und Weidentriebe zu sammeln und ins Lager zu transportieren. Diese vier Gewächse, die »Vier Arten«, braucht der Jude für die Feier des Laubhüttenfests. Shimeon Bar Kosiba war ein religiöser Mann. Sein Schreiben ist heute den vielen gläubigen Menschen in Israel handfester Beweis, daß in den Jahrhunderten der Verfremdung und Unterdrückung immer Männer in ihrer Heimat gelebt haben, die das Gesetz achteten, das Moses dem jüdischen Volk gegeben hatte. Shimeon Bar Kosiba ist den Juden in Israel Zeuge eines ständig gültigen Bundes mit Gott.

Die landläufige Historie läßt den Kampf der Hebräer um Zusammenleben und Unabhängigkeit mit der Zerstörung des Tempels von Jerusalem durch den römischen Feldherrn Titus im Jahr 70 nach Christi Geburt enden. Eine Lücke klafft in der Kontinuität der historischen Entwicklung über fast zweitausend Jahre bis zum Ende des Zweiten Weltkriegs, als der jüdische Staat wieder erstand. Nur in der Erinnerung bewahrten sich Spuren des Kampfes um Selbständigkeit. In den Schriften der Juden, in Talmud und Midrasch, sind Sagen verankert, die von einem Helden erzählen, der Bar Kochba hieß: »Bar Kochba hatte sich mit 200 000 Mann in Bethar verschanzt. Ein Riesenheer mit allein 80 000 Trompetern belagerte ihn. Die Männer des Bar Kochba hatten alle einen amputierten Finger. Die Weisen fragten ihn: Wie lange willst du fortfahren, die Männer Israels zu verstümmeln? Er antwortete ihnen: Wie sonst soll ich ihren Mut prüfen? Sie sagten: Verweigere jedem, der keine Zeder vom Libanon mit den Wurzeln ausreißen kann, die Aufnahme in dein Heer. Daraufhin rekrutierte er weitere 200000 Mann, Reiche und Arme, Gelehrte und Unwissende aus dem jüdischen Volk. Wenn sie in die Schlacht stürmten, so schrien sie: Gott, du brauchst uns nicht zu helfen, aber gib uns auch keine Schande. Und was pflegte Bar Kochba zu tun? Er fing die Geschosse aus den Katapulten der Feinde mit dem Knie auf, schleuderte sie zurück und tötete so viele Feinde. Er konnte mit einem Fußtritt einen Menschen umbringen.« Die Legenden um die Existenz dieses einst populären Helden lassen erkennen, daß damals mancher Hebräer in Bar Kochba gern den Messias, den Erlöser von der Unterdrükkung, gesehen hätte. Doch sein Aufstand hatte geringe Chancen.

Der verzweifelte Ansturm gegen eine Entwicklung, die sich verhängnisvoll auswirken mußte für das biblische Volk, begann unter ungünstigen Vorzeichen: Kaiser Hadrian hatte im Jahr 130 durch seinen Besuch in Judäa gezeigt, wie stark Rom interessiert war an der Landbrücke zwischen den Provinzen Cyrenaica und Ägypten im Westen und dem Grenzland Mesopotamien im Osten. Rom plante weitere Vorstöße in Richtung auf das Kaspische Meer und mußte verhindern, daß das Netz der Militärstraßen irgendwo an der Mittelmeerküste unterbrochen wurde. Die römischen Distriktsadministratoren zwischen Palmyra, Caesarea, Petra und Gaza ließen sich nicht täuschen; sie unterschieden nicht zwischen religiöser und nationaler Propaganda. Die Prokuratoren urteilten so: wer für den Gott der Juden eintritt, der stellt sich gegen Rom. Die Besatzungsmacht verbot das Gebet »Allein Gott der Allmächtige ist der Herr!«. Die Ausschaltung des Imperators aus der Ordnung der Welt konnte sein Vertreter im Land der Juden nicht dulden; er verlangte für den Kaiser absoluten Respekt. Die Juden aber weigerten sich, Kaiser Hadrian über ihren Gott zu stellen. Der römische Gouverneur akzeptierte nicht die religiöse Motivation: er spürt den Ausbruch des nationalen Aufruhrs.
Eine kaiserliche Order und ein Plan heizen die Emotionen auf: der Kaiser verbietet die Beschneidung, und er äußert die Absicht, an Stelle des Tempels von Jerusalem ein Heiligtum des Jupiter

aufbauen zu lassen. Hadrian empfindet sich dabei durchaus als Promotor des menschlichen Fortschritts; nach seiner Meinung ist die Beschneidung ein Traditionsrelikt aus barbarischen Zeiten, das nicht geduldet werden darf in einer Epoche, die vom hellen Gott Jupiter gelenkt wird. Hadrian spricht von »Verstümmelung der Genitalien«. Die Juden aber sehen in der Beschneidung ein Zeichen ihres exklusiven Vertrags mit dem einen Allmächtigen Gott. Auf den Bund mit diesem Gott aber wollen sie nicht verzichten. Doch Kaiser Hadrian ist nicht gewillt, dem winzigen Volk politische oder intellektuelle Souveränität zu lassen. Die Juden haben sich unterzuordnen.

In den Dörfern und Städten um das zerstörte Jerusalem lebten damals durchaus nicht mehr Helden und opferbereite Männer als in anderen Gegenden der kultivierten Welt. Die Legende erzählt, wie Rabbi Akiba – in den Regierungsjahren des Kaisers Hadrian der Führer des Widerstands im gedemütigten Land – mit anderen Männern über die effektivste Politik diskutiert. Gegen einige konzessionsbereite Männer argumentiert der Rabbi mit der Fabel vom schlauen Fuchs und dem Fisch: »Der Fisch jammert darüber, daß er ständig in Gefahr sei, vom Netz des Fischers gefangen zu werden. Er bittet den Fuchs um Rat. Der Fuchs schlägt vor, der Fisch möge doch an Land kommen, wenn er sich im Wasser nicht mehr wohl fühle. Auf die Befolgung dieses Rates verzichtet der Fisch wohlweislich.« Der Rabbi zieht die Lehre daraus: »Die Römer bieten uns das sichere Land an, damit wir darauf umkommen. Ihr Leben ist nicht unser Leben. Wir müssen in unserem Element bleiben, wenn wir fortbestehen wollen.« Rabbi Akiba weissagt: »Es wird ein Stern aus dem Stamme Jakob aufgehen.« In Bar Kochba sieht er diesen Stern. »Bar« ist ein aramäisches Wort und bedeutet »Sohn«; die zwei Silben »Kochba« aber lassen sich mit »Stern« übersetzen. Bar Kochba ist für Rabbi Akiba der »Sohn des Sterns«. Der Rabbi, der politische Mitstreiter des letzten Fürsten von Israel, hat den Namen seines Helden geändert, in guter Absicht, um dem Aufrührer zu helfen. Die Dokumente beweisen: der Rebellenfürst heißt in Wirklichkeit Shimeon Bar Kosiba – Shimeon, der Sohn der Lüge. Und die Tatsache verbirgt er nicht, trotz aller Brücken, die ihm der Rabbi baut. Wie Shimeon mit diesem Namen der erfolgreiche Anführer eines Rebellenhaufens werden konnte, das bleibt ein Rätsel.

Die Römer sind überrascht. Einen Sturm von solcher Wucht erwarten sie nicht im Jahre 132. Die national-religiösen Parolen des Shimeon Bar Kosiba zünden. In wenigen Tagen schwillt seine Truppe auf einige Hundert Mann an. Rabbi Akiba wirbt für ihn: »Das ist euer gesalbter König!« An Waffen besteht kein Mangel: die Schmiede waren in den vergangenen Jahren verpflichtet gewesen, für die Besatzungsarmee Schwerter, Messer und Schilde herzustellen; eine ganze Menge dieser Ausrüstungsgegenstände war mit Absicht fehlerhaft produziert worden. Diese Ausschußware, von den Römern nicht abgenommen, wird jetzt aus Höhlen und Erdgruben hervorgeholt.
Shimeon Bar Kosiba nimmt das Trümmerfeld von Jerusalem ein. Die Zehnte Legion, die römische Garnisonstruppe in der Stadt, zieht sich in eiliger Flucht nach Caesarea ans Mittelmeer zurück. Für die Menschen, die an Bar Kosiba glauben, und das sind jetzt viele, beginnt eine neue Zeitrechnung: das Jahr eins der Erlösung. Shimeon Bar Kosiba läßt Münzen prägen, die diese Datierung tragen; Archäologen finden einige solcher Geldstücke in den Trümmerschichten um den Tempelbezirk in Jerusalem. Sie zeigen als Prägung die Fassade des Tempels, wie sie vor der Zerstörung aussah.
Das Heiligtum ist seit zweiundsechzig Jahren ein Ruinengrundstück, von wild wuchernden Pflanzen überzogen. Bar Kosiba ordnet an, einen freien Platz zu schaffen für die Gläubigen, die hier zu ihrem Gott beten wollen. Männer finden sich, die nach fast zwei Generationen der Unterdrückung ihrer Religion noch wissen, wie der Gottesdienst durchgeführt werden muß. Die von der Besatzungsmacht verbotenen Bücher, die Schriften mit den Gesetzen des Moses, bleiben nicht länger im Versteck. Im Jahr eins der Erlösung wird Jerusalem wieder zum Zentrum der jüdischen Welt.

Doch die Wochen des Jubels und der patriotischen Begeisterung enden mit dem Anmarsch der reorganisierten Zehnten Legion. Die Römer waren nur nach Caesarea ausgewichen, um die bequem gewordene Garnisonstruppe mit Soldaten aufzufrischen, die Erfahrung haben in der Mischform des Kriegs zwischen Massenschlacht und Einzelkampf. Die Zehnte Legion besetzt nach verlustreichem Kampf Jerusalem. Die Zweiundzwanzigste Legion »Deioteriana« bricht in Ägypten auf und zieht auf der Mittelmeerstraße des Sinai heran. Die Truppenkonzentration der Römer im jüdischen Land

ist beachtlich; ausgegrabene Steintafeln der Römerlager um Jerusalem nennen für diese Jahre noch die Fünfte Legion »Macedonia« und die Elfte Legion »Claudia«. Kaiser Hadrian, längst weitergereist, unterbricht seine Inspektionstour und kommt zurück, um die erneute Unterwerfung der Juden zu überwachen. Das ist die militärische Situation, als Shimeon Bar Kosiba seinem Schreiber den Satz diktiert: »Ich werde mit den Römern fertig werden.« Die Pessimisten unter den gläubigen Männern des biblischen Volkes spüren bald, daß sie recht behalten. Rabbi Akiba, der optimistische Propagandist, muß sich sagen lassen: »Aus den Höhlen deiner Schädelknochen wird längst Gras gewachsen sein, und der ersehnte Messias ist immer noch nicht gekommen.« Shimeon Bar Kosiba hält sich nach zwei Jahren Aufstand nur noch in der Festung Bethar, elf Kilometer südwestlich von Jerusalem. Das Territorium, das er beherrscht, ist zusammengeschrumpft auf 200 Meter Länge und 80 Meter Breite. In einem weitgezogenen Kreis von vier Kilometer Länge verläuft ringsherum der Belagerungswall der Römer. An den Ruinen der Festung Bethar ist heute noch zu sehen, in welcher Eile Shimeon zusätzlich Bastionen aufschichten ließ, um Raum zu schaffen für seine Anhänger. Über Deserteure zu klagen, dazu hat der letzte Fürst von Israel keinen Grund, denn jeder in Bethar weiß, was er als Gefangener von den Römern zu erwarten hat. Hadrian, aufs äußerste gereizt durch die Frechheit dieses winzigen Volkes, will für alle Zukunft den Schlußstrich ziehen unter die dicke Akte der Aufstände. Mißhandlung und ein qualvoller Tod ist jedem zugedacht, der mit der Rebellion des Shimeon Bar Kosiba in Verbindung steht.
Trotz des personell stark besetzten Belagerungsgürtels der Römer gelingt es dem Eingeschlossenen, Briefe auf den Weg zu bringen zur Oase En Gedi am Toten Meer. In direkter Luftlinie liegt der Ort siebzig Kilometer von Bethar entfernt, drei Tagesmärsche mit beladenen Eseln. Doch drei schwierige Umstände verlängern den Weg: tausend Meter Höhendifferenz sind zu überwinden – En Gedi liegt weit unter dem Niveau der Mittelmeeroberfläche –, der Weg führt durch Schluchten und über Geröllhalden, und die Festung Herodium muß umgangen werden. Sie ist von den Römern erobert und mit einer Garnison schnell beweglicher Einheiten belegt worden. Diese Aufklärungstruppe soll die Versorgungskolonnen für Bethar abfangen. Das Briefarchiv der Mitläufer der Kosiba-Rebellion in En Gedi aber beweist, daß die hebräischen Kämpfer geschickt

genug waren, die Belagerer und die Abfangexpeditionen zu überlisten. »Von Shimeon an Jehonathan und Masabala. Shalom. Sendet in das Lager vier Eselsladungen Salz.« Auf Papyrus ist dieser Befehl ausgefertigt, in aramäischer Sprache. Die Empfänger hatten die Aufgabe übernommen, die Festung Bethar mit Nachschub zu versorgen. Sie wohnten in einer Stadt, die sich seit damals bis zur Gegenwart nicht verändert hat: die Oase En Gedi ist ein grüner Fleck auf dem gelb-braunen Küstenstreifen, der begrenzt wird von den steil abfallenden Ausläufern des Gebirges von Judäa und dem Toten Meer. Niedrige Lehmhäuser stehen unter Palmen; in den weichen Boden des westlichen Tals sind Höhlen gegraben. Sie waren früher Wohnplätze der ärmeren Familien. Damals, im Jahre 133, sind in der Stadt noch kaum die Schäden repariert, die durchziehende Römer siebzig Jahre zuvor angerichtet hatten.
En Gedi galt nicht als reiche Siedlung. Die Agenten Jehonathan und Masabala waren häufig gezwungen, Lieferungen zu verzögern, sehr zum Ärger des Fürsten von Israel, der nicht an Knappheit in En Gedi glaubte. »Von Shimeon Bar Kosiba an die Männer von En Gedi, an Masabala und an Jehonathan Bar Be'ayan. Shalom. Ohne Not zu leiden sitzt ihr und eßt und trinkt vom Eigentum des Hauses Israel und vergeßt eure Brüder.« Bar Kosiba lamentiert. Bethar kann sich nicht mehr lange halten.

Wenige Worte sind nur jeweils auf den Papyrusstreifen lesbar, die in den letzten Tagen vor dem Sprung der Römer über die Wälle der Festung Bethar geschrieben worden sind: »Von Shimeon an Jeshua Ben Galgula. Shalom. Sende Getreide. Sei stark und achte darauf, daß die Mauern gut befestigt sind.« Keinen Adressaten nennt ein Text, der ausgebleicht und an den Briefkanten völlig unlesbar geworden ist. Die wenigen kurzen Wortgruppen, die noch deutlich zu lesen sind, melden eine Katastrophe: »Ende -- keine Hoffnung --- fielen durch das Schwert -- meine Brüder.« Shimeon Bar Kosiba, der letzte Fürst von Israel, wird erschlagen beim Ausbruch aus Bethar. Er wollte noch die Verteidigung der Stadt En Gedi organisieren. Jehonathan und Masabala, die beiden Bar-Kosiba-Agenten, warten vergebens auf den Fürsten.
Die Experten der Hebräischen Universität wußten bereits aus Briefen, die sie den Beduinen abgekauft hatten, daß die Oase En Gedi der Versorgungsstützpunkt des Bar Kosiba war. Sie rekonstruierten das mögliche weitere Schicksal der Siedlung und kamen zu dem

Schluß, daß bei der Hartnäckigkeit der Römer ein Strafgericht für En Gedi unvermeidbar war. Sie kalkulierten den Charakter der Bedrohten mit ein und glaubten nun fest daran, daß die Kaufleute Jehonathan und Masabala nach dem Tod des Bar Kosiba nicht an Kapitulation, aber auch nicht an Kampf dachten – die Männer von En Gedi waren keine Kriegsleute. Die Chance zu überleben lag für sie nur in der Flucht in ein Versteck. Aus den Steilwänden der Berge von Judäa hatte das Wasser Tausende von geräumigen Höhlen gewaschen. Jede dieser hochgelegenen Höhlen könnte der Platz sein, wo Jehonathan und Masabala den Durchzug der Römer abwarten wollten. Daß die Römer sich nicht mit der Vernichtung der Palmenwälder und der Lehmhäuser in der Oase begnügten, um dann wieder abzumarschieren, brachte den zwei Handelsagenten und ihren Sippen Unglück. Die Truppe ließ sich Zeit und bezog ein festes Lager. Die Forscher konnten aus den Spuren der römischen Einheiten ablesen, wo sich die Anhänger des Bar Kosiba versteckt haben mußten.

Nur vereinzelte Büsche Steppengras wachsen an den Kalksteinhängen des Tales Nahal Hever. Die Flut der kurzen alljährlichen Regenzeiten hat die Schlucht gegraben. Geröllhalden, abgestürzt aus den zweihundert Meter hohen senkrechten Wänden, bilden Rampen zu beiden Seiten des meist trockenen Bachbetts. Der Wechsel jeweils andersfarbiger Gesteinsschichten, die waagerecht gelagert sind, gibt den Bergen Tönungsnuancen zwischen Hellbraun, Gelb, leichtem Grün und zartem Blau. Die Strukturen sind verwirrend für Beobachter, die bestimmte Punkte, Höhleneingänge zum Beispiel, suchen. Archäologen und Geologen brachen ihre Flüge per Hubschrauber den Bergwänden entlang schließlich ab; die Methode, auf den intuitiven Einfall zu warten, auf die Überzeugung, »diese Höhle muß es sein«, brachte kein Resultat. Die Auswertung von Luftaufnahmen ergab schließlich den entscheidenden Hinweis: auf der ebenen Plattform über der Nordwand des Nahal Hever sind deutlich die Reste eines Römerlagers zu sehen. Linien von aufgehäuften Steinen markieren den Verlauf des äußeren Schutzwalls und die Grundmauern der Baracken. Zu sehen sind die Plätze der Feldzeichentribüne, der Vorratslager, der Küchen. Die Römer hatten sich auf eine lange Zeit der Belagerung eingestellt. Ihre Feinde aber verbargen sich im Berg direkt unter ihnen.
In einer der drei Höhlen unterhalb des Belagerungsforts fand Pro-

fessor Yigael Yadin das Briefarchiv, das die Befehle des Shimeon Bar Kosiba enthielt. Es lag, zusammengeschnürt, im Staub der abgelegensten Ecke eines langen, schmalen Ganges, 160 Meter vom Höhleneingang entfernt. Jehonathan und Masabala hatten dem Archiv den sichersten Platz zugewiesen. 40 Meter weiter vorn stießen die Archäologen auf Strohkörbe, gefüllt mit den Knochenresten von drei Männern, acht Frauen und von sechs Kindern. Wahrscheinlich ist das Fleisch dieser Menschen gegessen worden. Die Erinnerung des biblischen Volkes vergaß über fast achtzehn Jahrhunderte die Leiden der von Hunger und Durst geplagten Bar-Kosiba-Rebellen nicht. In jüdischen Klageliedern lebt diese Geschichte: »Einer Gruppe, die in eine Höhle geflüchtet war, wird der Hunger unerträglich. Ein Mann ist bereit, außerhalb der Höhle die Leichen von Getöteten zu suchen, um der Gruppe Nahrung zu beschaffen. Er findet eine Leiche, aber es ist die seines Vaters. Er versteckt den Körper und schleicht in die Höhle zurück. Da er sagt, er habe nichts gefunden, geht ein anderer los. Dieser Mann folgt dem Gestank der Leiche, er gräbt sie aus und bringt sie in die Höhle. Alle essen davon, dem Sohn aber werden die Zähne stumpf. Er erkennt, daß er vom Fleisch seines Vaters gegessen hat. Der Sohn verflucht sich selbst.«
Für die römischen Soldaten im Lager auf dem Felsplateau erledigte der Hunger die Aufgabe: die Gegner starben ohne Kampf. Als sich in den Höhlen unten nichts mehr rührte, registrierten sie das Ende der Bar-Kosiba-Rebellion. Sie machten sich nicht die gefährliche Mühe, hinunterzusteigen, um das Ergebnis ihrer Belagerung zu überprüfen. Niemand störte über Jahrhunderte bis in unsere Gegenwart die Ruhe der Toten. Die trockene Luft des Nahal Hever konservierte Haarreste, Fetzen von Textilien, Töpfe und Pfannen – und viele Schlüssel, die Jehonathan und Masabala mitgenommen hatten aus En Gedi, in der Hoffnung, damit wieder Häuser und Kästen in der Stadt unter den Palmen aufschließen zu können.

Vor der Höhle lag im Schutt eine Münze. Sie wurde einst wohl weggeworfen, als das Geld für die Belagerten wertlos geworden war. In roh geprägter hebräischer Schrift ist auf der einen Seite zu lesen »Shimeon«, auf der anderen »Für die Freiheit Jerusalems«. Diese Losung des Bar Kosiba gilt im jüdischen Volk auch heute noch. Doch wir müssen die Gefahr sehen, die diese vier Worte:

»Für die Freiheit Jerusalems«, in sich bergen. Idealistische Gefühle verleiten dazu, die Parole als höchstes, unantastbares Rechtsgut zu betrachten. Der Kampfruf des Bar Kosiba aber muß für unsere Ohren in andere Worte übersetzt werden – er bedeutet heute: »Herrschaft über Jerusalem«, uneingeschränkte Macht des jüdischen Volkes. Bar Kosiba ist zwar nicht der Messias, aber auch kein Prediger der Toleranz.

Es ist das Schicksal des biblischen Volkes, daß ihm diese Stadt Jerusalem immer nur über kurze Epochen uneingeschränkt gehört hat. Als Bar Kosiba die römischen Garnisonen bekämpft, da hatte sich bereits eine neue Bedrohung in Jerusalem eingenistet, die der Rebellenchef ganz klar erkennt: die Gemeinde der Nachfolger Christi wächst. Bar Kosiba duldet den neuen Glauben nicht, der Liebe predigt und Nachgiebigkeit bis zur Selbstaufopferung. Während der kurzen Zeit seiner Regierung über Jerusalem versucht er, die Gedankenwelt des neuen Propheten Jesus, der damals schon hundert Jahre tot ist, durch die Kraft des alten mosaischen Gesetzes zu überstrahlen. Die Erinnerung sollte erglühen an Glanz und Ruhm der Zeit, als Jerusalem mächtig und prächtig war, als das biblische Volk mit einigem Recht sagen konnte: »Jerusalem ist das Zentrum der Welt.«

Zur Zeit des Aufstands des Bar Kosiba ist allerdings die Epoche, in der dieser Satz galt, schon seit einem Jahrtausend erloschen. Doch die Hebräer erinnern sich an die Herrschaft eines Königs, in dessen Regierungszeit – wenigstens für einige Jahre – die Vision der Einheit von Menschen, Land und Gott geistige Realität wurde. Der Name des Königs besitzt magischen Klang: Salomo – das Wort »Shalom«, Frieden, schwingt darin mit. Dieser König gab den Hebräern Frieden. Sie konnten sich zum ersten und einzigen Mal wohlfühlen in ihrem Land.

Die Hebräer und ihr Gott sind zu Hause angekommen

Der Tempelbau

König Salomo dachte weit voraus: er gab dem Allmächtigen Gott das Bürgerrecht in der Stadt Jerusalem. Vor nahezu 3000 Jahren lebte dieser Monarch, der die übermenschliche Kühnheit besaß, dem Herrn aller Wesen und Dinge einen Mietvertrag anzubieten, als Teil eines politischen Abkommens, das die Zukunft der Stadt und seiner eigenen Dynastie sichern sollte.

Die Aufforderung an Gott, in den Tempel von Jerusalem einzuziehen, sah der König durchaus nicht als symbolische Geste. Salomo war überzeugt, diesen Gott sagen zu hören: »Ich werde inmitten der Israeliten wohnen« (1 KÖNIGE 6, 13) – und der König über das hebräische Volk spürte die Chance zu einem glänzenden Geschäft. Als Mietzins verlangte er die Garantie für sich und für seine Nachkommen, Herrscher von Jerusalem zu bleiben, nie aus dem Palast neben dem Tempel vertrieben zu werden. Es gelang ihm, dem Volk zu imponieren: die Klugen und die Einfältigen, jeder aus anderen Gründen, sahen ein, daß es angebracht war, diesen Mann als König zu behalten, der Gott ein so prächtiges Haus anbieten konnte. Eindrucksvoll wirkte dieser Tempel allerdings nur in den Augen der Hebräer. Sie waren wahrhaftig nicht verwöhnt. Die großzügig gebauten Städte im Nildelta, ihrer zeitweiligen Wahlheimat, hatten sie längst vergessen. In Jerusalem fehlten damals noch die repräsentativen Bauten. Das Heiligtum sollte das erste der relativ prächtigen öffentlichen Gebäude sein.

Die Bauzeit des Tempels, so erzählt das Alte Testament, habe sieben Jahre betragen. Das Ergebnis ist nicht überwältigend. Der Wohnsitz Gottes bekam den Umfang eines heutigen Zweifamilienhauses: er war 40 Meter lang und 10 Meter breit. Die Höhe von 15 Metern teilte sich an den Längsseiten auf in drei Stockwerke, das Erdgeschoß eingeschlossen. Der Grundriß gliederte sich in drei Teile: Vorhalle, das Heiligtum mit dem Altar, das Allerheiligste als Ort, in dem nur Gott sich aufhielt; kein Lichtstrahl hellte darin das Dunkel auf – Gott setzt zwar für die Menschen die leuchtenden Gestirne an den Himmel, doch er selbst lebt in der Schwärze. Bei allem Glanz der Innenausstattung von Vorhalle und Heiligtum kann sich der Tempel von Jerusalem nicht mit den Sakralbauten der Ägypter messen. Die Götter am Nil ließen sich Wohnsitze von mächtigem Bauvolumen zuweisen. Die Länge des Tempels von Luxor mißt 260 Meter, die Breite 55 Meter. In diesem Heiligtum fanden Tausende von Menschen Platz. Das Ziel, die Masse der Hebräer in den Tempel zu bitten, verfolgte Salomo allerdings nie. Nur die Priester, die Männer der Elite, hatten Zutritt; den Gläubigen war die sandige Fläche vor dem Tempel zugewiesen. Nur der Umstand, daß allein Privilegierte eintreten durften, wertete den Bau auf. Salomo und seine Priester wußten, wie ein schlichter, eckiger Hallenbau attraktiv zu machen war.

Propaganda mußte die Nachteile der geringen Ausmaße wettmachen. Zahlensymbolik gibt dem Bauwerk Glanz: sieben Jahre lang bauten die Handwerker Salomos am Tempel – sieben bedeutet für das biblische Volk nicht die Zahl zwischen sechs und acht, sondern die Sieben umfaßt den Begriff der Fülle, einer von Gott gesegneten, in sich abgeschlossenen Einheit. Das Fazit für die Hebräer: der Tempel ist im Einklang mit Gott gebaut. Die Zeit der Grundsteinlegung gibt das Alte Testament sehr präzise an: »Im 480. Jahre nach dem Auszug der Israeliten aus Ägypten begann Salomo, den Tempel für den Herrn zu bauen« (1 KÖNIGE 6, 1). Die Zahl 480, historisch unkorrekt, wählten die Erzähler wegen ihrer magischen Verbindung von 12 und 40. Diese Zahlen hatten sich längst als Begriffe losgelöst aus der rein arithmetischen Funktion: 12 ist die Zahl der Auserwählten, ein Dutzend liest Gott jeweils für seine Zwecke aus der Masse heraus – das Alte Testament nennt 12 Stämme; 12 Kundschafter schickte Moses in das Gelobte Land voraus; das Neue Testament bestimmt 12 Apostel. Auch die Zahl 40 hat symbolische Bedeutung: 40 Jahre waren einer Generation an Zeitraum zugeteilt, daraus leitet sich das zeitliche Maß ab für die Schritte Gottes in der Geschichte des biblischen Volkes: 40 Jahre lang zieht Moses mit den Hebräern durch die Wüste; 40 Tage fastet Jesus in der Einsamkeit; 40 Tage vergehen zwischen Auferstehung und Himmelfahrt. Schließen sich der Begriff der Auserwählung mit dem Begriff vom Zeitmaß Gottes zusammen, so ist das Ergebnis dieser Multiplikation besonders heilig: 12 × 40 Jahre liegen für den Hebräer zwischen dem Anfang des Bündnisses mit Gott nach der Flucht aus Ägypten und dem Baubeginn der Stadtwohnung Gottes. 480 Jahre lang hatte der Allmächtige Gott des biblischen Volkes im Zelt gelebt.

Die Bedeutung des Tempelbaus für die Einschätzung der eigenen Position der Hebräer im Weltgefüge wird ersichtlich aus den Legenden und Märchen, die in der Phantasie des biblischen Volkes weiterleben. Sie spiegeln die Vorstellung vom über alles erhabenen Ort Jerusalem – und zugleich geben sie Zeugnis von der ausgezeichneten Öffentlichkeitsarbeit der Priesterkaste des Salomo: »Das Land Israel liegt im Herzen der Welt, Jerusalem liegt im Herzen des Landes, der Tempel liegt im Herzen von Jerusalem. Bevor der Tempel erbaut wurde, da glich die Welt einem Sessel, der nur zwei Füße hat. Nachdem aber der Tempel errichtet war, da hatte die Welt eine Grundlage und stand fest.« Salomo ließ sich feiern als Partner Gottes. Mit seiner Hilfe erst konnte Gott, der Bewohner des Tempels von Jerusalem, der Schöpfung Bestand für lange Zeiten geben.
Im Junikrieg von 1967 eroberten die Israeli den Platz, auf dem der Tempel des Salomo einst stand. Ihre Archäologen haben den brennenden Wunsch, das Felsplateau zu untersuchen, das den Tempelboden gebildet hat. Sie glauben, dort Andeutungen des Grundrisses von Salomos Bau zu finden, Mauerspuren, die auf die Verteilung der Räume schließen lassen. Doch die Moschee, die sich heute dort erhebt, ist der islamischen Welt ein heiliges Gebäude; die für Ausgrabungen verantwortlichen Männer in Israel scheuen davor zurück, die Ruhe der Moschee durch Grabungsarbeiten zu stören. Sie sind nicht daran interessiert, den Arabern Ursache zur Furcht zu geben, Israel habe die Absicht, an Stelle der Moschee wieder den Tempel Salomos aufzubauen. So verhindert politische Rücksicht die Prüfung der Überlieferung.
Erlaubt und möglich ist der Zugang zum heiligen Fels, dem Opferplatz der Zeit Davids und Salomos. Über ihm wölbt sich seit dem Jahre 1691 nach Christi Geburt die Kuppel des Felsendoms. Das Gebäude ist ein islamisches Heiligtum. Der Glaube der Moslems schließt die Gewißheit ein, daß am Jüngsten Tag die Kaaba von Mekka an diesen Platz fliegt. Vom heiligen Fels aus wird ein Engel mit Trompetenschall das Jüngste Gericht verkünden.
Der Fels, Ort des Opfers der Juden, lag zwar außerhalb der Mauern von Salomos Tempel, doch gehörte er zum Bereich des Heiligtums. Vertiefungen und Rinnen sind in den Stein geschlagen; sie dienten während vieler Jahrhunderte als Abfluß für das Blut der Opfer. Die Geheimnisse dieses Steins sind noch nicht enthüllt, obgleich seine Unterseite teilweise freigelegt ist – nach dem Glauben der

Moslems versammeln sich in der Höhlung unter dem Stein die Seelen der Toten zum Gebet. Einige Partien des Felsens scheinen hohl zu sein. Doch das Heiligtum entzieht sich wissenschaftlicher Durchleuchtung. Niemand will die Verantwortung tragen für die Gefahr, daß Archäologen gerade den Stein beschädigen könnten, von dem aus der Beginn des Jüngsten Gerichts dereinst proklamiert werden wird.
In der Phantasie des biblischen Volkes ist dieser Fels der steinerne Kern, um den herum Gott die Erde geschaffen hat. Die mächtige Platte hielt er in der Hand, als er sich Gedanken machte, wie die Welt aussehen solle, zu deren Schöpfung er sich durchgerungen hatte.
Der Schöpfer hatte auf dem räumlichen Mittelpunkt seiner Kreation Anspruch auf Opfer – dieser Grundsatz war den Menschen damals selbstverständlich. Dankopfer gehörten zum täglichen Tempeldienst. Sie sind zur Zeit des Königs Salomo durchaus noch gedacht als Beitrag zur Ernährung Gottes, von dem angenommen wird, daß er auf geheimnisvolle Weise aus Speise und Trank für sich Kraft ziehe. Ihm werden Ochsen, Widder, Schafe und Tauben angeboten. Das Feuer muß beim Brandopfer die Tierkörper ganz verzehren, dann hat Gott das Opfer angenommen, bei anderen Opferarten durften Priester und Opfernde vom Opferfleisch essen. Das vollkommene Brandopfer galt als höchste Stufe der Gottesverehrung. Ein wohlgenährter Gott – so einfach war die Vorstellung vom Verhältnis zwischen dem überirdischen Regenten und den Menschen damals noch – sorgte für reiche Ernte und gesundes Vieh, in der Voraussicht, auch davon wieder reich bedacht zu werden. Erst nach der Rückkehr aus babylonischer Gefangenschaft setzte sich die Erkenntnis durch, daß Gott so gewaltig sein könnte, daß er keine Nahrung braucht. Sehr früh allerdings grenzten die Hebräer ihren Opferritus von Kultgebräuchen anderer Völkerstämme des Raumes zwischen Mesopotamien und Nildelta ab: sie opferten keine Menschen; die Legende vom Opfer Abrahams markiert diese Wendung zur Menschlichkeit. Auf dem Altar, den Salomo erbauen ließ, sind nie Menschen geopfert worden.
Hebräische Erzähler dachten sich in den Jahrzehnten nach dem Tempelbau eine Geschichte aus, wonach die Steine des Tempels sich selbst behauen und in die richtige Form gebracht haben und dann, ohne menschliches Zutun, sich nebeneinander und aufeinander fügten, bis der Bau fertig war. Das Haus Gottes sollte von

Anfang an als Wundergebäude gelten. Das Alte Testament aber verbirgt nicht, daß den Hebräern der Kunstverstand fehlte, um dem Tempel ein würdiges Aussehen zu geben. Salomo suchte Rat bei König Hiram von Tyrus. In dieser benachbarten Stadt, dem heutigen libanesischen Tyr, lebten Maurer, Architekten und Zimmerleute in großer Zahl. Sie waren froh, im Rahmen der Nachbarschaftshilfe Arbeit in Jerusalem zu finden – Tyrus selbst hatte die Grenze der baulichen Expansion erreicht. Als Untertanen des Königs Hiram blieb ihnen nicht die freie Entscheidung nach Jerusalem zu ziehen, um dort dem fremden Herrscher ihre Dienste anzubieten: sie wurden vom Staat ausgeliehen. Das Alte Testament stattet den Abschluß des Vertrags mit göttlichem Segen aus: »Der Herr aber verlieh dem Salomo Weisheit, wie er ihm verheißen hatte. Zwischen Hiram und Salomo herrschte gutes Einvernehmen, und sie schlossen miteinander ein Bündnis« (1 KÖNIGE 5,26). Dem König Salomo aber fehlte das Bargeld, um die Spezialisten aus Tyrus bezahlen zu können. Er mußte zwanzig Orte in Galiläa abtreten; mit dem Verzicht auf Gebiet ist der Bau des Tempels erkauft. So verringert sich das Territorium, dessen Zentrum das Haus Gottes sein soll. Dieser Handel gefiel der Priesterelite nicht.

Die Künstler aus Tyrus konzentrierten sich auf die Gestaltung des Tempelinnern. Das 1. Buch der Könige nennt einen Namen: »Der König Salomo ließ den Hiram aus Tyrus kommen.« Um den dortigen König gleichen Namens handelt es sich allerdings nicht; der Text ergänzt die Personalien: »Dieser war der Sohn einer Witwe aus dem Stamm Naphtali. Sein Vater war ein Erzschmied aus Tyrus, begabt mit Weisheit, Verstand und Geschick. Dieser kam zum König Salomo und führte alle seine Aufträge aus.« (7,13–14).

Als Arbeit des Hiram waren die beiden erzenen Säulen zu bewundern, die vor dem Tempeleingang standen. Der Berichterstatter des Alten Testaments gibt ihre Höhe mit 18 Ellen an, für das Kapitell jeder Säule rechnet er weitere 5 Ellen. Das Wort »amah« bezeichnet den Abstand vom Ellenbogen bis zur Spitze des Mittelfingers. Die Elle ist ein individuelles Maß, denn die Länge von Unterarm und Hand ist nicht bei jedem Menschen gleich. Für die Männer im östlichen Bereich des Mittelmeers vor 3000 Jahren können wir ein durchschnittliches Ellenmaß von 50 Zentimetern ansetzen. Damit läßt sich die Höhe der Säulen auf 12 Meter berechnen. Als Besonderheit galt, daß diese Säulen hohl waren.

Das Haus, das König Salomo dem Allmächtigen Gott anbot, sollte

kühl sein, ein angenehmer Aufenthaltsort in der gleißenden Wüstenhitze. Hiram aus Tyrus konstruierte für den Tempel ein Wasserbecken mit einem Durchmesser von fünf Metern. Da das ganze Gebäude nur zehn Meter breit war, erschien dem Tempelbesucher die Wasserfläche riesig. In der Erinnerung späterer Erzähler wird diese Verdunstungsanlage zum »ehernen Meer«. Auf zwölf gegossenen Rindern ruhte das Becken: drei Rinder blickten nach Norden, drei nach Süden, drei nach Westen, drei nach Osten. Zehn weitere Wasserbecken gruppierte Hiram um das »Meer«. 800 Liter faßte jedes Becken. Während der heißen Stunden des Tages sprühten in dünnen Fäden 8000 Liter Wasser in die große Schale. Sonnenreflexe, zurückgeworfen von der unruhigen Wasserfläche, belebten als flüchtiges Muster Decke und Wände. Am Abend, wenn die höheren Becken ausliefen, verstummte das Geplätscher langsam.
Hiram von Tyrus goß seine Kunstwerke nicht in Jerusalem. 50 Kilometer entfernt, am Jordan, hatte er seine Gießerei eingerichtet, an der Furt zwischen Sukkot und Zaretan. Im fruchtbaren Tal fand sich Holz, um die Feuer heiß zu halten, über denen das Erz geschmolzen wurde. Sukkot lag am Handelsweg von Syrien her, auf dem die Roherze transportiert wurden. Die Metallfunde im Land der Hebräer genügten nicht. Nach Abschluß der Gießarbeiten konnte nicht mehr festgestellt werden, wieviel Erz Hiram bearbeitet hatte. Der Berichterstatter des Alten Testaments vermutet später, daß die Administration des Salomo wegen der ungeheuren Menge des Metalls die Übersicht verloren habe.
Den Männern, die Frondienste zu leisten hatten auf dem Weg zwischen Sukkot und der Königsstadt, wurden die tonnenschweren Lasten zur Plage. Hunderte von Arbeitern schleppten die fertigen Produkte, die Becken, Schalen, erzenen Rinder und Säulen an Strikken durch den Sand des Wadi Farah zur Hochfläche von Jerusalem. Ein gutes Viertel der männlichen Bevölkerung nahm Strapazen auf sich für den Bau des Tempels, ohne Entschädigung, bei kärglicher Ernährung. 30000 Männer mußten Frondienste leisten. Sie schufteten, um Steinblöcke aus den Gebirgstälern im Norden herunterzuschleifen, um Zedernbäume aus dem Libanon der Mittelmeerküste entlang zu schleppen, um auf primitiven Rampen tonnenschwere Quader auf den Tempelberg zu stemmen. Im Wechsel zwischen Fron und Freizeit ist das Leben der arbeitsfähigen Männer geregelt: für einen Monat im Vierteljahr sind sie zwangsverpflichtet, zwei Monate lang haben sie Zeit für ihren Broterwerb.

Als Hiram fertig war mit seiner Arbeit, als andere, unbekannte Künstler aus Tyrus den goldenen Altar, den goldenen Tisch und die Leuchter geformt hatten, setzte König Salomo den Tag der Tempeleinweihung fest. Er ließ die Bundeslade, den hölzernen Schrank, in dem die von Moses gefertigten steinernen Gesetzestafeln aufbewahrt wurden, in den Tempel stellen. Salomo glaubte in diesem Augenblick, Gott habe in Person Besitz ergriffen von diesem Haus in Jerusalem. Der König will als Hausbesitzer sein Verhältnis zu Gott, dem Mieter, ganz eindeutig fixieren: »So baute ich einen Herrscherpalast für dich als Stätte, an der du weilst auf ewig« (8,13). Er sprach diesen Satz mit seinem Gesicht zu Gott, den er in einer Wolke um die Bundeslade zu sehen glaubte; doch er sprach laut, denn der Satz war für diejenigen bestimmt, die hinter ihm standen: für die Ältesten und Stammesfürsten des Volkes Israel. Sie mußten überzeugt werden, daß Gott zum Geschäftspartner ihres Königs geworden war. Den Skeptikern unter ihnen nimmt er das Argument, so klein könne Gott wohl nicht sein, daß er sich von Salomo an dieses Haus binden lasse: »Wohnt denn Gott wahrhaftig auf Erden? Fürwahr, der Himmel und die Himmel der Himmel fassen dich nicht, wieviel weniger dieses Haus, das ich erbaut habe« (8,27). Doch dann vergißt er diesen vernünftigen Einfall wieder. Dem Fest der Tempeleinweihung fehlt ein wirkungsvoller Effekt: Gott antwortet dem König nicht; Salomo führt einen Monolog. Der König aber will nicht zulassen, daß sich Zweifel breitmachen unter den Stammesfürsten. Er läßt durch seine Beamten in Jerusalem erzählen, Gott habe, als die Festgäste den Tempelbezirk verlassen hatten, ganz privat dem König versprochen, daß seine Augen und sein Herz immer hier wohnen werden. Wichtiger noch: Gott habe sich verpflichtet, dafür zu sorgen, daß es dem Salomo nie an einem männlichen Nachkommen auf dem Thron Israels fehlen werde. Da gab es nur eine Bedingung, an die sich der König halten mußte: die bekannten und formulierten Satzungen und Gebote Gottes durften nicht übertreten werden. Und das wichtigste Gebot hieß: »Du sollst keine fremden Götter neben mir haben!«
Dieses Gebot zu halten, machte dem König Salomo Schwierigkeiten. Am jungen Herrscher prallten die Versuchungen noch ab – bis zu seinem fünfzigsten Lebensjahr blieb er ein treuer Diener des einen Gottes. Die Anfechtung kam im Alter, im Gewand von Zuneigung und Liebe. Die vielen Frauen seines Harems konnten, weit weg von ihrer Heimat, auf ihre vertrauten Gottheiten nicht

verzichten. Ihre Hartnäckigkeit und Mundpropaganda nagten am festen Glauben des Herrschers. Versucherinnen gab es viele im Palast. Die Legende nennt die immense Zahl von 1000 Frauen, die König Salomo in seinen Harem aufgenommen habe: »Er hatte 700 fürstliche Frauen und 300 Nebenfrauen, die sein Herz verführten« (11,3). Die Zahlen haben keinen statistischen Wert, sie geben Größenordnungen an. Der Palast in Jerusalem war so groß nicht, um so vielen Haremsfrauen Platz bieten zu können. Doch selbst hundert Frauen reichen aus, um einem Mann, der sich nicht mehr auf der Höhe seiner Kraft fühlt, den Gedanken einzugeben, den Frauen wenigstens Befriedigung ihrer religiösen Gefühle zu erlauben. Aus dieser Einsicht wäre kein Problem entstanden, wenn die Haremsfrauen Hebräerinnen gewesen wären; doch der König hatte sich Frauen aus den Stämmen der Hethiter, der Ammoniter, der Moabiter, der Sidonier, der Edomiter und Jebusiter geholt. Ihre Götter hießen Astarte, Milkom, Kamos, Moloch. Salomo gestattete den fremden Frauen zunächst die Anbetung ihrer Götter in abgeschlossenen Haremsräumen. Dieser Gottesdienst störte niemanden, und so schwieg auch das Gewissen, die Stimme Gottes, die früher schon den Hebräern verboten hatte, sich mit Frauen aus anderen Stämmen abzugeben: »Ihr sollt nicht zu ihnen gehen, und sie sollen nicht zu euch kommen; sonst wenden sie eure Herzen ihren Göttern zu« (11,2). Doch als Salomo, der Erbauer des Tempels, der Hausbesitzer Gottes, für Kamos und Moloch Kultstätten erbauen ließ, auf dem Berg östlich von Jerusalem, da empörten sich die wahren Gläubigen in der Stadt und mit ihnen Gott. Bis heute gibt es Juden, die – in strenger talmudischer Tradition – dem prächtigsten König des Judentums die Schuld am Untergang des jüdischen Staates geben. Ihr Argument: »Daß Salomo auch anderen Göttern Häuser anbot, hat den einen Allmächtigen Gott erzürnt; damals begann er sich von uns abzuwenden.«

In einigen Häusern Jerusalems wuchs Zorn und Ärger. Am Tage der Tempeleinweihung feierte Salomo ein weiteres Fest: die Hochzeit mit einer ägyptischen Prinzessin. Die Tochter des Pharaos brachte reiche Mitgift, die Stadt und Festung Gezer – Grund zum Feiern die Nacht hindurch. Das Fest der Hochzeit wurde glänzender begangen als die Tempelübergabe an Gott. Die Strafe war zu erwarten. Das Alte Testament, später geschrieben, mit Kenntnis des historischen Ablaufs der Jahre nach Salomo, sieht die direkte Verbindung zwischen der Treulosigkeit des Königs und den ersten

Niederlagen des jüdischen Staates. Gott sagt zu Salomo: »Da es so mit dir steht und du meinen Bund und meine Satzungen, die ich dir auftrug, nicht befolgt hast, will ich dir das Königtum entreißen und es deinem Knecht geben. Doch um deines Vaters David willen werde ich das zu deinen Lebzeiten noch nicht tun; erst deinem Sohn werde ich es entreißen. Indes werde ich ihm das Königtum nicht völlig wegnehmen. Einen Stamm will ich deinem Sohn um meines Knechtes David willen geben und Jerusalems wegen, das ich erwählt habe« (33ff.). Die Reaktion des Salomo ist nicht überliefert. Kein Erschrecken, kein Gelöbnis zur Besserung hat sich im Gedächtnis der Menschen von Jerusalem eingeprägt. Salomo pflegte weiterhin seinen Glanz. Das Geschäft mit Gott vergaß er.

Das Vorbild des Tempels ist erhalten

Im Norden des heutigen Staates Israel, 25 Kilometer von der libanesischen Grenze entfernt, liegen die steinigen Äcker der Siedlung Rosh Pinah. Das obere Jordantal geht über in die Hügel des Libanongebirges. Auf einer flachen Anhöhe sind hier in zwei Jahrzehnten seit 1955 die Ruinen der Stadt Hazor ausgegraben worden. Hazor war einer der Orte, um die König Salomo Festungswälle bauen ließ – das Buch der Könige berichtet davon.
Die Ausgrabungen legten eine Tempelanlage frei, die nahezu 45 Meter lang und 10 Meter breit ist. Die Basis der sehr stabilen Mauern ist erhalten. Sie besteht aus unbehauenen Steinen, von denen keiner an Gewicht die Tragfähigkeit eines einzelnen Mannes überfordert; nur die Türfassungen und andere exponierte Mauerkanten bestehen aus Basaltblöcken von über zwei Metern Länge. Die Archäologen mußten eine harte Erdschicht abtragen, die sich aus den durch Regenwasser aufgelösten Resten von Lehmziegeln gebildet hatte. Aschespuren zeigen, daß die Deckenkonstruktion durch hölzerne Träger gesichert war.

Der Tempelbau von Hazor besteht aus drei Teilen, angeordnet wie im Heiligtum des Königs Salomo in Jerusalem: Vorraum, Halle mit Altar, Aufenthaltsraum des Gottes. Jeder Teil hat eine Grundfläche von 13 × 9 Metern. Vor dem Eingang zur Halle sind die Basisplatten von zwei runden Pfeilern zu sehen. Diese Pfeiler haben keine Tragefunktion so nahe bei der Wand; sie müssen eine kultische Bedeutung gehabt haben. Doch löst die Ruine von Hazor das Rätsel nicht. Salomo folgte dem Beispiel der Tempelbauer aus dem Norden seines Landes: er setzte vor den Eingang seines Gebäudes die beiden Säulen Jachin und Boas, auch sie hatten keine Decke zu tragen.

Schon in Hazor wird der Raum des Gottes freigehalten vom Blut der Opfertiere. Die Schlachtungen finden in der Halle statt. Ein Drainagesystem aus tönernen Röhren sorgt für Zufluß von Wasser und leitet schmutzige Flüssigkeit ab. Die Halle ist reich ausgestattet mit Opfertischen aus Basalt, mit Wasserkrügen und Weingefäßen aus Ton, mit Weihrauchbrennern aus demselben formbaren Material. Kultgegenstände aus Metall, wie sie durch die Überlieferung für den Tempel des Königs Salomo bezeugt sind, fehlen in Hazor. Sie müssen noch wenig bekannt gewesen sein, als dieses Heiligtum eingerichtet wurde.

Die Zeit läßt sich ungefähr festlegen, in der dieser Tempel benützt worden ist. Ein kleiner Steinskarabäus, im Trümmerschutt gefunden, ist mit dem Namen des ägyptischen Herrschers Amenophis III. beschriftet. Er regierte von 1402 bis 1364 – in diesen Jahren oder danach muß der Skarabäus im Tempel von Hazor deponiert worden sein. Die Archäologen nehmen an, daß das Gebäude dreihundert Jahre vor Salomos Tempel aufgemauert wurde.

Die Grundform des Tempels von Hazor hat der König in Jerusalem kopieren lassen. Es blieb ihm sicher keine andere Wahl: die Gastarbeiter, die Architekten und Maurer, die er sich aus Mangel an eigenen Spezialisten aus dem Libanon holen mußte, beherrschten nur den seit Generationen gültigen Grundstil für Tempelbauten. Das bewährte Konzept wurde beibehalten. Daß sich inzwischen das Wesen des Gottes grundsätzlich geändert hatte, war kein Anlaß für Neuerungen. Sie konstruierten den Wohnraum nach alten Vorbildern, auch wenn der Bauherr auf Darstellungen des Bewohners verzichtete. In Hazor war, dreihundert Jahre zuvor, der Wettergott Hadad in vielfältiger Gestalt im Tempel abgebildet. Der eine Allmächtige Gott wollte sein Haus in Jerusalem nicht mit seinem Bild geschmückt sehen. Nur die seltsamen Wesen der Cherubine durften die Räume zieren. Diese Gestalten mit Löwenleibern, Flügeln und menschenähnlichen Köpfen sind allerdings auch schon auf einem Siegelzylinder aus Ton im Tempel von Hazor zu finden.

Die Königin von Saba ist neugierig

Die Aufregung in Palast und Tempel können wir uns gut vorstellen: Boten waren gekommen in der Nacht. Die 160 Kilometer lange Strecke von Elath her durch die Wüste hatten sie an einem Tag bewältigt, auf raschen Kamelen. In den Jahren der hebräischen Könige setzt sich das Kamel als Transportmittel für weite, ungebahnte Wüstenwege durch; das Kamel löst den Esel ab, der künftig nur noch dem Nahverkehr dient. Die drei Tiere der Boten im Stall des Königs Salomo sind eines großen Herrschers würdig. Als Kuriosum empfinden die Menschen die wahren Besitzverhältnisse: die Kamele gehören einer Frau, der Königin von Saba. Ihre Ankunft hatten die Boten angekündigt.

Im Süden der arabischen Halbinsel, im Gebiet der heutigen nordjemenitischen Republik, residierte diese Königin; eine selbständige und selbstsichere Frau, den männlichen Herrschern durchaus ebenbürtig. Erst eineinhalb Jahrtausende später, in der Zeit des Islam, wandelt sich die Gesellschaftsstruktur der arabischen Halbinsel in ein Patriarchat, das alle Herrschaftsansprüche den Männern reserviert. Der Königin von Saba war der Gedanke fremd, sich einem Mann zu unterwerfen. Auch zu Salomo kam sie nicht, um ihn zu bewundern, sondern um ihn auf die Probe zu stellen. Sie wollte die Geschäftstüchtigkeit und die Regierungskunst des Salomo testen. Sie akzeptierte nicht Salomos eitlen Anspruch, der Weiseste der Herrscher zu sein. Sie hatte zu Hause durchaus Gleichwertiges geleistet: Paläste, Verwaltungsbauten und öffentliche Einrichtungen. Reste davon sind heute noch erhalten.

Noch vor ihrer Ankunft gaben die Männer von Jerusalem dieser Frau den Namen »Königin des Südens«. Was sie von ihr hörten, forderte Respekt: das sagenhafte Land im Süden verdankte seinen Reichtum dem Handel, spezialisiert auf Weihrauch, auf Gewürze und Gold. Als Königin dieses Landes verband sie mit der Reise in den Norden durchaus kommerzielle Interessen: sie suchte finanzkräftige Partner, und sie fand König Salomo in ökonomischen Fragen gesprächsbereit.

Ein wichtiger Strukturwandel war dem Besuch der Königin vorangegangen in Jerusalem. Innerhalb weniger Monate hatte sich das Stadtbild verändert: die Bauspezialisten und Künstler vom Schlage des Eisengießers Hiram aus Tyrus waren wieder abgereist, die Stadt Jerusalem war zur Attraktion geworden für Händler und Karawa-

nenführer. Die Hebräer entdecken unter Salomo zum erstenmal ihre besondere Begabung, zu tauschen, Geschäfte in Gang zu bringen, zu handeln. Sie kaufen Pferde in Kleinasien, in den Tälern des Taurusgebirges, und verkaufen sie weiter an ägyptische Händler. Die Spezialität der königlichen Handelsorganisation in Jerusalem aber ist der Vertrieb von Streitwagen. Dieses Kriegsfahrzeug bestimmt den Ablauf der Schlachten im letzten Jahrtausend vor der neuen Zeitrechnung. Übermacht an Streitwagen und geschickte Taktik des Einsatzes bringen den Sieg – der Streitwagen ist der Vorläufer des Panzers. Zwei Pferde sind vorgespannt. Im hölzernen Fahrzeug stehen zwei Soldaten; einer lenkt, der andere wirft Spieße und schießt mit Pfeil und Bogen. Der Streitwagen war beweglicher geworden in den letzten Jahren durch die Verwendung eiserner Beschläge an den Rädern; das grobe Holzrad wurde ersetzt durch die schlankere Konstruktion aus Holz und Eisen.
Die Ägypter liefern die anerkannt besten Streitwagen dieser Zeit – Salomo übernimmt die Vertretung für den syrischen und mesopotamischen Bereich. Sein eigenes Reservoir an Streitwagen ist beachtlich: er hält einen Vorrat von 1400 Wagen und 12000 Pferden. Das 1. Buch der Könige (10,29) überliefert den Preis für ein brauchbares ägyptisches Kriegsgefährt: 600 Silberschäkäl. Das hebräische Gewichtsmaß Schäkäl entspricht 11,4 Gramm. 6,8 Kilogramm Silber hat die syrische Armee in Jerusalem für einen Streitwagen zu zahlen. Nach unserem Geld berechnet sich der Wert auf rund 3000 DM.
»Der König machte in Jerusalem das Silber so häufig wie Steine« (10,27). Silberbarren im Gewicht von nahezu 25 Kilogramm wurden 1970 kurz vor Jahresende bei Grabungsarbeiten unter der Synagoge von Estemoa bei Hebron entdeckt; auf dem irdenen Topf, der das Silber enthielt, entdeckten Archäologen den Namen Hamesch. Die Wissenschaftler glauben, daß das Silber seit den Jahren des Königs Salomo in Estemoa vergraben lag.
Zu der Zeit, als die Königin von Saba die Marktlage am Handelsplatz Jerusalem erforschte, besaßen die Hebräer kein geprägtes Geld. Doch auch die anderen Völker ringsum hatten den ökonomischen Vorteil der Ausmünzung von Silber und Gold noch nicht entdeckt. Die Händler bewahrten das Silber in ihren Häusern auf; sie schmolzen Teile von Barren ab, um Forderungen zu begleichen. Ihre Gewichtsmaße sind Kikkar (34,2 kg), Manäh (571 Gramm) und Schäkäl (11,4 Gramm). Geprägtes Geld mit fixiertem Wert,

der unabhängig bleibt vom Gewicht des Edelmetalls, wird im jüdischen Gebiet erst vier Jahrhunderte nach der Herrschaft des Königs Salomo verwendet.
Angelockt zum Besuch des Hebräerstaates wurde die Königin von Saba durch die Erzählungen jüdischer Seeleute. Mit technischer Assistenz der Spezialisten des Königs Hiram von Tyrus war den Hebräern in Elath der Bau seetüchtiger Schiffe gelungen. In der Nähe des Hafens, in Eziongeber, betrieb die hebräische Werft eine Metallgießerei, die Kupfer und Eisen herstellte. Diese Gießerei benützte örtliche Erzvorkommen. Ergebnisse der Ausgrabungen von Eziongeber beweisen, daß die Hebräer Schmelzöfen von hohem Wirkungsgrad besaßen. Die heimische Metallindustrie machte die Fertigung von Schiffen möglich, die bis ins sagenhafte Land Ophir fahren konnten, in die Region, in der die Königin von Saba Macht und Einfluß besaß. So wurde der Name des Königs bekannt im Süden der Halbinsel Arabien.
Die jüdische Legende, das Volksmärchen, hat für diese Kontaktaufnahme eine poetische Umschreibung gefunden. Seit fast 3000 Jahren lebt die Geschichte weiter von Salomo, dem Gott die Gabe verliehen hatte, mit den Tieren zu reden: »Eines Tages ließ der König die Vögel zu sich kommen, sie tanzten für ihn, und er sprach mit ihnen. Salomo wunderte sich, daß der Auerhahn fehlte. Wütend befahl er die Bestrafung dieses Vogels. Der Auerhahn, zur Rechenschaft gezogen wegen seiner Mißachtung königlicher Gebote, fand eine Ausrede: ›Ich war unterwegs, um draußen in der Welt einen Ort zu suchen, dessen Bewohner nichts von meinem Herrn und König gehört haben. So kam ich in die Weihrauchstadt im Süden. Der Boden dieses Landes ist pures Gold, und das Silber liegt in den Straßen gleich dem Mist. Die Bäume selbst stammen noch aus der Schöpfungszeit und werden aus den Wassern des Paradieses getränkt. Über dieses Reich herrscht ein Weib. Sie heißt die Königin von Saba.‹ Der Auerhahn versprach dem König Salomo, die Königin von Saba nach Jerusalem zu holen. Dem Salomo gefiel die Idee, und der Auerhahn flog über die weite Wüstenstrecke nach Süden. Mit der Drohung, die Vögel aus dem Reich im Norden würden der Königin das Fleisch von den Knochen reißen, veranlaßte der Auerhahn die Herrscherin zur Reise nach Jerusalem.«
Die Erscheinung der Königin reizte die Phantasie des hebräischen Volkes, das keine Ahnung hatte von den Wirtschaftsverhandlungen der gekrönten Häupter. Den Höflingen war aufgefallen, daß der

faszinierende Gast überaus lange Röcke trug. So wurde dem Gerücht geglaubt, die Königin habe Füße wie eine Ziege. Dem König war der Gedanke unangenehm, diese schöne Frau habe abnormale Füße. Die Königin aber weigerte sich, den langen Rock anzuheben – der König glaubte schließlich immer intensiver an die Wahrheit der Gerüchte. Da kam ihm die witzige Idee, den Fußboden des Thronsaals mit Kristall auslegen zu lassen, das den Eindruck erweckte, der Boden sei knöcheltief mit Wasser bedeckt. Mit dieser List hatte Salomo Erfolg. Die Königin hob den wertvollen Rock bis zur Wade, als sie durch den Saal schritt. Salomo sah, daß sie keine Ziegenfüße hatte.
Die Männer und Frauen von Jerusalem waren überzeugt, daß die Königin schwanger die Stadt wieder verlassen habe. Und sie wußten auch, mit welchem Trick Salomo den tugendsamen Gast in sein Bett gelockt hatte. Diese Legende ist später auch in Äthiopien zu hören: Als die Königin sich wieder einmal weigerte, mit Salomo zu schlafen, da gab er ihr zum Abendessen scharf gewürzte Speisen. Die Diener wies er an, die Wassergefäße im Schlafraum der Dame zu leeren. Der Durst in der Nacht trieb die Königin an Salomos Bett. Dort stand eine gefüllte Wasserkaraffe. Der König ließ die Königin erst trinken, als sie bei ihm lag.

Die Ideologen nehmen König Salomo nicht ernst

Mit der Eröffnung des Tempels haben einige Dutzend Männer aus dem Stamme Levi einen gutbezahlten Arbeitsplatz gefunden: ihnen ist der Dienst im Heiligtum reserviert. Sie weisen stolz auf ihre Abstammung von Aaron, dem Bruder des Moses, hin. Ihr Einfluß ist gewichtig: die Priester haben Ritual und Opferart zu bestimmen. Zwar gelten die Gesetze, die Moses auf Sinai den Hebräern verordnet hatte, doch lassen die Vorschriften vielerlei Möglichkeit zur Auslegung. Von den Priestern ist zu erfahren, wann Gott versöhnt ist – wann Gott die Sühne verweigert. Sie übernehmen die Kommunikation zwischen Gott und den Menschen. Ihr Wort kann einen Sünder vernichten, aber auch einem Politiker schaden, der andere Ansichten vertritt als die Priesterkaste. Der König gilt nur dann als Regulativ, als Schiedsinstanz, wenn er die bewaffnete Macht, die Armee, fest in der Hand hat. Einen starken Herrscher haben die Priester zu fürchten.

Salomo vernachlässigt seine Armee nicht, auch wenn er kein Interesse hat an Kriegszügen. Er treibt die Mannschaftsstärke hoch und sorgt für die neuesten Waffen. Die Priester haben guten Grund, sich zunächst auf diesen Herrscher einzustellen. Zwar untergräbt er mit zunehmendem Alter die absolute Vormachtstellung des einen Gottes – und damit auch der Diener des Herrn, der im Tempel wohnt –, doch schwächt er nicht den schuldigen Respekt vor dem Stand der Priester. Der Dualismus wuchert langsam auf zwischen weltlicher und geistlicher Macht. Der Hohepriester, Ha Cohen ha Gadol aber, hat gegenüber dem König einen Vorteil: er allein darf im Allerheiligsten des Tempels vor die Bundeslade treten. Der Dialog zwischen Salomo und Gott erstirbt, nachdem der König seinen Vertrag mit Gott geschlossen hat. Die Zeichen sind gesetzt für die spätere Theokratie, für die Herrschaft des Priesterstands, der sich auf das Wort Gottes beruft.
Salomo hatte die Gelegenheit, sich mit den Insignien eines Priesterkönigs zu schmücken, um sich selbst im Laufe der Zeit neben Gott zu stellen. Vorbilder gab es genug in Jerusalem: König Melchisedek, der einst Abraham freundschaftlich in der Stadt aufgenommen hatte, war Priester und Herrscher in Personalunion. Salomo folgte seinem Beispiel nicht. Er blieb zu sehr verhaftet mit den Vergnügen, die ihm die weltliche Herrscherposition bieten konnte – die strenge Miene des Priesters lag ihm nicht. Die klugen Köpfe unter den Dienern des Tempels spüren die Schwäche. Die Männer aus dem Stamme Levi holen andere aus ihrer Sippe in den Kultdienst; aus den einigen Dutzend Priestern werden in kurzer Zeit einige hundert. Sie haben Beziehungen zu den Menschen der anderen Städte; schließlich ist jeder Bewohner verpflichtet, wenigstens an einem der Pilgerfeste Jerusalem und den Tempel zu besuchen. Die Leviten hören, was gesprochen wird. Die Priester kennen die Unzufriedenheit der Händler, Bauern und kleinen Grundbesitzer, die darüber klagen, daß der König ihnen zu große Lasten auflädt. Der geistigen Elite fällt zuerst auf, daß das Königtum keine feste Basis hat im biblischen Volk. Sie wissen: die Ansprüche des göttlichen Herrschers lassen sich nicht vereinbaren mit den Forderungen des weltlichen Herrschers. Sie ziehen die Konsequenz: die Könige werden wieder verschwinden – die Priester bleiben. Sie hatten durch die Jahrhunderte bewiesen, daß sie gebraucht werden vom biblischen Volk. Die Priester haben historische Verdienste vorzuweisen.
In Sprichwörtern und Legenden bewahrt sich die Erinnerung an

die abfällige Meinung der intellektuellen Elite von Salomo: Die Priester fällten das Urteil, daß Salomo nicht zu denen gehöre, die das künftige Reich Gottes mitregieren. Da erschien den Priestern die Gestalt seines Vaters David und warf sich vor ihnen nieder, sie achteten aber gar nicht auf ihn, sie diskutierten weiter. Dann fiel Feuer vom Himmel herunter, die Flammen züngelten um ihre Sessel; doch auch um das Feuer kümmerten sie sich nicht. Gott persönlich greift ein, um die Priester umzustimmen. Seine Stimme schallt mit großer Lautstärke: »Salomo war es, der mir ein Haus gebaut hat. Er hat den Tempel errichtet, ehe er an seinen eigenen Palast gedacht hat. Mit Eile hat er den Bau vorangetrieben. Es geziemt ihm, unter die Könige gerechnet zu werden und nicht unter die Verworfenen.« Erst auf diesen Protest hin revidieren die Priester ihr Urteil: wenn Gott so heftig reagiert, soll er seinen Willen haben. Sie akzeptieren Salomo in der Liste der guten Könige des biblischen Volkes. Ihre wahre Meinung ändern sie jedoch nicht. Drei Sünden werfen sie Salomo vor: er hatte zu viele Weiber, er hatte zu viele Rosse – und er behielt zu viel Silber und Gold für sich. Er hätte die Schätze den Priestern geben sollen.

Vor Salomo lebte Gott im Zelt

Das Land Kanaan

Im 6. Jahrhundert nach Beginn unserer Zeitrechnung macht sich im kleinen Dorf Madeba in der Nordost-Ecke des Toten Meeres ein Handwerker die Mühe, auf dem Boden einer Kirche die Schönheiten seiner Heimat in Mosaiksteinen auszulegen. Sein Auftraggeber ist ein Privatmann, ein Händler und Grundbesitzer. Der reiche Mann wünscht sich einen Blick auf das biblische Land aus der Vogelperspektive. Als das Mosaik entstand, war König Salomo seit 1500 Jahren tot – die Griechen, die Römer und Christus hatten die geistige Welt verändert, doch unberührt geblieben waren die Täler, die Seen, Flüsse und Dörfer. Die Mosaikkarte von Madeba konservierte die Erinnerung an das Land des Alten Testaments. Die Ortsnamen sind begleitet von kurzen Angaben über die biblische Bedeutung. Ein Beispiel: Neapolis, wo die Quelle Jakobs zu finden ist. Trotz des Bezugs auf die alten Schriften nennt der Handwerker viele Dörfer mit hellenistischen Namen. In dieser Schreibweise ist er allerdings nicht sattelfest, er bringt Buchstaben durcheinander. Offensichtlich ist es ihm schwergefallen, den Wunsch seines Auftraggebers zu erfüllen, die Karte dem weltoffenen Denken der neueren Zeit anzupassen. Seine Vorliebe gilt kleinen Details: im Jordan schwimmen goldene Fische, eine Gazelle flüchtet vor einem schwer deutbaren größeren Tier, ein Fischerboot schaukelt auf dem wild bewegten Toten Meer, Lehmziegeldörfer stehen unter realistisch gezeichneten Dattelpalmen mit roten Früchten, die Berge sind markiert durch dunkle Farbtöne, die Zeichnung der Täler entspricht der geographischen Realität. Diese älteste Darstellung des biblischen Landes hat die islamische Eroberung überstanden. Die Kirche wurde zwar von den Moslems zerstört, doch das Mosaik blieb unbeschädigt. Erst in moderner Zeit, im Jahre 1890, als eine neue Kirche in Madeba gebaut werden sollte, vernichteten Maurer, die niemand auf die Bedeutung des Fußbodens hinwies, große Teile des Mosaiks.

Die Fragmente lassen erkennen, daß der Handwerker aus dem 6. Jahrhundert Wert darauf legte, den Lebensraum der zwölf Stämme des hebräischen Volkes darzustellen. Die Namen der Stämme schreibt er mit roten Buchstaben. Der Sachverhalt, den uns Josua (13–21) kompliziert darstellt, war dem Handwerker geläufig: er kannte die Grenzziehung, von der Josua und zuvor Moses berichtet hatten. Die Grenzen sind zum Zeitpunkt der Entstehung der Mosaikkarte von Madeba längst verwischt. Die Stämme hatten sich aufgelöst mit dem Untergang des hebräischen Staatsgebildes. Doch dieser Mann in Madeba wußte aus der Überlieferung, wo die Stämme Ruben, Simeon, Levi, Juda, Dan, Naphtali, Gad, Aser, Issachar, Sebulon und Benjamin einst wohnten, wo die Sippen der Söhne Josephs – Manasse und Ephraim – ihre Städte und Dörfer besaßen.

Die Stämme des hebräischen Volkes umfassen Familien, die miteinander blutsverwandt sind. Jeder Stamm besteht aus einer Großfamilie, aus einem Familienclan. Alle Mitglieder sind verwandt, alle stammen vom gleichen Ahnherrn ab. Jedes Mitglied bewahrt in seiner Erinnerung die lange Liste der Vorfahren. Aus dieser Liste kann jeder den Nachweis ableiten, zu seinem Stamm zu gehören. Keiner will draußen stehen, außerhalb seines Stamms, losgelöst vom eigenen Clan. Nur die Großfamilie bietet Sicherheit. Wer nicht zu einem Stamm gehört, ist Freiwild, kann beraubt und erschlagen werden. Für den Hebräer gibt es kein Leben außerhalb der Sippe. Zusammengebunden zum Volk der Hebräer werden die Stämme durch das Wissen ihrer Mitglieder, daß ihr gemeinsamer Ahnvater und Patriarch Jakob ist, der Sohn Isaaks, der wiederum als Sohn Abrahams gilt. Der existentielle Zwang zum Nachweis der Verwandtschaft erklärt die penibel geführten Geschlechtsregister des Alten Testaments. – Jeder Stamm ist für sich als Einheit zu sehen.

Seine Verwaltung ist autonom. Der Rat der Ältesten bildet die Regierung. Alter wird durchaus mit Weisheit gleichgesetzt: den Erfahrenen ist die Lenkung der Stammespolitik überlassen. Nicht immer kann dieses demokratische Prinzip gewahrt bleiben: bei Streit im Stamm, bei Konflikten mit Nachbarclans überlassen die Ältesten während der Zuspitzung der Krise einem starken Mann diktatorische Vollmacht.

Jeder Stamm sucht ökonomische Unabhängigkeit. Die Großfamilie versorgt sich selbst mit Nahrungsmitteln und Kleidung. Grundlage der wirtschaftlichen Autonomie ist die Zelle des Clans, die Kleinfamilie, die sich aus dem ältesten oder erfahrensten Mann und seinen diversen Frauen, aus den Söhnen sowie deren Frauen und Kindern zusammensetzt. Zur Kleinfamilie zählen auch die Töchter, für die sich noch kein Mann zur Ehe fand. Reiche Familien der Hebräer nehmen noch Sklaven und Arbeiter, die bezahlt werden, in ihren Verband auf. Die Ordnung ist patriarchalisch: das männliche Oberhaupt bestimmt. Selbst die Söhne warten nach der hierarchischen Reihenfolge, bis ihr Wort regieren darf. Die Kleinfamilie spezialisiert sich: sie betreibt Landwirtschaft, sie führt einen Handwerksbetrieb, oder sie handelt mit Waren. Der Bedarf regelt die Balance unter den wirtschaftlichen Sparten; überflüssige Handwerksbetriebe lösen sich von selbst auf.

Die Hebräer leben in einem Land, das ihnen Gott zugewiesen hat – davon sind sie überzeugt. Moses ist ihr Bürge, daß sie nach Gottes Willen in diesem Land zwischen der Wüste und dem Meer leben. Gottes Wort an Moses ist ihnen Rechtsbasis: »Dies ist das Land, das ich dem Abraham, Isaak und Jakob eidlich zugesichert habe, indem ich sprach: Deinen Nachkommen will ich es verleihen« (DEUTERONOMIUM 34,4). Trotz aller Not und Unterdrückung glaubt der Hebräer, dieses Land der Verheißung sei nach dem Sternenhimmel der schönste Teil der Schöpfung Gottes. Blind für die Faszination anderer Landstriche, drängt der biblische Hebräer immer auf Heimkunft in das Land, das Gott ihm gegeben hat. Er sieht in fremden Gegenden nur unwirtliches Land. Mit vielen Namen nennt der Hebräer diesen Landstrich: Das Heilige Land, das Land der Verheißung, das Gelobte Land, das Land des Bundes. In der Phantasie ist das Heilige Land höher gelegen denn alle Länder. Ein Märchen, das zur Zeit der Ansiedlung entstanden ist, zeigt die Einstellung der Menschen zu ihrer Heimat: »Das Heilige Land ist zuallererst erschaffen worden, und die ganze übrige Welt erst danach. Das Heilige Land tränkt der Herr selbst, die übrige Welt aber tränkt er durch seine Boten.«

Das Bild ist sinnvoll: an den Bergen von Judäa entladen sich die Wolken, die vom Mittelmeer heranziehen. Im Winter und im Frühjahr fallen reichlich Niederschläge; im nördlichen Teil des Hebräerlandes, im heutigen Galiläa, registriert die Meßsäule der Meteorologen 100 Zentimeter Regen im Jahr. Es fällt mehr Regen in Jerusalem als in Paris oder London. Nur im Süden von Jerusalem, in Richtung Negevwüste, nimmt die Niederschlagsneigung rapide ab. Hier wirkt sich Wind aus, der von Ägypten her bläst und der über der Sinai-Halbinsel wenig Möglichkeiten hat, Feuchtigkeit aufzunehmen. Doch sogar im Negev schlägt sich in frühen Morgenstunden

Tau nieder, insgesamt fast 25 Zentimeter im Jahr. Absolut trocken ist diese Wüste nicht.
Selbst im Jordantal, 30 Kilometer von der Mittelmeerküste entfernt, mißt die Regensäule noch 50 Zentimeter im Jahr. Das gleiche alte jüdische Märchen, das Gott zum Gärtner des Heiligen Landes macht, zeigt eine erstaunlich realistische Einsicht in meteorologische Vorgänge: »Wie aber wird die Erde getränkt? Einige sagen: es wird alles Land von dem Wasser getränkt, das von oben kommt, wie es auch heißt: Den Regen vom Himmel wirst du trinken. Aber wie soll ich's nur deuten: Und ein Nebel ging auf von der Erde und feuchtete alles Land. Das will wohl heißen: die Nebel schwellen an und steigen zum Himmel hoch. Aber wie ein Sieb, so sind die Wolken voll Löcher, und durch die Löcher sickert der Regen auf die Erde, und zwischen Tropfen und Tropfen ist nur eines Haares Breite.«
Das Land der Hebräer weist viele Nuancen der Gestalt der Erdoberfläche und der Vegetation auf. Es ist reich und voll Schönheit. Mit Grund kehren die Nomaden immer wieder in dieses Gebiet zurück. Das biblische Volk geht davon aus, daß in der Ordnung der Welt schon zur Zeit der Schöpfung den zwölf Stämmen, die aus Abrahams Sippenwurzel gewachsen waren, dieses reiche Land zugeteilt wurde. Im Norden sind die mit Obstbäumen bewachsenen Hügel von Galiläa den Stämmen Sebulon und Naphtali zugewiesen; südwestlich des Sees Genezareth schließt sich die fruchtbare Ebene an, die Heimat des Stammes Issachar, die Großfamilien Manasse, Ephraim, Dan und Benjamin weideten ihre Tiere an den Hängen der langsam aufsteigenden Hügel, die bei Hebron, südlich von Jerusalem, die Höhe von 1000 Metern erreichen. Der Streifen der Mittelmeerküste, im Süden von den Philistern bewohnt, ist landwirtschaftliches Gebiet, bis sich die Nähe der Wüste Sinai auszuwirken beginnt. Die Hebräer haben sich den besten Boden der Region ausgesucht. Sie hatten Anlaß, sich zu freuen über die Entscheidung Gottes, die ihnen dieses schöne und fruchtbare Land zusprach. Ursache zum Zweifel an Gottes Spruch bestand niemals. Nur gab es von Anfang an in der Geschichte des biblischen Volkes eine Schwierigkeit: das Land, das die Hebräer als Eigentum betrachteten, gehörte immer schon anderen. Kanaan bildete kein zivilisatorisches Vakuum; der Boden wartete keineswegs unbeackert auf entschlossene Siedler. Zwischen Mittelmeer und Jordan wohnten bereits Menschen, die in dieser Heimat bleiben wollten.

Die Addition aller Zeitangaben, die im Alten Testament erwähnt werden – diese Bücher geben äußerst präzise Jahreszahlen – errechnet zwischen dem Bau des Tempels durch Salomo in Jerusalem und der weit vorausliegenden Geburt Abrahams im fernen Ur einen zeitlichen Abstand von 1200 Jahren. Das Alte Testament übertreibt. Die hebräischen Erzähler, die historische Fakten aus dem Gedächtnis an die nächste Generation weitergaben, veränderten die Realität zugunsten der mystischen Bedeutung der Zahlen. Der Zeitabschnitt vom ersten Engagement Gottes für die Sache der Hebräer bis zum Einzug Gottes in den Tempel mußte mit der Zahl 12 verbunden sein. 12 galt als runde, in den göttlichen Segen verwobene Zahl; die Zahl 1200 mußte demnach hundertfach mit Segen bedacht sein. Die historische Wissenschaft nimmt an, daß Abraham um das Jahr 1850 vor Beginn unserer gebräuchlichen Zeitrechnung geboren wurde.

Die Forscher dieses Jahrhunderts gehen davon aus, daß Abraham tatsächlich als Person existiert hat. Frühere Generationen von Historikern dachten oft anders: Abraham war für sie das Resultat phantasievoller Ausschmückungen von Vorgängen der Menschheitsgeschichte, Personifizierung von Ereignissen, die ohne diesen feuilletonistischen Trick nicht in der Vorstellung und im Gedächtnis der frühen Menschen haftengeblieben wären. Der modernen Archäologie aber ist der Nachweis gelungen, daß in Mesopotamien, im Bereich von Ur, der von der Bibel erwähnten Heimat Abrahams, Stammesnamen gebräuchlich waren, die später wieder im Gelobten Land bedeutsam wurden. Auf Tontafeln, gefunden bei Ausgrabungsarbeiten im Königspalast des versunkenen Mari-Reiches am Euphrat, wird der Stamm der Benjaminiten erwähnt. Im Bericht eines Distriktsoffiziers ist zu lesen: »Alle Benjaminiten zünden Feuersignale an. Von Samanum bis Ilum-Maluk, von Ilum-Maluk bis Mishlan, alle Orte der Benjaminiten im Terqa-Distrikt antworteten mit Feuersignalen.« Die Benjaminiten waren ein unruhiger Stamm. In einem anderen Bericht wird sogar davor gewarnt, die Männer und Frauen der Benjaminiten zählen zu wollen. Die Mächtigen des Mari-Reiches wollten keinen Anlaß geben zu Aufständen.

Das Zweistromland zwischen Euphrat und Tigris war ein Gebiet auf hoher kultureller Entwicklungsstufe. Die Paläste, die freigelegt wurden, besaßen sanitäre Installationen in Küche und Bad, die durchaus neuzeitlichen Ansprüchen gerecht werden: da gab es Leitungen für sauberes Wasser und Abflüsse für Schmutzwasser. Die Entzifferung der mit Keilschrift beritzten Tontafeln der Archive belegt die geordnete und kontrollierte Administration. Die Stadtstaaten an Euphrat und Tigris leisteten sich Ministerien für Handel und Außenpolitik, Polizeiämter, Organisationen für Verwaltung der Heiligtümer. Viele Tontafeln beschäftigen sich mit der Instandhaltung von Bewässerungskanälen, mit dem Bau von Schleusen, mit der Anlage von Dämmen. Doch ist keinem dieser Stadtstaaten langdauernde friedliche Entwicklung beschieden. Die Archäologen stoßen auf Brandschutt und auf gewaltsam zum Einsturz gebrachte Mauern: durch Einbruch brutaler Gegner endeten die Kulturen.

Die politische Lage des Gebietes um die Zeit von Abrahams Geburt: die Herrscher von Assyrien am Tigris befreien sich von der drückenden sumerischen Herrschaft. Das geschieht um das Jahr 1900 vor Beginn unserer Zeitrechnung. Assyrien wird vorübergehend zur dominierenden Wirtschaftsmacht in der damaligen Kulturwelt. Doch 150 Jahre später wird das assyrische Reich vom babylonischen Großstaat des Hammurabi geschluckt – diese Entwicklung erleben die Urväter allerdings nicht mehr im Zweistromland.

Ohne Grund ist die Sippe des Abraham sicher nicht weggezogen von Euphrat und Tigris. Doch dieser Grund ist nicht haftengeblieben im Gedächtnis des biblischen Volkes. Das 1. Buch Mose gibt keine Ursache für die Sippenwanderung an. Dort steht in schlichten Worten: »Tharah nahm seinen Sohn Abraham, seinen Enkel Loth, den Sohn Harans, und seine Schwiegertochter Saraj, die Frau seines Sohnes Abraham. Sie wanderten aus dem Ur der Chaldäer aus, um in das Land Kanaan zu ziehen. Sie kamen aber nur bis Haran. Daselbst siedelten sie sich an« (11,31).
Tharah, Abraham, Loth und Saraj bilden eine kleine Gruppe von Nomaden in der Wanderbewegung am Ende des dritten und am Beginn des zweiten Jahrtausends v. Chr. Anstoß zur Wanderung kann der Zusammenbruch der dritten Dynastie von Ur beim Ansturm der Elamiter gewesen sein. Die Unruhen um die Zerstörung von Ur brachen um das Jahr 1950 v. Chr. aus. Diese historische Tatsache gibt Anlaß zu Spekulationen. Die Hirtensippe des Tharah gehörte nicht zur Schicht der direkt von der Katastrophe betroffenen Stadtbewohner, die mit dem Einbruch der Elamiter unterging.

Die Nomaden waren weniger gefährdet, sie konnten ausweichen, und zwar in die Gebiete, aus denen sie früher nach Ur gekommen waren. Das 1. Buch Mose gibt Charan (Haran) an als Zwischenstation auf dem Weg nach Kanaan. Damit ist, nur in umgekehrtem Sinn, die Wanderroute beschrieben, auf der die semitischen Stämme einige Jahrhunderte zuvor in das fruchtbare Land Mesopotamien, »Zwischen den Flüssen«, eingedrungen waren. Die Erinnerung an die alte Heimat war noch lebendig in ihnen; sie wußten, wohin sie in kritischen Situationen fliehen konnten.
Von der Wanderung der semitischen Hirten erzählt das Alte Testament nichts. Die biblische Legende beschränkt sich in diesem Abschnitt auf die Darstellung des Stammbaums der Menschheit bis zu Noah, und damit bis zum Naturereignis der Sintflut. Dieses dramatische Erzählelement hilft uns allerdings nicht weiter auf der Suche nach Spuren des biblischen Volkes, selbst wenn eine Überschwemmung im Zweistromland historisch nachweisbar ist. Bei Ausgrabungsarbeiten in der Gegend von Ur stießen Archäologen auf eine zwei bis drei Meter tiefe Lehmablagerung, die keinerlei Reste menschlicher Zivilisation enthielt; über und unter der Lehmablagerung aber waren Scherben zu finden. Die Lehmablagerung ist entstanden, als die Gegend um Ur von einer lokalen Flutkatastrophe heimgesucht wurde.
Die Bibel ist nicht die einzige Legendensammlung, die von der Sintflut erzählt. Im Gilgamesch-Epos der Sumerer – eine Keilschrift-Aufzeichnung auf Tontafeln ist um die Jahrhundertwende in den Ruinen der Urzeitbibliothek von Ninive gefunden worden – überlebt Utnapischtim eine Flutkatastrophe; Utnapischtim ist der Noah der Sumerer. Das Gilgamesch-Epos schreibt die Überschwemmung der Willkür der Götter zu – die Bibel sieht in ihr eine Strafe Gottes für die Entartung der Menschen. In der religiösen Tendenz weichen Bibel und Gilgamesch-Epos voneinander ab. Die vielen Gemeinsamkeiten beider Berichte aber weisen darauf hin, daß sie dasselbe Ereignis schildern: ein Mann baut ein Schiff und überlebt so eine Flut, die ringsum alles Leben vernichtet.
Im Keilschrift-Dokument von Ninive finden sich zwei Sätze, die bildhaft darstellen, wie die Katastrophe endete: »Und die ganze Menschheit war zu Lehm geworden. Eben wie ein Dach war das Land geworden.« Eben wie ein Dach ist die Lehmablagerung von Ur. Sie kann Zeugnis für die biblische Sintflut sein. Ihre Entstehung allerdings bestimmen die Archäologen auf einen Zeitraum um das Jahr

4000 v. Chr. Damals waren die semitischen Hirtenstämme noch nicht eingetroffen im Zweistromland. Sie kommen also nicht als Augenzeugen und Überlebende der Sintflut in Frage. Abraham, der Urvater der Hebräer, bewahrt das Geheimnis seiner Herkunft.

Die Legenden des jüdischen Volkes füllen das Vakuum: »Als der Herr die Welt erschaffen hatte, konnte sie nicht fest stehen, und sie wankte hin und her. Da fragte Gott: Was ist dir, daß du so schaukelst? Und die Welt sprach: Herr, ich kann nicht stille stehen, denn ich habe keine Stütze. Da sprach der Herr: Ich will dir einen Gerechten geben, Abraham mit Namen, der wird dir Halt sein. Alsbald konnte die Erde fest stehen.«

Spitzfindige Logik, eine Spezialität dieses nahöstlichen Volkes, untersucht in einer anderen überlieferten Geschichte, warum Gott nicht den Abraham statt Adam im Paradies leben ließ: »Abraham wäre würdig gewesen, noch vor Adam erschaffen zu werden; aber der Herr sprach: Erschaffe ich den Abraham zuvor, und verkommt dann die Welt, dann habe ich niemand, der sie wieder heil macht. Ich will nun als ersten den Adam in die Welt setzen; wenn er versagt und strauchelt, dann erschaffe ich Abraham, damit er alles wieder in Ordnung bringe.«

Wir können uns vorstellen, wie dieser Mann Abraham ausgesehen hat. Im Palast von Mari wurde eine Statue ausgegraben, die einen Hirten mit dem Opferlamm im Arm darstellt. Dieses realistische Abbild ist am Ende des dritten Jahrtausends v. Chr. entstanden, also zur Zeit, als die semitischen Stämme bei Ur lebten. Der Mann ist kahlköpfig, doch er trägt einen kunstvoll geschnittenen Bart, der den Mund umrahmt und sich über die Backen bis zum Ohr hochzieht. Die Augenbrauen sind stark ausgeprägt. Der Mantel des Hirten ist aus grobem Wollgewirk gefertigt. Große Augen blicken uns an – offensichtlich hat der Bildhauer besonderen Wert darauf gelegt, den Blick dieses Mannes zu zeigen. Es ist nicht anzunehmen, daß der König von Mari sich die Statue eines einfachen Hirten anfertigen ließ. Es muß sich um einen ungewöhnlichen Mann gehandelt haben. Mesopotamien galt damals als reich an Sehern und an phantasiereichen Menschen, die begnadet waren, die Götter zu schauen.

Im Gedächtnis der Hebräer hat sich Abraham als starke Persönlichkeit eingeprägt, als Mann von hohem sittlichen Anspruch. Ihm paßt die Welt nicht, in der er leben muß. Die Unordnung unter den

Der Gottesberg im Sinai-Massiv, wo Moses
die Gesetze für Israel empfangen haben soll

Flußoase im Jordan-Graben: Einzugsgebiet des Volkes Israel ins Gelobte Land

Kultisches Zentrum des Zwölf-Stämme-Verbandes: Das Tal von Sichem

Reste vom großen Turm an der Steinmauer der neolithischen Siedlung in Jericho

Der Tell es Sultan bei Jericho: Ruinenhügel mit Resten einer Dorfanlage und Ruinen einer befestigten stadtartigen Ansiedlung

Totenbestattung in Krügen:
Nekropole von Byblos

Reste des Altars in einem Tempel
von Megiddo

Göttern, die zuständig sind für das Schicksal der Menschen an Euphrat und Tigris, stimmt nicht mit Abrahams Vorstellung von göttlichem Regiment überein. Ihn stört die Vielzahl der Stadtgötter, ihre Kleinlichkeit, ihre Unmoral, ihre Anpassung an den Menschen. Tammuz, der Gott der Vegetation, die Liebesgöttin Ischtar, der Mondgott Nannar, sie alle stehen nicht ordnend über dem Menschenalltag, sie sind selbst mit sehr menschlichen Auseinandersetzungen beschäftigt.

Abraham ärgert sich über den Streit unter den Stadtgöttern, über ihre Rivalität um Heiligtümer und Einfluß. Eine Zuspitzung dieses Götterkrieges ist die permanente Schlacht zwischen Marduk, dem Schöpfer der Welt, und Tiamat, der Göttin des Untergangs. Die Menschen in der Stadt opfern und beten nach den Regeln ihrer Bequemlichkeit, und oft zu ganz privaten Göttern; sie suchen sich den Gott aus, der ihnen ein Maximum an Profit bei einem Minimum an persönlichem Einsatz verspricht. Dem Nomaden, dem Bequemlichkeit fremd ist, behagt diese Einstellung zur Hierarchie der Weltordnung nicht. Hinter dem Verband der vielen Götter sucht Abraham den einen Gott, dem diese vielen Götter untergeordnet sind. Abraham kann nicht glauben, daß ihre Unzulänglichkeit letzte Instanz ist für das Heil der Menschen. Die Einsamkeit in der Wüste, ihre Eintönigkeit, macht diesen Mann – wie viele andere – zum Seher. Nach der Gewöhnung an die Stille wirkt Flüstern schon wie Schreien. Abraham hört Gott, und er antwortet ihm. Da ist nur ein Gott, dessen Stimme zu ihm dringt, und seine Anordnungen sind eindeutig. Dieser Gott will, daß der Zug des kleinen semitischen Hirtenclans nicht in Haran im Nordwesten des Zweistromlandes endet.

Das Stadtbild des biblischen Haran ist erhalten, nicht in Ruinen, sondern als bewahrtes lebendiges Gemeinwesen: viele Generationen von Kleinbauern haben, immer aus denselben behauenen Steinen, niedere Häuser mit engen Kammern gebaut; auch die Dächer, primitiv aufgestockte Gewölbe, sind aus Stein. Nur durch die Tür dringt Licht ins Haus. Kein Verputz, keine Bemalung; unverziert bleiben die Häuser in Haran. Sie sind eng aneinander gebaut, unregelmäßig angelegt. Für ein Haus dieser Art stapelte die Sippe des Tharah Steine auf, als sie in Haran angekommen war. Bisher hatte die Familie nie einen festen Wohnplatz besessen. Ein Entschluß des Familienchefs stieß die Lebensgewohnheiten dieser Menschen um: sie sollen jetzt seßhaft werden, angesiedelt in einer Stadt; Tharah gab das Nomadenleben auf. Die Stadt erschien ihm sicherer für die Zukunft. Von der Einordnung in eine Gemeinschaft versprach sich Tharah Schutz vor den Streifzügen räuberischer Beduinen, die gerade um diese Zeit im Gebiet um Euphrat und Tigris aktiv wurden. Haran bot gute Chancen: die Gemeinde war zum Einkaufszentrum geworden für die Nomaden der Gegend.

Doch wenn sich Tharah hier wohl fühlte, so fand Abraham ausreichenden Anlaß zum Ärger: in Haran befand sich das Zentrum des Mondkultes. Die Menschen dieser Stadt schrieben dem Gestirn die Kraft zu, die Existenz der Geschöpfe und den Gang der Geschäfte zu beeinflussen. Dieser Mondgott war unnahbar; die Scheibe am Himmel, die sich täglich veränderte, ganz groß wurde und wieder verschwand, mußte in dumpfer Demut verehrt werden. Das war nicht der Gott, mit dem sich Abraham in der Stille der Steppe vertraut gemacht hatte. Durch die Jahrtausende hat sich die Legende überliefert, Abraham sei in maßlose Wut ausgebrochen, als er sah, daß sein Vater Tharah Figuren des Mondgottes angefertigt habe, um sie in einer Ecke der engen Kammer aufzustellen. Wenn die Legende wahr spricht, dann hat Abraham seinen Vater verprügelt und die Götzenbilder zertrampelt. Das war eine unerhörte Tat in einer Gesellschaftsstruktur, die dem ältesten Mann alles Recht gibt in der Familie. Abraham empört sich gegen seinen Vater. Der Bruch mit der Familie zeichnet sich ab. Schließlich ist er dazu auch alt genug. Die Bibel spricht davon, daß Abraham zur Zeit seines Aufenthaltes in Haran fünfundsiebzig Jahre alt ist, also noch kein sehr alter Mann, aber doch eine Person, die beanspruchen könnte, für weitere fünfundzwanzig Jahre an einem sicheren Ort zu wohnen. Der Verdruß über den unmenschlichen Mondgott und vor allem der Ärger mit dem in seinem Prestige getroffenen Vater macht Abraham wieder empfänglich für die Stimme seines Gottes. Er hört den Befehl: »Zieh hinweg aus deiner Heimat, aus deiner Verwandtschaft und aus deinem Vaterhause in ein Land, das ich dir zeigen werde. Ich will dich zu einem großen Volk machen und dich segnen... Segnen will ich, die dich segnen, und wer dich verflucht, dem will auch ich fluchen. In dir sollen alle Geschlechter der Erde gesegnet sein.« Das Alte Testament erzählt weiter: »Abraham nahm seine Frau Saraj und seinen Neffen Loth, ferner allen Herdenbesitz, den sie erworben hatten, und alle Leute, die sie in Haran gewonnen hatten.

Sie brachen auf, um ins Land Kanaan zu ziehen, und sie kamen ins Land Kanaan« (12.5).
Die späteren Geschichtenerzähler schildern, wie Abrahams Begleitung anwuchs beim Auszug aus Haran; sie schmücken die Bibelstelle aus, die davon erzählt, daß Abraham »Seelen« mitgenommen habe: eine große Schar von Bekehrten wollte mitziehen in das gute Land, das Gott dem Abraham versprochen hat. »Abraham pflegte die Männer zu bekehren, Saraj die Frauen.« Die Legende übertreibt; eine bescheidene Gruppe von Menschen macht sich nach Süden auf den Weg: eine Nomadensippe mit ihrer Herde. Abraham gibt zunächst einmal das städtische Leben wieder auf.
Über 1000 Kilometer zieht sich die Strecke hin von Haran nach Palästina: den Balikfluß hinunter bis zum Euphrat, dann durch die heiße Zone bei der heutigen Stadt Aleppo, östlich vorbei am Antilibanon, über die Oase von Damaskus zum See Genezareth. Die Herde des Abraham bestimmte den Weg: sie bestand aus Schafen und Ziegen. Diese Tiere sind nicht dafür geschaffen, in der Wüste zu leben, da sie kaum länger als 36 Stunden ohne Wasser existieren können – ganz besonders nicht in den heißen Temperaturen, mit denen auf dem Weg nach dem Verlassen der Ufer des Euphrat gerechnet werden muß. Abraham vermeidet die Abkürzungen, wenn sie durch die Wüste führen; er sucht sich Strecken aus, die Steppengebiete berühren. Die Sippe folgt dem Klimagürtel mit der Niederschlagsmenge von 300 Millimeter Regen pro Jahr; dieser Klimagürtel verläuft parallel zur Mittelmeerküste. Die Route zu finden, ist den Hirten kein Problem, den Weg markieren die Spuren anderer Herden. Die Sippe des Abraham eignet sich auf dieser Wanderung Kenntnisse an, die das jüdische Volk bis heute auszeichnen: die Männer lernen Zisternen zu graben, bestehende Brunnen zu vertiefen, Wasserleitungen zu bauen.
Keine der Quellen, weder das Alte Testament noch eine Legende, überliefert Berichte über die Ankunft der Familie im Gelobten Land, die von Begeisterung zeugen. Die Vermutung liegt nahe, daß beim Abmarsch in Haran das Wanderziel Kanaan noch nicht feststand. Das Ziel kann später der Erinnerung beigefügt worden sein, als die Siedlung in diesem guten Landstrich längst beschlossene Sache war.

In der neuen Heimat wohnen schon Götter

In Kanaan war Abraham sofort wieder mit fremden Gottheiten konfrontiert. Diese Götter lechzten nach Blut, verlangten satanische Opferungen und waren stark erotisch veranlagt, wenn nicht sogar lüstern. Die Entzifferung von Tontafeln und das frühe Geschichtswerk des Griechen Philon von Byblos über Phönizien ermöglichen die Rekonstruktion der Verflechtung einer Götterfamilie untereinander: Weit entfernt von den Menschen, hinter tausend Tälern und tausend Feldern wohnt der Vater der Menschheit. Sein Name ist El. Dieser Gott kann nur durch Vermittlung von Untergöttern angesprochen werden; sie fliegen, wandern, reiten zu ihm, um Rat zu holen und die Geschicke der Menschen zu beschließen. Der »Vater der Menschheit« hatte seinerseits wieder einen Vater, den er allerdings entmannt hatte, um ihn dann vom Thron zu stoßen. Aus Wut, die wenig begründet ist, enthauptet El eine Tochter. Eine zweite Tochter heiratet den Gott Baal und unterstützt ihn gegen ihren Vater El. Baal stürzt den »Vater der Menschheit« und wird so selbst ein mächtiger Gott.

Die Funde von Ugarit in Nordsyrien geben Aufschluß: zweiunddreißig Tontafeln, mit Keilschriftzeichen überzogen, schildern die durchaus menschlichen Wünsche der Götter. Baal empfindet Neid, daß er kein Haus besitzt, andere Götter, oft niederer Funktion, sind bereits Eigentümer eines Palastes. Auch Baal braucht »eine Wohnung gleich der des Gottes El«. Kaum ist der Bau fertig, gefügt aus Zedern des Libanon, verlangt der Todesgott Mot von Baal die bedingungslose Unterwerfung. Mot setzt sich durch – Baal verschwindet im Reich des Todes. Jetzt trocknen die Bäche auf der Erde aus, die Pflanzen werden braun und unfruchtbar, die Tiere verkriechen sich. Hitze zieht über das Land. Die Kriegsgöttin Anat aber weiß, wie die Welt geordnet sein muß. Sie versteht »das Wort des Baumes und das Lispeln des Steines, das Seufzen des Himmels und der Erde, die Gespräche des Meeres mit den Sternen«. Anat fängt Streit an mit dem Todesgott. Mot stirbt schließlich. Baal aber steigt hoch aus der Zone des Todes. Er lebt. Regen fällt, die Pflanzen wachsen und die Tiere regen sich wieder.

Verwandt mit dieser mythischen Geschichte von Baal und dem Todesgott Mot ist die Legende vom alljährlichen Tod des Adonis. Sie ist mit griechischen Namen überliefert, geht jedoch auf altkanaanäischen Ursprung zurück. Ein Effekt der Natur gibt den Anlaß

zur Legendenbildung: wenn im Frühjahr der Regen die unterirdischen Wasserhöhlen des Libanongebirges füllt, dann färbt sich das Wasser des Flusses Nahr Ibrahim leicht rötlich, weil sich im Einzugsgebiet seiner Quelle Partikel des roten Sandsteins auflösen. In der Phantasie der Menschen, die damals im Libanongebirge lebten, mischte sich das Blut des sterbenden Adonis unter das Wasser der Quelle. Im Auftrag eines eifersüchtigen Gottes war Adonis von einem Eber angefallen worden. Wenn sein Blut die Wasserfälle von Afka im Libanon rot färbt, dann beginnt der Frühling.
Über Jahrhunderte hin sind die führenden Männer des biblischen Volkes gezwungen, sich mit den äußerst hartnäckigen Göttern des Landes Kanaan auseinanderzusetzen. Baal-zebub, in der richtigen Form Baal-zbl, »Baal der Fürst«, spricht immer wieder die sinnliche Vorstellungskraft der Hebräer stärker an als der strenge unbildliche Gott, den Männer wie Abraham verehrt sehen wollen. Den Todesgott Mot, in der vokalisierten Form Mawet, halten selbst gläubige Anhänger des einen Allmächtigen Gottes für existent: »Sollte ich sie aus der Unterwelt befreien, sie vom Mawet freimachen? Wo sind deine Seuchen, Mawet? Wo deine Qualen, Unterwelt?« (HOSEA 13,14).
Die Götter wohnen auf den Bergen. Von dort aus sehen sie den anderen Wesen zu. Ihre Vielfalt gibt den Menschen der Steinzeit die Chance, sich jeweils an den nächsten Gott zu wenden, wenn einer nicht in der Lage ist, zu helfen. Der Zorn eines Gottes bedeutete selten Bedrohung der Existenz, weil dieser Zorn durch die Freundlichkeit des ebenso mächtigen Herrn auf dem benachbarten Hügel aufgehoben werden konnte.
Jeder Gott im Lande Kanaan hat seine Schwächen und Stärken. Die Götter der unteren Ränge sind auf besondere Einzelprobleme spezialisiert: Frauen, die keinen männlichen Nachwuchs bekommen, wenden sich an die Fruchtbarkeitsgöttin Astarte. Zu Tausenden sind die kleinen Tonfiguren der Astarte in den Resten der Häuser aus der Stein- und Bronzezeit erhalten geblieben. Sie sind zwischen fünf und zehn Zentimeter hoch. Ihre Merkmale: Große Brüste, die meist von der Göttin mit den Händen hochgehoben werden, und deutlich geöffnete Scheide. Im Israel-Museum in Jerusalem ist eine in Stein geritzte Darstellung der Fruchtbarkeitsgöttin zu sehen. Über der Göttin steht die Schrift: »Schutz für die Frau des Hauses – bei Nacht, solange die Nacht dauert – bei Tag, solange der Tag dauert.«

Der Göttin Astarte wird von ihren Anbetern ein normales menschliches Sexualverhalten zugestanden; nur die Vorstellung, daß diese Göttin selbst Kinder gebären könnte, unterdrücken die Anhänger – so wird Astarte zur Göttin, die zwar befruchtet wird, aber trotzdem kein Kind zur Welt bringt. Unter den Augen der Fruchtbarkeitsgöttin blüht die Tempelprostitution: junge Priesterinnen sind verpflichtet, sich deflorieren zu lassen. Ihre Aufgabe ist die sakrale Vereinigung mit den Mächtigen der Stämme: der Geschlechtsakt im Tempel kurz vor Ende der Regenzeit schafft die Voraussetzung für den Frühlingsbeginn, für das Erwachen der Natur. Wie der Göttin Astarte ist es auch den Priesterinnen nicht gestattet, Kinder zu bekommen. In den Tempeln der Fruchtbarkeitsgöttin wird die Abtreibung praktiziert.
Die blutdürstigen Götter im Lande Kanaan verlangen nach Menschenopfern, ehe sie bereit sind, sich den Problemen ihrer Anbeter zu widmen. Besonders hart war die Forderung, Kinder zu töten, um dem Gott die Unterwerfung zu beweisen; Archäologen stießen auf viele Tongefäße mit Kinderskeletten. Der Platz für die Opferung ganz junger Menschen ist das Tal Hinnom in der Nähe von Jerusalem; dort hat Gott Moloch sein Heiligtum.
Abraham ist Gegner der Fruchtbarkeitsriten in den Tempeln Kanaans. Er verurteilt die Verschwendung des männlichen Samens, der, nach seiner Meinung, nur in den Schoß der Frauen ergossen werden darf, die Kinder zur Welt bringen können. Der Auftrag Gottes hieß, das Volk vermehren – die Praktiken der Tempelprostitution hinderten viele Männer daran, diese Aufgabe zu erfüllen.

Abraham, der zwar den Gott Moloch und seine barbarischen Befehle verabscheut, ist aber durchaus bereit, die Forderung seines Gottes zu erfüllen, den Sohn Isaak zu opfern. Er hört die Stimme seines Gottes sagen: »Nimm deinen einzigen Sohn, den du lieb hast, den Isaak, begib dich in das Land Moria und bringe ihn dort auf einem der Berge, den ich dir noch zeigen werde, zum Brandopfer dar« (GENESIS 22,2). Drei Tage lang reiten Vater und Sohn auf dem Esel, dann sehen sie den Hügel, auf dem seit Jahrhunderten Kinder geopfert werden. Später entsteht an diesem Platz die Stadt Jerusalem. »Abraham baute daselbst den Altar, er richtete das Holz zurecht, band seinen Sohn Isaak fest und legte ihn auf den Altar, oben auf die Holzstücke. Dann streckte Abraham seine Hand aus und nahm das Messer, um seinen Sohn zu schlachten.« Gerade

noch im rechten Moment hört Abraham erneut die Stimme seines Gottes: »Tue ihm nichts an, denn jetzt erkenne ich, daß du ein gottesfürchtiger Mann bist und selbst deinen einzigen Sohn mir nicht vorenthalten hast« (9 u. 12).
Diesen einzigen Sohn Isaak hatte seine Frau – die sich jetzt Sara, Fürstin, nannte und nicht mehr Saraj – als Neunzigjährige zur Welt gebracht. Abrahams Alter wird mit hundert Jahren angegeben. Die Berichterstatter des Alten Testaments versäumen nicht, auf die Skepsis des Abraham hinzuweisen, der die Verheißung seines Gottes mit Gelächter quittierte: Abraham glaubte selbst nicht mehr daran, daß er ein Kind, einen Sohn, zeugen könne.

Jüdische Legenden, weniger respektvoll gegenüber Abraham, erzählen davon, daß die noch nicht bekehrten Zeitgenossen des Abraham der Ansicht waren, er und seine Frau Sara präsentierten ein fremdes Kind als eigenes. Abraham und Sara werden verdächtigt, ihr Kind gestohlen zu haben: »Die Anhänger der anderen Götter spotteten und sprachen: Habt ihr schon so etwas gesehen? Da nehmen ein Greis und eine Greisin auf dem Markt heimlich ein Kind weg und sagen, es sei ihr eigenes.« Diese Stelle der Legende zeigt uns ein realistisches Bild von Abraham und seiner Frau: zwei recht alte Menschen, die zum Markt gehen, in schwarzen Umhängen, unauffällig – Nomaden unter Nomaden. Spürbar ist auch, daß die Mitmenschen in Abraham zunächst keine exzeptionelle Erscheinung sehen. Das fürstliche Gehabe schreiben ihm erst spätere Zeiten zu.

Die Legende berichtet, wie Abraham mit Hilfe seines Gottes doch noch beweisen konnte, daß er der leibliche Vater des Isaak ist: »Alsbald verwandelte sich das Antlitz Isaaks und es glich dem seines Vaters. Da sprachen alle: Abraham hat wirklich den Isaak gezeugt, und die Spötter verstummten.«

Ein Grab als erster Grunderwerb des biblischen Volkes

Abraham und seine Sippe lassen sich nicht an einem festen Platz nieder, sie ziehen nach Süden und suchen fruchtbares Land, das noch von niemand beansprucht wird. Sie umgehen die Siedlungen. Die Zelte der wandernden Hebräergruppe bestehen aus Tierhaaren und Pflanzenfasern; das Geflecht ist aufgehängt an krummen Stangen; Steine beschweren die Tücher am Boden, daß sie der Wind nicht fortweht. Heute noch sind diese Nomadenzelte im Libanongebirge, an den Rändern der Tiefebene Bekaa und in Galiläa zu finden. Die Familien leben in einem großen Zelt: der Familienpatriarch, seine Frau, die Söhne, deren Frauen und die Enkel. Strenge Gebote sind nötig, um zu verhindern, daß sich bei diesem intimen Zusammenleben menschliche Bindungen auflösen. Ein Gebot, das Moses später in eine feste Formel bringt, bestimmt schon die Familienverhältnisse der ersten hebräischen Generation im Lande Kanaan: »Du sollst nicht begehren die Frau deines Nächsten.« Das Gebot bestimmt in der Lebensordnung der Nomaden noch heute das Verhältnis des Mannes zu seinen Schwägerinnen. Es wird selten gebrochen.
Die Nomaden leben von den Tieren ihrer Herde, von der Milch der Eselinnen, vom Fleisch der Schafe und der gezähmten Steinböcke. Sie kleiden sich mit roh bearbeiteten Fellen und viereckigen Wolltüchern, die sie um den Leib und um die linke Schulter wikkeln; die rechte Schulter bleibt bei Männern und Frauen frei. Sandalen und knöchelhohe genähte Stiefel aus Tierhäuten schützen den Fuß vor spitzen Steinen und Disteln auf dem weiten Weg der Wanderung.
In Ägypten, am Nil, in der Nähe des Dorfes Beni Hasan, wurde bei der Erforschung alter Gräber ein Wandbild gefunden, ein farbiges Gemälde: es stellt den Besucher einer Sippe aus Kanaan beim Fürsten Chnem-hotep dar. Aus der Hieroglyphenschrift ist zu entnehmen, daß der Familienchef Abissai mit 36 Männern, Frauen und Kindern seiner Abstammung aus der Ferne nach Ägypten gekommen ist. Als Gastgeschenk bringen die Fremden Wimperntusche mit für die Frau des Fürsten. Um das Jahr 1900 v.Chr. ist das Wandbild entstanden, also zur Zeit Abrahams. Ein Beweis, daß damals Besuche semitischer Familien üblich waren in Ägypten. Abraham blieb nicht der einzige Sippenchef, der sich in Notzeiten an die Pharaonen im reichen Nilland um Hilfe wandte.

Das Wandbild im Totenhaus des ägyptischen Fürsten Chnem-hotep zeigt neben den Semiten auch zwei Beamte des Pharaos. Sie sind dunkelhäutiger als ihre Gäste aus dem Land Kanaan. Sie haben amtliche Funktionen am Hofe des Chnem-hotep. Einer dieser Beamten hält eine mit Hieroglyphen beschriebene Tafel in der Hand. Auf dieser Tafel ist der Name der Gäste zu lesen. Die Ägypter nennen die Menschen aus der Fremde »Bewohner des Sandes«.

Die Gruppen aus dem Clan des Abraham haben zu dieser Zeit schon einen Namen. Diese Nomaden heißen Hapiru, manchmal auch Apiru. Die Ursprünge des Namens verschwimmen, die Wortbedeutung ist nicht bekannt. Das biblische Wort »ibri« für Hebräer ist in der Sprachwurzel verwandt mit dem Verbum »abar«, das »vorbeigehen« bedeutet. Die klangliche Nähe der beiden Wörter, insbesondere in den Ableitungen des Verbums, lassen diese Erklärungen vernünftig erscheinen. Die »ibri« sind Menschen, die vorbeiwandern an den festen Siedlungen, die selbst keinen Boden haben, den sie bearbeiten. Die Familie des Abraham gilt bei der Bevölkerung in Kanaan als ruhelos – vergleichbar den Zigeunern in unserer eigenen Sozialstruktur.
Gern gesehen waren die Hebräer nicht, als sie in Kanaan eintrafen, und für die Ägypter galten sie von vornherein als Fremde, wenn sie später freiwillig zu Besuch oder unter Zwang als Gefangene über die Grenze kamen. Diese Fremden bildeten keine Gefahr, ihre Zahl war klein. Bis zum Abenteuer des Auszugs aus Ägypten unter Moses, fast vier Jahrhunderte später, ist der Stamm übersehbar. Zunächst wächst die neugegründete Familie nur langsam – Abraham selbst brauchte immense Geduld, bis er einen Sohn bekam, der den Fortbestand der Sippe garantieren konnte. Doch selbst für die wenigen Familienglieder fand sich zwischen Euphrat und Nil kein Platz, an dem sie für immer hätten wohnen können. Abraham stieß nicht in einen leeren Raum, als er Kanaan erreicht hatte. Hier lebten Menschen in Städten und Dörfern. Die wasserreichen Stellen waren zu befestigten Plätzen ausgebaut. Mauertrümmer der Festungen aus dieser Zeit konnten unter Sand und Schutt freigelegt werden: aufeinander getürmte Steinbrocken, unbehauene Felsstücke. Sichem ist eine solche befestigte Stadt, deren Namen wir kennen, mit viereckiger Burg als Zufluchtsort. Eine dieser Städte für sich zu erobern, war aussichtslos für die semitischen Nomaden. Abraham fürchtete die Festungen von Jericho, Bethel, Mizpah und Gezer.

Die Männer hinter den Mauern waren weit besser bewaffnet als die Nomaden.
Auf dem Wandbild von Beni Hasan sind die Waffen der Hebräer zu sehen: Pfeil und Bogen, Wurfspieße in verschiedenen Längen und Knüppel. Die Verteidiger der Städte aber besaßen vor allem sehr viel weiterreichende Bogenwaffen; und vereinzelt war es schon zu dieser Zeit den Gemeinden gelungen, in Ägypten Streitwagen zu kaufen. Als verheerende Waffe gegen die Nomaden erwiesen sich die Herden halbwilder Hunde, die in Zwingern gehalten wurden; freigelassen packten sie Herdentiere und Menschen. Die Nomaden hatten Grund zur Furcht vor den Hunden.

Die Sprache der Hebräer

Sie waren verwandt miteinander, die Ruhelosen und die Seßhaften: sie gehörten alle zu den semitischen Stämmen, die seit dem dritten Jahrtausend v. Chr. dieses Land Kanaan beanspruchen. Von hier aus waren Splittergruppen ins Zweistromland gezogen, Abraham hatte jetzt einen Teil dieser Splittergruppen wieder in die Heimat zurückgebracht. Mit offenen Armen wurden die armen Verwandten nicht aufgenommen. Eine Bindung aber gab es, die nicht unterschätzt werden darf: alle diese semitischen Völker konnten sich in Sprachen derselben linguistischen Wurzel ausdrücken. Diese ursemitische Sprache ist uns unbekannt, doch die Ableitungen sind erforscht. Differenzierte sprachliche Entwicklung führte zu drei Nuancen: die ostsemitische Sprache wurde im Gebiet des Euphrat gesprochen, in der Gegend, von der Abraham eben herkommt; in die Familie der nordwestsemitischen Sprachen gehören Hebräisch, Kanaanäisch, Aramäisch, Phönizisch und Moabitisch; der südsemitische Zweig umfaßt Arabisch und Äthiopisch. Besondere Bedeutung hat die aramäische Sprache, sie konnte sich in der Gegend von Mosul im Zweistromland bis heute erhalten. Aramäisch war die Verständigungssprache im babylonischen Exil und in der ägyptischen Versklavung. Einige Kapitel des Alten Testaments sind aramäisch abgefaßt: Teile der Bücher Esra und Daniel. Aus einer Mischung von Elementen der aramäischen Sprache mit dem Idiom der im Lande wohnenden Kanaanäer entstand das Althebräische, die Sprache der meisten Bücher des Alten Testaments. Durch dieses Geschichtswerk hat Althebräisch überlebt, selbst wenn es als Umgangssprache im 5. Jahrhundert v.Chr. durch die aramäische Staatssprache wieder verdrängt wurde. Althebräisch blieb für das biblische Volk die Sprache der Theologie und der Liturgie.

Die Nomaden des Abraham konnten sich verständigen im Lande Kanaan. Das Alte Testament gibt ein Beispiel für die Verhandlungen, die Abraham mit den Eingesessenen führt. Der Anlaß ist traurig: Abrahams Frau Sara ist gestorben, 127 Jahre alt war sie geworden. Damit ist ein Problem entstanden für den Chef der Sippe: wo soll Sara beerdigt werden? Eigenen Boden haben die Nomaden nicht; doch kommt es für sie nicht in Frage, die Mutter des Clans irgendwo im Niemandsland der Steppe zu begraben. Abraham ist gezwungen, die Eingesessenen um Land zu bitten. In Hebron ist Sara gestorben; Abraham will, daß sie dort auch ihr Grab findet.

Das Land um Hebron aber ist Eigentum der Hethiter. Abraham hält eine Höhle, in einer Landschaft, die von den Einheimischen Machpela genannt wird, für besonders geeignet; diese Höhle gehört Ephron, dem Sohn des Zochar. Gleich zu Beginn des Gesprächs um den Landkauf macht Abraham Angaben zur Person: »Ein Fremdling und Siedler bin ich unter euch. Gebt mir hier ein Grab zu meinem Eigentum.« Die Hethiter, und ganz besonders der namentlich genannte Ephron, behandeln den Nomadenchef äußerst freundlich. Ephron will dem Abraham den Acker schenken. Doch der Zugewanderte bleibt hartnäckig. Er hat Geld aus dem Verkauf von Tieren der Herde, und er will durch den rechtmäßigen Kauf von Land ebenfalls Eingesessener werden: »Zum vollen Geldpreis soll er die Höhle mir in eurer Gegenwart als eigene Grabstätte abtreten.« Er wendet sich direkt an den Landbesitzer: »Mögest du doch, bitte, mich anhören.« Ephron entgegnet: »Nicht doch, mein Herr, höre mich an! Ein Stück Land, das 400 Silberstücke wert ist, was bedeutet das dir und mir? Begrabe deine Tote.« Abraham besteht auf Bezahlung. Er gibt dem Ephron die Silberstücke und erreicht, was er will: »So kam denn das Grundstück Ephrons in Machpela bei Mamre, das heißt Hebron, das Feld selbst, die darauf befindliche Höhle und alle Bäume auf dem Grundstück ringsum in seinem ganzen Gebiet in den Besitz Abrahams vor den Augen der Hethiter, die zum Tore ihrer Stadt gekommen waren« (GENESIS 23). Mit dem Tod der Sara faßt die Nomadensippe rechtmäßig Fuß im Lande, das ihnen später einmal ganz gehören soll. Vor dieser endgültigen Landnahme aber warten Prüfungen auf das wachsende Hirtenvolk. Es wird hineingerissen in einen Wirbelsturm von Aggressivität und Expansionswut größerer, aber verwandter Sippen. Mit dem Tod des Abraham endet die Zeit friedlicher Suche nach eigenem Land.

Teile der Sippe wandern nach Ägypten aus

Es ist erstaunlich: die Archive der Ägypter, die eine kontinuierliche Dokumentation der vorderasiatischen Geschichte zurück bis zum kompletten dritten Jahrtausend v. Chr. ermöglichen, enthalten keine Dokumente über die Zeit von 1730 bis 1580. Diese Periode ist bis heute den Historikern ein Rätsel geblieben. Sicher ist nur, daß mit plötzlicher Wucht eine Katastrophe über Ägpyten hereingebrochen war, die keiner der politisch Verantwortlichen am Nil vorausgesehen hatte. Um das Jahr 1730 überfielen Fremde die Festungen an der ägyptischen Grenze, sie operierten mit einer Masse schneller Kriegswagen. Semitische Stämme hatten sich in Kanaan und Syrien gesammelt zum Ansturm gegen die ägyptische Zivilisation. Die »Bewohner der Wüste«, bisher unterwürfige Besucher am Nil, waren als Eroberer gekommen. Sie vergewaltigten, plünderten, brannten Paläste und Städte nieder, sie zerstörten die Archive. Das Reich der Pharaonen erlischt für 150 Jahre, die »Hyksos« bringen die Barbarei. Diesen Namen verwendet der ägyptische Historiker und Priester Manetho. Er gibt den Hyksos den Beinamen »Die Mächtigen der Fremde«.
Die Legenden um Joseph und seine Brüder erzählen aus dieser unruhigen Zeit. Joseph erlebte seine Abenteuer in Ägypten unter der Herrschaft der Hyksos. Die Vermutung liegt nahe, daß es ihm deshalb gelungen ist, in Ägypten Einfluß und Reichtum zu gewinnen, weil die neuen Mächtigen dort Angehörige semitischer Stämme waren, wie er selbst auch. Joseph kann als hoher Beamter der semitischen Besatzungsmacht gesehen werden. Kein Wunder: die Nachkommen des Abraham fühlten sich wohl in Ägypten – zunächst wenigstens, solange die Hyksos an der Macht blieben. Immer mehr Familien wanderten in das befreundete Land am Nil aus. Sie konnten sich als die Herrenschicht in Ägypten fühlen.

In Theben begann die Widerstandsbewegung gegen die Hyksos. Der Kampf war erfolgreich. Langsam vertrieben die Ägypter die fremden Herren. Die 18. Dynastie beginnt zu regieren. Eine Woge nationalistischer Emotion bricht auf – verbunden mit Abneigung gegen alles Fremde. Die Unterdrückung, unter der die Nachkommen Abrahams jetzt leiden müssen, war die mögliche Strafe für die Kooperationswilligkeit, die Joseph und seine Verwandtschaft gegenüber den Hyksos bewiesen hatten.

In der Gegend des heutigen Suezkanals wohnt das biblische Volk während des Aufenthalts in Ägypten, im Wadi Tumilat, zwischen Timsah-See und dem östlichen Nilarm. Abrahams Nachkommen bewahrten weiterhin die Sitten der Nomadenzeit. Sie hausten in Zelten, sie lebten von ihren Herden. Der Unterschied zu früher: sie waren seßhafte Bauern auf fruchtbarem Boden geworden. Die neuen Herren störten allerdings bald die Ruhe. Der Pharao Ramses II. verpflichtet die Hebräer zu Arbeiten für das Gemeinwohl. Da der Herrscher seine Residenz aus Theben weiter nach Norden verlegt hatte, um künftig politische Wirbel, die in Vorderasien entstehen, früher erkennen zu können, residierte er ganz nahe beim Wadi Tumilat. Der Umzug bringt den Hebräern Nachteile: Abrahams Nachkommen hielten sich nun nicht mehr versteckt in einem abseitigen Winkel des ägyptischen Reiches auf, das Wadi Tumilat gehörte zur Regierungsprovinz. Die Pharaonen brauchten Arbeitskräfte – da die jetzt beginnende Fronzeit länger als eine Generation dauert, können wir nicht nur den von jüdischen Legenden mit Abscheu genannten Ramses II. für den Arbeitseinsatz der hebräischen Nomadenbauern verantwortlich machen. Die Sippe wurde eingesetzt, um die von den Hyksos ruinierten Getreidespeicher wieder aufzubauen. Ist es Ironie der Geschichte oder Absicht der neuen ägyptischen Herrscher: Joseph, der Kollaborateur, hatte selbst als Minister des Nillandes durch rechtzeitige Anlage solcher Silos Glück in den mageren Jahren. Joseph hatte dafür gesorgt, daß Silos existieren, seine Bausklaven rekrutierten sich einst aus der eingesessenen ägyptischen Bevölkerung. Jetzt rächten sich die damals Unterdrückten, die Meister am Bau der Silos waren nun die Ägypter.

Die Getreidesilos des fruchtbaren Landstrichs um das Wadi Tumilat wurden aufgemauert aus getrockneten Lehmblöcken, aus primitiven Backsteinen. Diese Speicher der Ägypter – Rundbauten, wie sie heute noch üblich sind – hatten beachtliche Ausmaße; Reste solcher Silos weisen Durchmesser von etwa sieben Meter auf, jeder konnte hundert Tonnen Getreide fassen.

Um das Jahr 1460 v. Chr. baute sich Rechmirê, ein Minister des Pharao Thutmosis III., vorsorglich eine Grabkammer. Die Wände wurden mit bunten Bildern geschmückt; denn der Minister nahm sich vor, auch nach seinem Tode immer wieder einmal die Erinnerung an seine frühere Existenz aufzufrischen. So ordnete er die Darstellung des ganz alltäglichen Lebens an. Ein Wandfries zeigt die Fabrikation von Backsteinen. Er ist deshalb für uns von Bedeutung, weil unter den Arbeitern hellhäutige Männer zu finden sind. Auf dem Wandbild im Grab des Chnem-hotep von Beni Hasan sind die Hellhäutigen als Mitglieder semitischer Stämme identifiziert. Der Künstler, der für Rechmirê arbeitet, folgt diesem Beispiel. Minister Rechmirê, der reale Vorgänge schildern läßt, bezeugt damit den Frondienst der Semiten. Zu sehen ist, was die Nachkommen Abrahams Tag für Tag zu arbeiten hatten: Ton wird befeuchtet und in eine knetbare Substanz verwandelt; den weichen Ton streicht ein Semite in viereckige Holzformen ein. Sind die Backsteine hart getrocknet, schleppen Arbeiter dieses Baumaterial unter Aufsicht von Ägyptern zu den Maurern. Die Aufseher sind durch längere Hosen gekennzeichnet, die Kleidung der Arbeiter dagegen ist knapp. Peitsche und Stock treiben zur Arbeit an.
Die Einstellung der Ägypter zu den Semiten in jener Zeit ist aus einem Text abzulesen, den der Sohn Ramses' II. in Stein schlagen ließ. Die Hieroglyphen des Dokuments sind schwierig zu entziffern, weil der Schreiber des Pharao einen Stein benützen mußte, der schon einmal beschrieben worden war. Der Text lautet: »Erbeutet ist das Land Kanaan mit allem Schlechten. In Gefangenschaft ist Askalon, gefesselt ist Gezer, vernichtet ist Jenoam. Israel ist verdorben, es hat keinen Samen mehr. Palästina ist zur Witwe geworden für Ägypten.« Der Beiname »Israel«, den Gott beim nächtlichen Ringkampf, geschildert in Genesis 32, dem Jakob verliehen hatte, taucht hier als Bezeichnung für das jüdische Volk auf. Der Name Israel ist nicht begleitet von der Hieroglyphe »Land«, sondern von der Hieroglyphe »Volk«. Der Schrifthauer macht einen sehr scharfen Unterschied: die drei Stadtstaaten Askalon, Gezer, Jenoam sind korrekt als »Land« bezeichnet. Die präzise Übersetzung heißt: »Das israelische Volk ist verdorben.« Geschrieben sind diese Worte des

Triumphes im 5. Jahr der Regierung des Ramses-Sohnes Mernephta. Die exakte Datierung ermöglicht die Umrechnung in uns vertraute Geschichtszahlen. Der Stein beweist: um das Jahr 1230 v. Chr. knechtet der Pharao noch immer das jüdische Volk. 350 Jahre sind vergangen, seit die kriegerischen semitischen Stämme der Hyksos wieder aus Ägypten abgezogen sind. 350 Jahre der Unfreiheit für die Hebräer.
Die Jahreszahl 1230 bringt die Historiker in Verlegenheit, da die Archäologen nachweisen, daß die Zerstörung von Jericho im Lande Kanaan durch das biblische Volk bereits um das Jahr 1370 v. Chr. erfolgt sein muß. Die Hebräer aber reklamieren für sich die Vernichtung der Stadt durch Josuas geniale Attacke. Sie können diesen Erfolg nicht errungen haben; sie saßen um 1370 noch in Ägypten. Grund zum Zweifel an der Genauigkeit der ägyptischen Angaben besteht nicht. Im Nilland gefundene Inschriften besitzen hohen Wert als präzise Geschichtsquelle. Die Jahreszahlen deckungsgleich zu legen zum Beweis der Richtigkeit der Erzählungen des Alten Testaments, ist nicht möglich.
Schon bei der Betrachtung der Zeit Abrahams mußten wir uns von der bequemen Vorstellung trennen, das Geschehen im Gebiet von Kanaan beschränke sich tatsächlich auf die Vorgänge, die in der Bibel geschildert sind. Das Alte Testament zeichnet nur einen schmalen Sektor der Historie: es berichtet die Geschichte einer Familie, die sich hervorgehoben fühlt über ihre Zeitgenossen. So ist auch die biblische Erzählung vom Auszug aus Ägypten zu lesen: eine Teilsippe flieht aus dem Herrschaftsbereich der Pharaonen; andere sind vorangegangen, andere folgen nach. Moses war der Führer der einen Teilsippe, die, durch den besonders aggressiven Charakter dieses Mannes, auf dem Zug durch die Wüste mehr Berichtenswertes erlebt als alle übrigen Flüchtlinge zusammengenommen. Mit diesem Mann Moses beginnt erst die gemeinsame Geschichte des biblischen Volkes. Er legt die Basis zur Gemeinschaft der Hebräer.

Moses, der Prophet des Gottes im Zelt

Durch die Jahrhunderte der Gefangenschaft in Ägypten finden die semitischen Stämme keinen profilierten Führer, der sie – wenn auch verborgen vor den Augen und Ohren der ägyptischen Aufseher – hätte einigen können. Sie haben auch keine religiösen Führer von Format. Der eine Gott, mit dem Abraham gesprochen, mit dem Jakob gerungen hatte, ist zwar nicht vergessen, doch glaubt kaum noch jemand an seine Kraft. Daß er die Fron der Hebräer nicht mildert, wird ihm als Machtlosigkeit ausgelegt. Einige Familien entschließen sich zur Anbetung der ägyptischen Götter Seth, Isis und Nephtys; einige verehren die Astarte, andere die Götter Baal und Anat. Von einem monotheistischen Glauben ist nichts zu spüren. Der eine Gott bekommt seinen Platz erst wieder in einem langwierigen historischen Prozeß, der länger dauert als nur die vier Jahrzehnte des Marsches durch die Wüste.

Die Frage, ob Moses wirklich gelebt hat, braucht gar nicht gestellt zu werden: er ist im Geschichtsbewußtsein des jüdischen Volkes unauslöschbar verankert. Unabhängig von der Realität seiner Existenz ist Moses zur historischen Figur geworden. Die Legende gibt ihm ein Leben voll Abenteuer. Geboren hat ihn eine Frau aus dem Stamme Levi, gerade zu der Zeit, als der Pharao Befehl gegeben hatte, auf heimtückische Weise den semitischen Stämmen die neugeborenen Söhne zu töten. Nur der Gottesfurcht der Hebräer war es zu verdanken, daß das biblische Volk nicht ausgerottet wurde: Sie hinderten, wo es immer möglich war, die ägyptischen Aufseher am Kindermord. Die Frau aus dem Stamme Levi konnte ihr Kind drei Monate lang vor den Vertrauensleuten des Pharao verstecken, doch dann sah sie sich veranlaßt, Moses auszusetzen: »Sie nahm deshalb ein Kästchen aus Binsen und überzog es mit Asphalt und Pech. Dann legte sie das Kind hinein und setzte es im Schilf am Ufer des Nils aus« (EXODUS 2, 3). Diese Geschichte ereignete sich allerdings schon einmal in der Kindheitsgeschichte eines anderen berühmten Mannes. Der erste König des semitischen Reiches von Akkad, Sargon, läßt diesen Keilschrifttext schreiben: »Meine Mutter, eine Priesterin, setzte mich in ein Kästchen aus Rohr, sie versiegelte es mit Pech. Sie setzte mich in den Fluß.« Dieses Dokument stammt aus dem dritten Jahrtausend. Die Erzähler der Moseslegende haben dieses uralte Motiv für ihren Helden übernommen.

Der Name »Moses« ist ägyptisch, bekannt vor allem in den Namensverbindungen Thutmose und Amosis. Das Alte Testament gibt den Grund für den ägyptischen Namen an: die Tochter des Pharao, die beim Bad im Nil das Kästchen fand, hatte dem Kind den Namen Moses gegeben. Sie brachte dabei nicht viel gedankliche Mühe auf – Moses heißt ganz schlicht »Kind«. Moses wird geistig geschult am Hofe. Er erfährt von der Unzahl von Göttern, die in Ägypten zu bestimmen haben; neue Namen und neue Vorstellungen von Wesen mit übernatürlichen Kräften werden in diesen Jahren erfunden. Die Kulte sind mit Zauberei und listiger Anwendung von Überraschungseffekten verbunden. Moses lernt, mit welchen Methoden Priester gläubige Menschen beeindrucken können: der Trick vom Stab, der sich in eine Schlange verwandeln kann, um dann wieder zum Stab zu werden, gehört in diese Kategorie. Scharfsinnige Gelehrte versuchen in dieser Zeit, die verschiedenen Götter miteinander zu verbinden, ihnen ein System zu geben, das Übersicht gestattet und Blick auf Größenordnung und Hierarchie. Der Gedanke, daß ein Wille, eine Kraft diese Welt bewegt, ist spürbar in der Weisheit der Ägypter. Denkimpulse für Moses lassen sich nachweisen im ägyptischen Kult.
Moses ist jähzornig: er tötet mit Vorbedacht einen ägyptischen Aufseher, der einen hebräischen Sklaven mißhandelt hatte, und verbindet sich durch diese Tat mit dem Schicksal des jüdischen Volkes; eine Karriere als Hofbeamter ist kaum mehr möglich. Auf der Flucht wird Moses für einen Ägypter gehalten, er kann Wissen und Beherrschung der höfischen Umgangsformen nicht verbergen. Die Nomaden vom Stamm der Midianiter nehmen den Flüchtling auf. In der Einsamkeit der Wüste beginnt die Idee zu reifen, die Hebräer aus dem Wadi Tumilat herauszuholen und ins Land Kanaan zu führen. Gott gibt seine Befehle im brennenden Dornbusch – Moses beugt sich, wenn auch widerwillig.
Das Volk aber will das Land am Nil gar nicht verlassen. Die Männer haben sich an die tägliche Arbeit gewöhnt, die Verpflegung ist gut. Moses verspricht zwar für die Zukunft das Paradies auf Erden, doch die Hebräer wollen eher behalten, was sie schon haben. Sicherheit ist ihnen wichtig. Zur Zeit der Strapazen, später, in der Steppe, bereuen sie es, auf Moses gehört zu haben: »Wer ernährt uns mit Fleisch? Wir erinnern uns an die Fische, die wir in Ägypten umsonst essen konnten. Wir hatten Kürbisse, Melonen, Lauch, Zwiebeln und Knoblauch.« Und sie sehnten sich zurück nach der Zeit, »da

wir bei den Fleischtöpfen saßen und hatten Brot in Fülle zu essen.«
Die Vision vom Gelobten Land überwindet die Bequemlichkeit des biblischen Volkes. Den Propagandisten des Auszugs steht das Argument zur Vefügung, Gleichberechtigung sei nie mehr zu erreichen unter den Bedingungen, die seit dem Neubeginn der Pharaonenherrschaft am Nil bestehen. Moses verschweigt, daß Kanaan erobert werden muß. Das Volk erfährt nicht, daß im versprochenen eigenen Land Stämme wohnen, die den Neuankömmlingen feindlich begegnen werden. Das Land Kanaan ist dicht besiedelt. Moses plant einen Eroberungszug, der sich so unmenschlich auswirkt wie alle Eroberungszüge.
Wenn wir die Zahl hoch ansetzen, dann ziehen mit Moses 5000 Gefolgsleute aus Ägypten. Mehr haben sich nicht auf den Weg gemacht. Die ausziehenden Siedler werden wieder zu wandernden Nomaden: mit Eseln, Viehherden und ihren Zelten brechen sie auf. Moses folgt nicht dem direkten Weg, der das Nildelta mit Kanaan verbindet. Die Strecke entlang der Küste des Mittelmeeres ist nur 250 Kilometer lang; dieser Küstenweg dient der ägyptischen Armee als normale Route. Für eine gutorganisierte Truppe mit Einrichtungen für Wassertransport stellt die Strecke keine Probleme. Im Krisenfall brauchten die ägyptischen Infanteristen kaum eine Woche, um die Gegend von Askalon zu erreichen. Die 5000, die mit Moses ziehen, sind schwerfälliger: Kleinkinder, schwangere Frauen und ältere Menschen wandern mit. Die Herde bestimmt das Wandertempo; finden die Ziegen und Schafe Steppengras, lassen sie sich nur schwer vorantreiben.
Moses kennt die Topographie der Halbinsel Sinai. Als er damals, nach dem Tod des ägyptischen Aufsehers, hatte fürchten müssen, umgebracht zu werden, war er auf dem alten arabischen Handelsweg geflohen, der das heutige Suez mit Elath auf der direkten West-Ost-Linie verbindet. Dieser Weg war mit Wasserstellen versehen, die jedoch kaum ausgereicht hätten zur Versorgung einer Gruppe von 5000 Nomaden. Angst vor Wassermangel diktiert die Wahl des längeren Weges. Moses entschließt sich, den Oasen der Ostküste des Roten Meeres entlang zu wandern, wo starke Quellen im Abstand von jeweils 80 Kilometer zu finden sind. Eine Strecke von 500 Kilometer Länge liegt vor dem biblischen Volk. Es braucht 40 Jahre, bis es im Gelobten Land ankommt. Allerdings ist auch diese Zahl mehr als Symbol zu werten.

Die ägyptischen Verwalter des Wadi Tumilat verzichteten ungern auf die semitischen Arbeiter. Sie organisierten die Verfolgung. Glaubt man der Bibel, dann hat Gott durch ein Wunder sein Volk gerettet. An Ort und Stelle, in Ägypten, bietet sich eine natürliche Erklärung an. Moses zog mit seiner Sippe durch das sumpfige Gebiet am Westufer der Bitterseen. In Lagunen voll brackigem Wasser dehnen sich die Seen in die Sandwüste hinein aus. Kenner wissen um die Begehbarkeit der Furten, die von den Windverhältnissen abhängt: stürmische Luftbewegung von Norden treibt das Seewasser in die Lagunen; Wind aus Südwesten leert die Lagunen. Ein wichtiger topographischer Umstand ist zu beachten: zur Zeit der Pharaonen hatte die Wüste noch nicht die Bitterseen vom Roten Meer getrennt. Im heutigen Südabschnitt des Suezkanals stand damals flach, aber weit ausgedehnt, das salzige Wasser des Meeres.

Nur wenig nördlich der heutigen Stadt Suez verläuft die Furt des Handelsweges von Ägypten nach Arabien: hier durchzogen damals täglich Karawanen mit Eseln und Pferden ungehindert das Wasser. Der felsige, aber feste Untergrund, der im 19. Jahrhundert n. Chr. den Erbauern des Suezkanals Schwierigkeiten machte, ermöglichte dem Moses-Clan die sichere Wanderung durch das flache Wasser. Im Bericht des Alten Testaments ist der Augenblick festgehalten, in dem Moses sich entschließt, den Weg durch die Lagunen zu benützen: er befindet sich mit seiner Sippe in der Nähe der ägyptischen Grenzfestung Etam am Nordende der Bitterseen. Moses hört seinen Gott sprechen: »Sage den Kindern Israel, sie sollen umkehren und sich vor Pi-Hachirot zwischen Migdon und dem Meer vor Baal Zephon lagern. Ihm gegenüber sollt ihr am Meer das Lager aufschlagen. Pharao wird dann von den Israeliten annehmen: sie haben sich in dem Lande verirrt, die Wüste habe sie ringsum eingeschlossen« (14, 1ff.). Wer auch immer diesen Rat gegeben hat, Gott oder ein Mann dieser Gegend – in ihm besaß Moses den raffiniertesten Generalstabschef. Schon zu Moses' Zeiten wissen die Israeliten, wie sie ihre Chancen durch Finesse und Ausnützung der Topographie verbessern können. Die Ortsangabe »Pi-Hachirot« weist auf einen befestigten Platz in den Lagunen hin; Pi-Hachirot heißt »Haus der Sümpfe«.

Die verfolgenden Ägypter ließen sich bei Etam nicht irreführen. Zu deutlich war im Sand zu sehen, daß die 5000 Israeliten nicht nach Osten weitermarschiert, sondern nach Südwesten abgeschwenkt waren. Die Führer der 600 ägyptischen Streitwagen entdeckten die Masse der Fliehenden bei Pi-Hachirot – in den Sümpfen. Das Vertrauen des biblischen Volkes in die Taktik und die Strategie seines Führers war gering. Kaum sahen die Israeliten auf dem beschwerlichen Weg durch den Morast die Staubfahnen am Horizont, da glaubten sie, in der Falle zu sitzen: »Es gab offenbar in Ägypten keine Gräber. Darum hast du uns weggeholt, damit wir in der Wüste sterben. Was hast du uns angetan, daß du uns aus Ägypten herausgeführt. Haben wir es dir nicht schon in Ägypten gesagt: laß uns in Ruhe! Wir wollen den Ägyptern dienen, denn besser ist es für uns, den Ägyptern zu dienen, als in der Wüste zu sterben« (14, 11ff.). Doch Moses zwang die Sippe zur Ordnung, der Zug wurde fortgesetzt. Moses wartete auf ein Ereignis, das die Bibel so umschreibt: »Auch die Wolkensäule brach von der Spitze auf und stellte sich hinter sie« (14, 19). Der Wind sprang um.

Sandwirbel sind an den Ufern des Bittersees nichts Ungewöhnliches. Turbulenzen, die durch unterschiedliche Aufheizung des Bodens auf kleinem Raum entstehen, reißen Sandkörner hoch. Beginnt der Wirbel sich zu drehen, behält er seine eigene Motorik bei. Immer mehr Sand wird hoch und höher getragen. Die dunklere Mitte des Wirbels ist von durchsichtigen Sandschleiern umgeben, die sich mit geringerem Schwung drehen. Langsam wandert die Turbulenz in Windrichtung weiter. Bis zu dreißig, vierzig Meter steigt der Wirbel hoch. Deutlich sichtbar über große Entfernungen hält sich die Erscheinung oft für Stunden. Die Säule erweckt durchaus den Eindruck, sie verbinde die Erde mit dem Himmel. Schlägt der Wind im Laufe eines Tages bei Verschiebung der Wärmezentren am Boden durch Wechsel der Sonneneinstrahlung um, dann verlagert sich auch die Position der Sandsäule. Daß der Wirbel seine Lage verändert, war für Moses das erhoffte Zeichen: der Wind trieb hinter den Israeliten das Wasser in die Lagunen. Die Bibel beschreibt den Vorgang korrekt: »Und das Wasser flutete um das Morgengrauen an seinen alten Platz zurück« (14, 27). Nun entdeckten die Ägypter, daß sie mit den falschen Waffen gegen die Sippe des Moses ausgezogen sind: die Streitwagen, gegen Kämpfer zu Fuß weit überlegen in der Wüste, bleiben im Morast und im steigenden Wasser stecken. Die Marschierenden sind beweglicher. Die Verfolgung bricht zusammen. Unwahrscheinlich ist allerdings, daß keiner der Ägypter diesem Desaster entkommen konnte. Sie gaben den Kampf auf und wateten zurück. Die 1800 Kampfwagenführer – jeder Wagen ist mit drei Mann besetzt – waren gar nicht ausgebildet für infanteristische Kriegführung in schwierigem Gelände.

Gott als entscheidende Waffe

Die Geschichte von der wunderbaren Errettung des biblischen Volks aus der ägyptischen Unterdrückung hat spät ihre literarische Form gefunden, in der Zeit der Babylonischen Gefangenschaft, als die Israeliten wieder einmal unter fremdem Zwang leben mußten. Die Erzählung vom Auszug aus Ägypten diente in Babylon einem propagandistischen Zweck: die Moral der Unterdrückten mußte gestärkt werden durch die Hoffnung, daß Gott wiederum, wie einst im Sumpf der Bitterseen, dieses erwählte Volk in die Freiheit und zurück ins Gelobte Land führe. Die Erzähler verdrängten von Generation zu Generation mündlicher Überlieferung die historischen Ereignisse zugunsten der Beschreibung von Gottes Mitwirken an der glücklichen Flucht. Dieses propagandistische Filter muß berücksichtigt werden: die historische Darstellung dient der Meinungsformung. Die führenden Männer der Stämme entdecken damals erneut, daß ihnen eine geistige Waffe zur Verfügung steht, die Überlegenheit schafft: der Glaube an den Bund mit dem einen Allmächtigen Gott – die Sicherheit, daß Gott, verpflichtet durch die Allianz, den Israeliten beistehen muß. So wurde Moses zum Vorbild.

Moses war auf die Idee gekommen, Gott die volle Verantwortung für den Eroberungszug zu übertragen. Für Moses ist der Zug durch die Wüste Sinai die Gelegenheit, Gott den semitischen Stämmen zu verpflichten. Den Ansatzpunkt dazu gab die Überlieferung der Abmachungen, die Abraham einst mit dem einen Gott getroffen hatte. Dieser Gott versprach reiche Belohnung der Treue. Daran erinnerte sich Moses und der Stab seiner Berater.

Eine Frau war es, die den Propagandaeffekt göttlicher Hilfe zuerst begriff: die Prophetin Mirjam, als Schwester Aarons bezeichnet, der wiederum als Bruder des Moses gilt (EXODUS 15,19). Sie nahm die Pauke zur Hand, »und alle Frauen zogen mit Paukenschlägen und Reigentänzen hinter ihr her«. Wobei die Bezeichnung »Reigentanz« für die Emotionsausbrüche der Frauen im Nahen Osten fehl am Platz ist: hysterisches Gekreische, Schreie, krampfartige

Zuckungen sind Ausdruck der Freude und der Trauer. Mirjam heizt die Stimmung an, sie schlägt auf ihre Handtrommel und singt mit hoher Stimme: »Singet dem Herrn, denn hocherhaben ist er. Roß und Wagen warf er ins Meer.« Die Übersetzung von Mirjams Worten ist allerdings zu sehr geschönt, in poetische Form gebracht. Eine Hymne singt Mirjam nicht. Bis heute leben in den arabischen Stämmen die einfachen, aber eindringlichen Melodien im Fünftonbereich, die von den Frauen gesungen werden, wenn die Explosion ihrer Gefühle nicht mehr zu hemmen ist.

Die emotionale Wurzel für die Ideologie der Anbetung des einen Gottes ist gelegt, doch es dauert etwa zehn Jahre, bis die Führungsspitze der Sippe um Moses die Formulierung gefunden hat für die Beziehung der Hebräer zu diesem einen Gott. 250 Kilometer haben die Männer, Frauen und Kinder mit der Herde in diesen zehn Jahren durchwandert. An den Wasserstellen der Oasen, in Ain Hawara zum Beispiel, warteten sie monatelang, bis die weiblichen Tiere Junge geboren hatten – soweit das möglich war, paßten sich die Menschen dem Geburtszyklus der Herden an. In schmerzhaftem Prozeß legte das biblische Volk die Bequemlichkeit ab, der es in Ägypten, trotz der Frondienste, verfallen war. Moses verschreibt dem Volk ein hartes Gesetz. Sein Schwiegervater Jetro, der Priester eines Hirtenstammes vom Ostufer des Golfs von Akaba, gibt den Anstoß. Jetro, so erzählten sich die Hebräer von Generation zu Generation, habe während eines Besuches bei der wandernden Sippe zugesehen, wie Moses einen Tag lang über Privatklagen einzelner Stammesmitglieder entschied, wie er Ehestreit schlichtete und Erbschaftsprobleme regelte. Moses war der Scheich eines Stammes, die Administration lag uneingeschränkt in seiner Hand; er regierte die 5000 Nomaden. Sein Schwiegervater sah voraus, daß Moses auf die Dauer dieser Belastung nicht gewachsen sein konnte: »Es ist nicht gut so, wie du das machst. Du reibst dich ja vollständig auf, dich selbst und das Volk, das bei dir ist. Denn diese Aufgabe überschreitet deine Kräfte, du kannst sie allein nicht bewältigen. Höre jetzt auf mich. Ich gebe dir einen Rat. Du allein mußt das Volk Gott gegenüber vertreten, nur du fragst Gott. Dem Volk mußt du die Weisungen und Gesetze einschärfen. Laß sie dann wissen, was sie zu tun haben.«

Moses befolgte den Rat: er schrieb die Gesetze, die Gott und er für notwendig hielten, auf steinerne Tafeln.

Archäologische Funde auf Sinai beweisen, daß es in der zweiten Hälfte des zweiten Jahrtausends v. Chr. an den wirtschaftlich wichtigen Plätzen – den Erzminen etwa – Männer gab, die in Steinplatten Frühformen der Schrift einmeißelten, einfache bildhafte Symbole, deren Bedeutung von anderen Menschen derselben Kulturregion zu verstehen war. Die Gebote, die Moses seinem Volk einprägen wollte, mußten die Prägnanz unserer modernen Verkehrszeichen haben. Mit einem Symbol war eine Situation für Verbot und Gebot zu umreißen; der Blick auf dieses Zeichen sollte sofortige Reaktion auslösen. Moses schuf die Gesetze als Grundlage für das Zusammenleben aller Männer und Frauen des biblischen Volkes.
Da der eine Gott als Gesetzgeber gilt, kann er keine andere Legislative neben sich dulden. Das Basisgesetz heißt deshalb: Du sollst keine anderen Götter neben mir haben. Die übrigen neun Gesetze – das zweite Gebot eingeschlossen: du sollst den Namen dieses Gottes nicht unnütz aussprechen – sind Verbote und Gebote des ethischen und praktischen Verhaltensmusters. So alltäglich sie uns heute erscheinen, so revolutionär waren einige für die damalige Zeit. Kein Beispiel ist bekannt in den Gesetzessammlungen vorhergehender Religionsgemeinschaften für die Heiligung des siebten Tages, für einen Ruhetag, der Mensch und Tier betrifft: »Du sollst am siebten Tag keinerlei Arbeit tun, weder du selbst, noch dein Sohn, noch deine Tochter, noch dein Knecht, noch deine Magd, noch dein Vieh, noch dein Fremdarbeiter, der sich hinter deiner Tür befindet« (20, 10). Auch dieser lange Satz mußte auf der Steintafel des Moses in Sinai durch ein prägnantes Signet ausgedrückt werden. Es ist nicht überliefert.
Die zehn Gebote sind durch Rechtsbestimmungen ergänzt, die zivilrechtliche Fragen regeln. Ohne Vorbild und unvorstellbar in der ägyptischen Rechtsordnung, die der Stamm bisher zu beachten hatte, ist dieser Grundsatz: »Wenn du einen hebräischen Sklaven erwirbst, so soll er sechs Jahre Dienst leisten, im siebten aber soll er ohne Entschädigung in die Freiheit entlassen werden.« Auch diese Rechtsbestimmung wird dem Moses zugeschrieben, doch sie kann nicht in der Zeit der Wanderung durch Sinai entstanden sein: hier gab es keine Gelegenheit für den Erwerb hebräischer Sklaven. In weit späterer Zeit, in verfeinerter, fast dekadenter Umwelt, entsteht das ergänzende Gesetz: »Verkauft ein Mann seine Tochter als Sklavin, soll sie nicht im siebten Jahr wie die Sklaven entlassen werden« (21, 2 u. 7). Das ist keine Strafe, sondern Schutz: für die

Sklavin besteht nicht, wie für den männlichen Freigelassenen, die Chance, sich eine eigene Existenz zu schaffen.

Das biblische Volk ist führend im Ausbau der Sozialgesetzgebung. Kein anderer Kulturkreis übertraf damals die Hebräer an Menschlichkeit der Gesetze. Niemand sonst ist auf den Gedanken gekommen, den Armen die Früchte der Feldränder zu überlassen oder den Schutz der Person auch dem Fremdarbeiter zu garantieren: »Einen Fremdling sollst du nicht unterdrücken und ihn nicht bedrängen. Fremdlinge seid ihr selbst gewesen im Lande Ägypten« (22,20). Von hohem Grad des Mitleids zeugt diese Vorschrift: »Wenn du deines Nächsten Mantel zum Pfande nimmst, dann sollst du ihm diesen bis zum Sonnenuntergang wieder zurückgeben. Denn es ist ja seine einzige Decke. Es ist seine Umhüllung für seinen Leib. Worin soll er sonst schlafen?« (22,25f.). Zur harten Realität des täglichen Kampfes in einem kriegerischen Nomadenstamm hat dieses Gebot keine Beziehung. Noch ferner aber liegt der Denkwelt der Eroberer die eindeutige Vorschrift: »Wer einen Menschen schlägt, so daß er stirbt, soll getötet werden« (21,12). Wenn Moses diesen Satz geprägt hat, dann sprach er, rückwirkend, sein eigenes Urteil – erinnert er sich nicht daran, daß er einen Ägypter erschlagen hat? Einen solchen Ansatzpunkt für die Argumentation möglicher Gegner konnte er sich als Oberhaupt eines Kriegerstammes gar nicht leisten; die Menschlichkeit schlich sich erst später in die jüdischen Gesetze. Die ursprünglichen Gesetze hindern die Entwicklung des Volkes nicht. Das Grundgesetz vom Willen des einen Gottes erwies sich in der Folgezeit als ungemein flexibel. Das biblische Volk paßt sich sozialen Veränderungen an. Es bewahrte noch lange seinen revolutionären Elan.

Die hebräische Kultur wird von den Propheten vorangetrieben: ihre Wortgewalt steigert die Intension der geistig Regsamen in Richtung auf die Vollkommenheit. Moses ist das Vorbild für die späteren Propheten, die, wie er, religiös motivierte politische Ziele verfolgen. Seine Ausstrahlung versuchen alle zu kopieren. Moses bleibt unerreicht; viele Generationen hatten Gelegenheit, die Vorstellung von diesem Mann aufzupolieren, seinem Charakter und seiner Intelligenz neue Facetten anzufügen. Moses ist das Ergebnis der Wortgewalt vieler Erzähler – er ist die Summe aller Ansprüche, die das biblische Volk an sich selbst stellt.

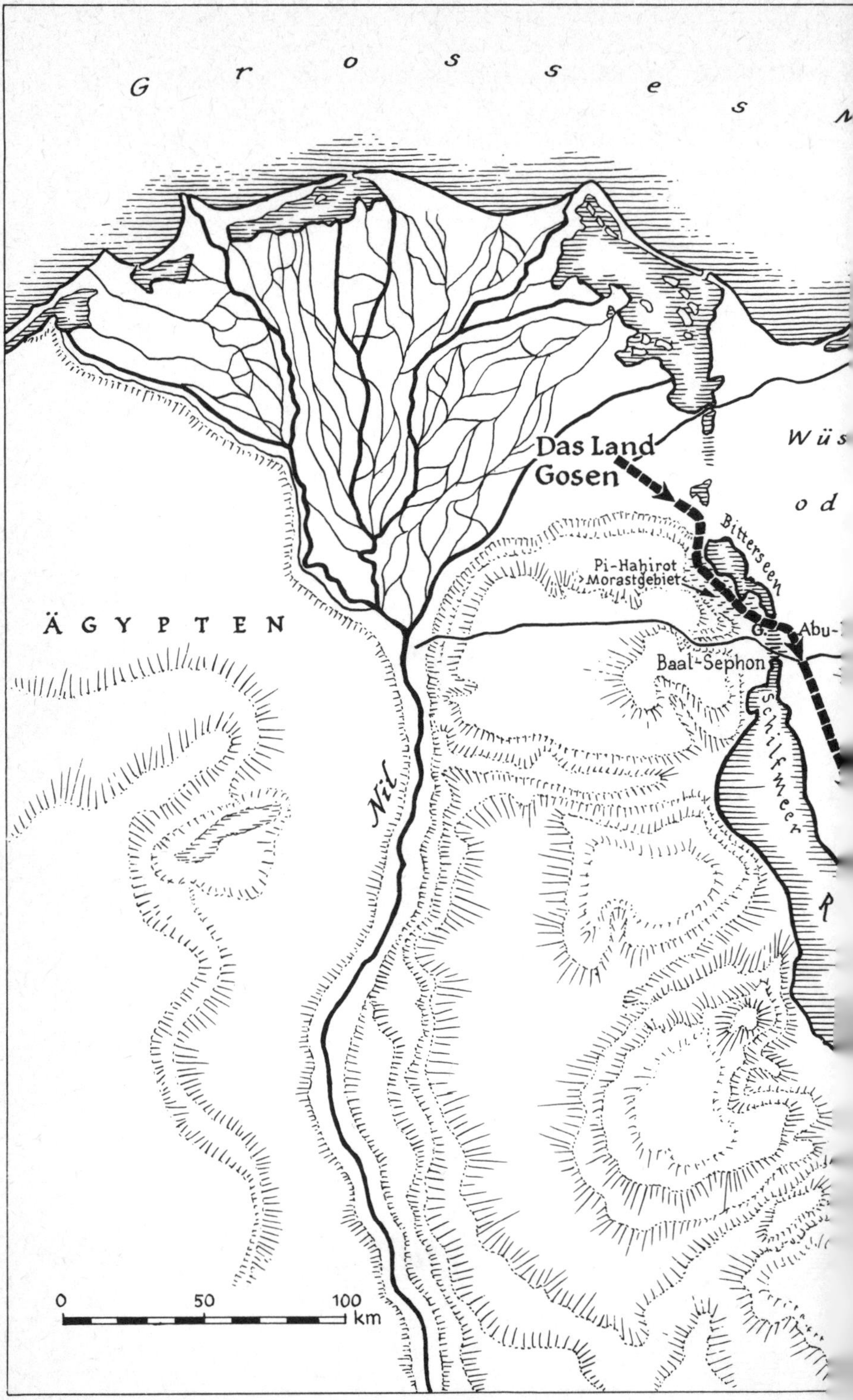

G r o s s e s
Das Land Gosen
Wüs
od
Bittersee
Pi-Hahirot
Morastgebiet
G.
Abu-
Baal-Sephon
Schilfmeer
ÄGYPTEN
Nil
0 50 100 km

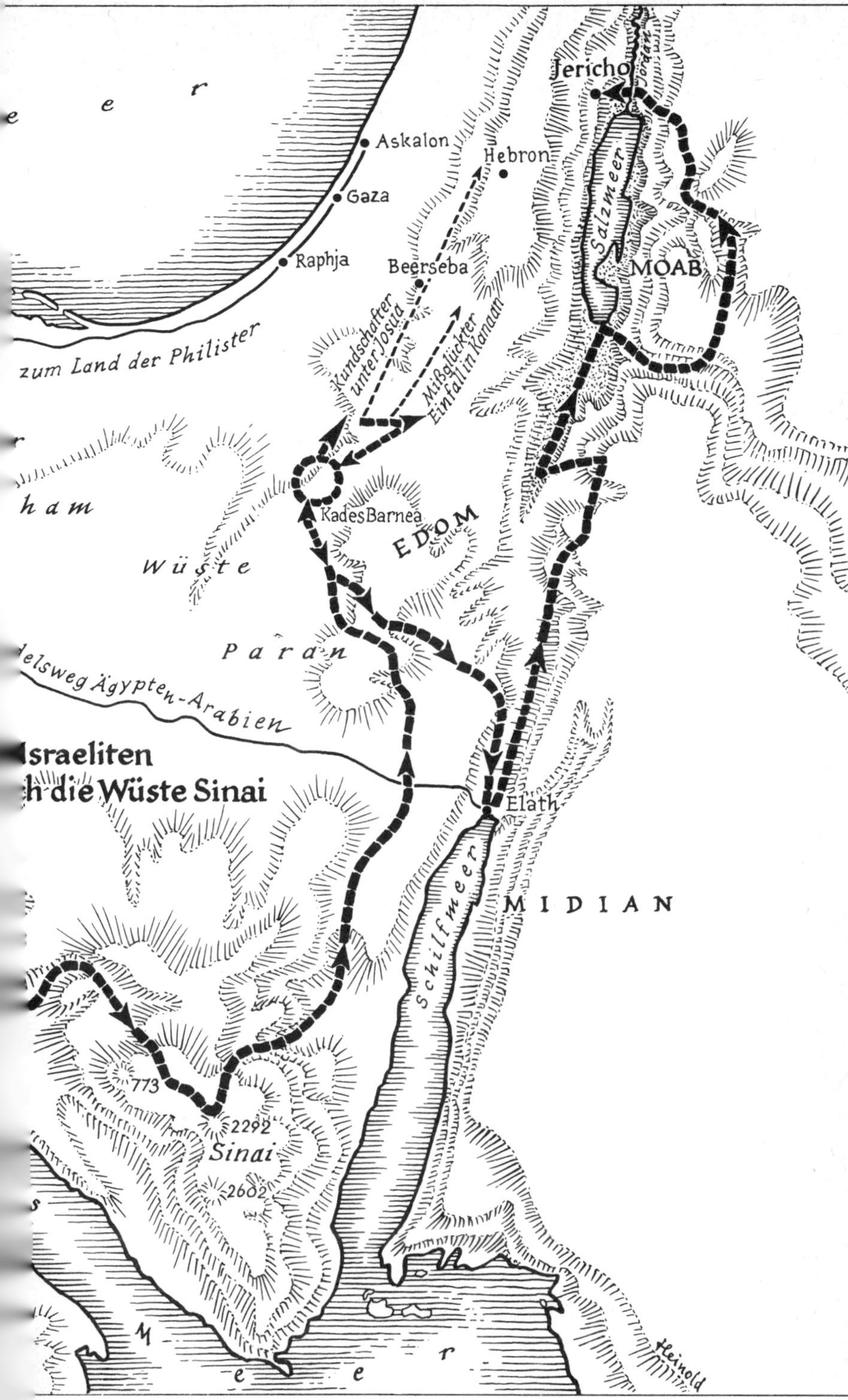

Jericho
Jordan
Askalon
Hebron
Gaza
Raphja
Beerseba
Salzmeer
MOAB
Kundschafter unter Josua
Mißglückter Einfall in Kanaan
zum Land der Philister
KadesBarnea
EDOM
Wüste
Paran
Ägypten-Arabien
Elath
Schilfmeer
MIDIAN
773
2292
Sinai
2602
Meer
Heinold

Die Bundeslade gehört zur Kriegsausrüstung

Als die Nomadensippe Jahre später, nur wenig angewachsen – gleich viele starben auf dem Zug wie geboren wurden – bei Kades Barnea in den Bereich der Negevwüste kam, da trugen die Israeliten an Stangen den Kasten aus Akazienholz mit, der die zwei Gesetzestafeln des Moses enthielt. Diese »Bundeslade« wurde von den Priestern, auserwählt aus dem Stamm der Leviten, der ganzen Sippe vorangetragen, zum Zeichen, daß der eine Allmächtige Gott den Hebräern beisteht. Bei jeder Rast wurde über der Lade ein Zelt aufgebaut; die detaillierten Anweisungen zum Zeltbau sind erhalten. Mit diesem Zelt gaben die Männer und Frauen um Moses dem Gott im Himmel eine erste Heimat auf der Erde. Moses bietet dem Volk die beste Allianz, die möglich ist: wenn Gottes Gebote erfüllt werden, gewährleistet die Gegenwart der Bundeslade den Sieg. Sie ist künftig wichtiger als Waffen. Doch die Legendenerzähler kennen bis heute Geschichten von der Skepsis und der Angst des hebräischen Volkes trotz der blendenden Versprechungen – und sie geben dieser Angst die Schuld am späteren Untergang ihrer Stadt Jerusalem: »Israel murrte, als es durch die Wüste ziehen mußte, und einmal weinte der Stamm die ganze Nacht hindurch. Da sprach der Herr zu ihnen: Ihr habt vor mir ohne Grund gejammert. Ich will euch für diese Nacht ein Weinen bereiten, das in alle Ewigkeit dauern wird. In dieser Stunde wurde die Strafe verhängt, daß der Tempel zerstört werden und Israel in die Verbannung gehen sollte. Das Weinen und die Zerstörung geschahen am selben Tag des Kalenderjahres.«

In den Jahrzehnten der Wanderung hat Moses keinen Kontakt zu den Staaten von politischem Gewicht zwischen Nil und Euphrat. Weder von Ägypten noch vom Lande Kanaan erfährt er Nachrichten. Von Kades Barnea aus schickt er Kundschafter, Spione aus, um zu erforschen, welche Städte und welche Männer wichtig sind im Gebiet, das die Sippe erobern will. Moses weiß, daß sein Volk seit Jahrzehnten keine Erfahrung mehr hat im Kampf. Niemand unter seinen Unterführern beherrscht die Taktik von Angriff und Verteidigung. Die Waffen des Nomadenvolkes hatten sich nicht verändert in den Jahren der Fron in Ägypten – die ägyptischen Herren erlaubten keine Angriffswaffen –, die Ausrüstung ließ sich auch nicht verbessern während des Zugs durch Sinai: die Hebräer sind bei Kades Barnea noch immer mit primitiven Bogen und Spießen ausgerüstet. Die Sippe des Moses ist nicht besser bewaffnet, als es Abrahams kleine Familie einst war. Mit primitiver Ausrüstung aber waren die Stadtfestungen im Lande Kanaan kaum zu berennen. Moses wagt kein unbedachtes Hasardspiel.

Der Auftrag an die Spione lautete: »Achtet darauf, wie das Land beschaffen ist und das Volk, das es bewohnt. Ob es stark oder schwach, wenig oder zahlreich ist, ob das Land, das sie bewohnen, fruchtbar oder schlecht ist, wie die Städte sind, ob die Bevölkerung in offenen Siedlungen oder in Festungen wohnt. Ferner, ob der Boden fett oder mager, mit Bäumen bepflanzt ist oder nicht. Zeigt euch mutig. Bringt auch von den Früchten des Landes mit« (NUMERI 13,18ff.). Die Erzähler des Alten Testaments fügen eine Terminangabe an: »Es war gerade die Zeit der ersten Weintrauben« – also Frühsommer.

Das symbolische Zahlenverständnis der späteren Erzähler gibt den Spionen genau 40 Tage Zeit, um das Gelobte Land auszukundschaften. Nach dieser Frist melden sie sich wieder bei Moses. Von den 12 Spionen war allein der Vertreter des Stammes Juda für den sofortigen Angriff. Alle anderen hatten Angst und erzählten furchtbare Beobachtungen im Lande Kanaan: sie hatten Riesen gesehen, gegenüber denen sie sich selbst wie Heuschrecken gefühlt haben. Diese Beobachtung der Spione war nicht falsch. Ein nordischer Menschenschlag hatte sich das Land erobert. Zwar lebten keine Riesen in Kanaan, doch hochgewachsene Menschen.

Die Beamten des Pharao Ramses III. registrieren um das Jahr 1200 die Unruhe: seefahrende Völker versuchen nach Unterägypten einzudringen, ins Nildelta. Ein Bericht in Keilschrift nennt die Fremden die »Pulastu«, damit sind die biblischen Philister zu identifizieren: »Sie brachen an den Flußmündungen ein wie ein Haufen Wilder.« Die Ägypter staunten besonders über das Verkehrsmittel dieser Barbaren: sie fuhren auf primitiven Karren, die von Ochsen gezogen wurden. Als Räder verwendeten die Pulastu Holzscheiben aus einem Stück, Speichen waren ihnen unbekannt. Obgleich dieses Wandervolk an Bewaffnung den Ägyptern unterlegen war, konnten die geschickten Taktiker Ramses' III. mit ihren schnellen Streitwagen die Ochsengefährte der Pulastu nur mühsam zurückdrängen. Bewundernd sprechen die Keilschrifttexte vom festen Glauben dieser Menschen an ihren Erfolg. Sie akzeptierten keine

Niederlage. Ägyptische Darstellungen dieser erstaunlichen Pulastu sind auf Reliefs erhalten: die Fremden sind groß, schlank und völlig bartlos. Besondere Kennzeichen sehen die Ägypter in der hohen Stirn und in den geraden Nasenrücken. Ihre Größe betonen die Pulastu durch ihren Kopfschmuck: sie binden sich Blätter rings um den Kopf und wirken dadurch eindrucksvoll wie Indianer.

Trotz ihrer Überzeugung, daß der Sieg ihnen sicher sei, gelang den Pulastu der Einbruch nach Ägypten nicht; sie versuchten daher ihr Glück in den Außenbezirken der ägyptischen Machtzone. Die Meldungen vom Zusammenbruch der Vasallen trafen in rascher Folge bei Ramses III. ein: »Die Pulastu eroberten die Küste im Norden. Niemand hielt stand. Vom Lande der Hethiter an wurde die Küste verwüstet. Sie kamen mit Feuer.« Im Bereich von Gaza und Askalon gelingt es den Pulastu, Fuß zu fassen. Sie beherrschen zur Zeit der hebräischen Spione den Küstenstreifen in einer Länge von 60 Kilometern. Bei Gath war es ihnen gelungen, 50 Kilometer tief ins Land einzudringen. Sie regierten über die fünf Städte Gaza, Askalon, Asdad, Egron und Gath. Die Spione mußten den Staat der Pulastu auf ihrem Weg nach Norden berühren.
Der Zug dieser nordischen Stämme zum Land Kanaan ist einzuordnen in die Völkerwanderung um das Jahr 1200 v. Chr. Vom Drang, einen anderen Lebensraum zu suchen, sind diesmal seefahrende Völker befallen. Ihr erstes Ziel ist die Insel Kreta. Dort setzen sie der minoischen Kultur ein Ende. An diesem historischen Punkt sind die Seefahrer für die Geschichtsschreibung erstmals erfaßbar. Woher sie gekommen sind, um Kreta zu erobern, darüber gibt es nur Spekulationen. Nicht auszuschließen ist, daß die Philister – dieser Name ist uns vertraut – früher auf dem Balkan wohnten. Die Hebräer aber sahen in ihnen Menschen aus Kreta. Der Prophet Zephanja droht ihnen später: »Gaza wird zur Einöde und Askalon zur Wüste werden, Asdod vertreibt man am hellen Mittag, Egron wird ausgetilgt. Weh euch, ihr Bewohner des Landstrichs am Meer, ihr vom Volk der Kreter« (2,4f.). Auch der Prophet Ezechiel nennt die ehemalige Heimat der Philister: »Also spricht der Herr: Siehe, ich strecke meine Hand wider die Philister aus, vertilge die Kreter und vernichte den Überrest am Meeresstrand« (25,16).
Die ägyptischen Archive berichten zwar von den unbeholfenen Ochsengefährten der Philister, doch in der neuen Heimat an der Küste zwischen Gaza und Asdod entwickeln sie einen hohen tech-

nologischen Standard, der den Hebräern Bewunderung abnötigt. Noch in der Zeit des Königs Saul mußten die semitischen Stämme Geräte aus Eisen bei den Philistern kaufen. Die Kenntnis der Eisenherstellung hatten die Philister aus dem griechischen Kulturraum mitgebracht und als erste im Vorderen Orient eingeführt. Der Besitz von Schwertern bringt ihnen Vorteil in den kommenden Kämpfen.

Die Berichte der Spione von den Riesen, die sie gesehen hatten, blieben nicht ohne Auswirkung auf die Entscheidungen der Führungsspitze der wandernden Sippe. Für die Mehrzahl der Männer und Frauen brachten die Erzählungen der 12 Auserwählten, die das Gelobte Land gesehen hatten, erschreckende Neuigkeiten. Jetzt erst begriffen sie, daß sie nicht im Gefühl sorgloser Freude in eine unbevölkerte fruchtbare Ebene hineinwandern konnten, auf die niemand Anspruch erhob. Wie ein Schock wirkte die Erkenntnis, blutige Kämpfe bestehen zu müssen. Mit diesem demoralisierten Clan konnte Moses keinen siegreichen Feldzug führen – er mußte versuchen, den Bereich der Philister im Osten zu umgehen; die Route um das Tote Meer bot sich als Ausweg an. Doch der Weg zur Senke des Toten Meeres war gesperrt durch die Truppen der Edomiter. Später, nach dem Sieg über alle Sippen und Völkergruppen der Region, bezeichnen die hebräischen Erzähler die Stadt- und Dorfstaaten generell als Königreiche. Dieser Begriff führt in die Irre. Die Edomiter auf den Gebirgshöhen östlich der Wüste waren Halbnomaden, verstreut über die wenig fruchtbaren Flächen der Steppe, zusammengehalten – wie die Hebräer – durch die Erinnerung an einen Stammvater. Der Unterschied zum Volk, das aus Ägypten gewandert kam, war allein, daß dem biblischen Volk eingeprägt wurde, es sei auserlesen von Gott, es habe einen besonderen Bund mit Gott.

Zu diesem Zeitpunkt allerdings wagen es die Strategen der hebräischen Eroberer des Gelobten Landes nicht, die Vorteile des Bundes mit Gott einer Prüfung zu unterwerfen. Sie zögern, mit der Bundeslade in der Vorhut gegen die Edomiter zu ziehen. Eine Niederlage hätte das Ende der Expedition bedeutet. Viele in der Sippe hatten auch jetzt noch gute Lust, wieder nach Ägypten zurückzuwandern. Moses testete – aus Rücksicht auf die gedrückte Stimmung im Volk – diplomatische Mittel. Er schickte dem König von Edom eine Nachricht: »Wir möchten gern durch dein Land ziehen. Wir werden kein Feld und keinen Weinberg betreten, kein Wasser aus den Brunnen trinken, nur die Königstraße entlangziehen und weder nach rechts noch links abbiegen, bis wir dein Gebiet durchzogen haben.« Verständlich, daß sich die Edomiter nicht darauf einließen, dem hungrigen Volk der Hebräer den Marsch durch die kärglichen, aber doch Nahrung bringenden Felder zu gestatten. Die Antwort hieß: »Ihr dürft nicht durchziehen!«

Die ersten Boten hatten den Auftrag, zu behaupten, daß die 5000 Hebräer auf der Transitstrecke kein Wasser brauchten. Auf diese plumpe List reagierten die Edomiter mit empörter Ablehnung. Moses war gezwungen, noch einmal Boten zu senden: »Trinken wir aber Wasser samt unserem Vieh, so bezahlen wir dafür den vollen Preis.« Mißtrauisch geworden, mobilisierten die Edomiter ihre Bewaffneten. Für die Hebräer blieb der bequeme Weg gesperrt (NUMERI 20,17ff.).

Die eindrucksvolle Erscheinung der Philister und die Entschlossenheit der Edomiter nahmen die Hoffnung, durch Überraschung und Ausnützung der Stammesgegensätze in Kanaan einen Erfolg zu erreichen. Dabei waren die Voraussetzungen ganz günstig gewesen: Das Volk um Moses konnte mit einer Art von »Fünfter Kolonne« rechnen in Kanaan. Nicht alle Stämme Israels waren vor und während der Zeit der Hyksos nach Ägypten ausgewandert. Es ist anzunehmen, daß nur die Großfamilie des Joseph mit den Stämmen Manasse und Ephraim im Wadi Tumilat angesiedelt waren. Diese Korrektur der Überlieferung würde allerdings die Eingruppierung des Moses in einen anderen Stamm bedeuten; er wäre dann dem Stamm Ephraim und nicht mehr dem Stamm Levi zuzuzählen. Gleichgültig, wer in früheren Hungersnöten nach Ägypten gezogen war, alle Stämme semitischer Abstammung konnten es nicht gewesen sein. Das Verständnis der Zurückgebliebenen für die Heimkehrer aber war als Faktor der Erfolgschancen einzukalkulieren. Nicht vergessen werden darf, daß einige Familien vor Moses nach Kanaan zurückgekehrt waren. Sie stifteten bereits Unruhe. Archäologen fanden ägyptische Tontafeln, die von Aufständen der »Hapiru« berichteten, die Hebräer waren also schon vor der Ankunft des Moses aktiv im Lande Kanaan.

Noch immer unterstand das Gebiet formell den Herrschern am Nil. Für das Land, das nicht von den Philistern besetzt worden war, galt das Wort des Pharao. Allianzen banden die Stadtstaaten an Ägypten. Auf der Heerstraße entlang der Mittelmeerküste der Halbinsel Sinai – der Weg hieß zu dieser Zeit »Straße zu den Phili-

Blick auf die Ruine des königlichen Palastes
von Mari

Hammurabi, König von Babylon, auf einer Sumerischen Inschriften-Tafel

Die Ruinen von Susa der Hauptstadt von Elam

Reste der Palastbauten des Königs Okisi in Samaria

Grabmalerei bei Beni Hasan: Ein ägyptischer Beamter empfängt semitische Nomaden, die hellhäutiger dargestellt sind als die Ägypter

Auf dieser Steintafel prahlt König Mesa von Moab
mit seinen Taten und dem Sieg über die Hebräer

stern« – zogen immer wieder Kolonnen von Streitwagen, die durch ihre Präsenz den Vasallen in Kanaan die Treue erleichtern sollten.

Die Stadtfürsten, auf sich selbst gestellt, wenn die ägyptischen Truppen nicht im Lande sind, ziehen Nutzen aus der verworrenen Situation; sie runden ihre Macht ab. Die Stadtstaaten, die bisher meist nur einen Herrschaftsbereich von drei bis vier Kilometer Durchmesser besaßen, ordnen ihrer Machtzone auch die Kleinsiedlungen ringsum zu. Den eigenen Zuwachs an Einfluß verschleiern die Stadtfürsten in ihrer Korrespondenz mit dem obersten Herrn am Nil. Viele dieser Fürsten unterzeichnen ihre Briefe mit indogermanischen Namen. Sie heißen Indarata, Widio, Birgawaza, Suwardata. Das sind Namen, die bisher nicht gebräuchlich waren in dieser Region. Die fremden Namen deuten darauf hin, daß es den großen Menschen, den Philistern, gelungen sein muß, einige Stadtstaaten zu unterwerfen, ohne jedoch die Souveränität Ägyptens anzutasten. Wenige Jahrzehnte später sind Namen und Personen vergessen, assimiliert vom Volk der Hebräer.
In der Korrespondenz zur Zeit der Rückkehr der verzettelten Sippen aus Ägypten gelten die »Hapiru« als üble Unruhestifter. Auf Tonscherben ist das Gejammer der Stadtfürsten in Bruchstücken zu lesen: »Die Hapiru plündern alle Länder des Pharao – verloren gehen die Länder – wenn Truppen kommen in diesem Jahr, dann bleiben die Länder dem König erhalten – die Hapiru erheben sich im Lande – wenn keine Truppen kommen, dann erheben sich alle Hapiru, und alle Länder gehen verloren.« Jeder bezichtigt den anderen der Untreue, der Verschwörung mit den aufständischen Hebräern: »Untreu sind alle Statthalter. Nicht einer bleibt dem Pharao, dem Herrn.« Die Hapiru unterbrechen die Verbindungswege zum Zentrum der Macht am Nil; sie plündern die Karawanen aus. Für den regionalen Herrscher der Gegend von Jerusalem ist die Blokkade der Straße eine Chance, sich weiterer Verpflichtungen zu entledigen. Er hält die Tributzahlungen zurück: »Dem Pharao muß ich sagen, daß ich nicht in der Lage bin, eine Karawane zu schikken.« Die Unterbrechung der Verbindung wiederum ist für die Administration des Pharao der Grund, über die »Straße zu den Philistern« keine Truppen mehr ins unsichere Land Kanaan zu beordern. Das Resultat: jetzt fühlen sich die Stadtfürsten ganz im Stich gelassen. Am Nil treffen auf Umwegen weitere Meldungen vom Abfall der tributpflichtigen Städte ein: »Milkis übt Verrat« – König Milkis

regiert einen Teil des heutigen Syrien. »Die Söhne Labajas haben ihr Land den Hapiru übergeben.« Die »Söhne Labajas« sind ein Stamm im Süden des Landes Kanaan. Ihre Weideflächen liegen am Weg der Hebräer, die mit Moses aus Sinai heranziehen. Die Eroberer könnten sich durchaus auf die Hilfe der verwandten Stämme verlassen, doch der trennende Riegel der Edomiter und der Philister ist unüberwindbar.

Die Legenden der Juden sind ursprünglicher, volksnaher als das Alte Testament; sie wurden nicht im Laufe der Generationen zu Propagandaschriften umgeformt. Sie erzählen ausführlich vom niedrigen moralischen Pegel des Volkes in den langen Ruhepausen an Quellen und Oasen. Die semitischen Stämme, auf deren Gastfreundschaft der Nomadenzug des Moses angewiesen war, korrumpierten mit ihrer bequemeren Auffassung vom Leben die – zum Leidwesen des Moses – so wenig kriegslüsternen Männer. Die freundliche Aufnahme durch die Eingesessenen hatte Schattenseiten. Aus Vorsicht versuchen die Strategen um Moses der Sippe das Gefühl zu geben, Elite zu sein, auserwählt von Gott. Damit sollte eine Trennwand gezogen werden zwischen dem wandernden Volk und den Gastgebern. Doch dieses Volk will – zeitweise wenigstens – das elitäre Denken vergessen. Es will nichts anderes sein als ein Volk unter vielen. Immer wieder bricht die Ablehnung der eigenen besonderen Stellung durch. Nach dem langen Weg um das Gebiet der Edomiter bedroht die freiere Moral der Stämme Ammon und Moab im Gebiet östlich von Totem Meer und Jordan den Eroberungswillen: »Die Mütter Ammons und Moabs begannen mit der Hurerei. Die Ältere sagte zur Tochter: laß uns dem Manne Wein geben und bei ihm liegen. Sie machten sich Zelte und brachten Dirnen darin unter. Eine Alte saß draußen vor dem Laden, und drinnen hinter dem Vorhang saß eine Junge. Gingen nun die Jünglinge Israels an den Zelten vorbei, um irgend etwas zu kaufen, so wurden sie zuerst von der Alten angesprochen, die sagte: Willst du nicht etwas Schönes erstehen, ein leinenes Gewand aus der Stadt Bet-Schean? Komm in das Innere des Ladens, da siehst du noch schönere Dinge. Betrat der junge Mann das Zelt, sprach das jüngere Mädchen: Sei hier bei mir zu Hause. Setze dich nieder, reinige dich. Ein Krug Wein stand da im Zelt, und das Mädchen war geschmückt und duftete nach Rosenwasser und Spezerei. Sie sprach weiter: Wie kommt es, daß ihr uns, die wir euch doch lieben, mit Haß begegnet? Sind wir doch alle Kinder desselben Vaters, Kinder

Tharahs, des Vaters von Abraham. Ihr wollt von unseren Speiseopfern nicht genießen? So nehmt euch Kälber und Hühner, schlachtet sie nach eurer Vorschrift und eßt sie. Und der junge Mann, berauscht vom Wein, gab ihr in allem recht. Als er verlangte, daß sie mit ihm schlafe, so sagte sie: ich gehöre dir nicht eher, als bis du meinem Gott Peor ein Opfer bringst und ihn anbetest. Er tat schließlich alles, was sie sagte. So hing Israel dem Gott Peor an. Zuerst taten sie es heimlich, dann offen.«
Die Legende läßt spüren, daß der Aufenthalt in Moab Spaß gemacht hat.
Das Alte Testament, das im 4. Buch Moses dieselbe Begebenheit berichtet, betont weniger die Verführung und den Reiz der fremden, raffinierten Kultur, die von den Phöniziern beeinflußt ist, sondern das blutige Gericht, das Moses über alle Hebräer hereinbrechen läßt, die sich haben verführen lassen. Von nun an gilt der Grundsatz: Kein Hebräer schläft mit einer Frau aus fremdem Stamm. Die Reinheit der Rasse wird Prinzip. Zur Warnung läßt Moses ein Exempel setzen für alle, die dieses Prinzip nicht akzeptieren wollen: »Da kam ein Israelit und brachte eine Midianiterin in sein Zelt, und zwar im Angesicht des Moses und der ganzen Gemeinde der Israeliten. Pinchas, der Enkel des Aaron, stand auf und griff nach einem Speer. Er ging dem israelitischen Mann in das Zelt nach und durchbohrte beide, den Israeliten und die Frau in der Magengegend. Daraufhin war der Unzucht unter den Israeliten Einhalt geboten« (25,6ff.). Moses vergaß, daß er selbst eine Midianiterin zur Frau hatte – sie hieß Zippora – und daß sein Schwiegervater aus dem Stamme Midian ihm einst kluge Ratschläge gegeben hatte.

Die Landnahme

Moses, ob Realität oder Fiktion, hat seine Aufgabe erfüllt mit dem Einbruch des Nomadenstamms in den Landstrich östlich des Jordan. Das Land, das der Clan sich erobern will, liegt greifbar nahe. Moses wird abberufen, als er die Hügel von Galiläa und Samaria vor sich sieht. Er stirbt. Der Religionsstifter wird nicht mehr gebraucht: die Ideologie ist geschaffen, die den Schwung geben soll für die Eroberung. Die Situation verlangt nach Strategen.

Die Stärke des Stammes, der sich darauf vorbereitet, über den Jordan zu brechen, läßt sich abschätzen. Ein knappes Jahrzehnt zuvor fühlten sich diese Hebräer nicht stark genug, gegen die Edomiter zu kämpfen, gegen ein Volk, das nicht als militärische Potenz im Kräftespiel der Region gilt. Der Stamm des Moses war den Edomitern an Zahl nicht überlegen. Die Ruhepause bei Kades Barnea brachte die Chance, daß die Zahl der Geburten ansteigen konnte. Die strengen Rassengesetze ketteten die Hebräer an Frauen aus dem eigenen Stamm. Das Hirtenvolk vermehrte sich auf rund 10000 Menschen. Davon konnten 4000 Mann Waffen tragen; manche allerdings mit Mühe; sie waren noch sehr jung. Der Stamm mobilisierte den letzten Wehrfähigen zur Eroberung der Festungen im Lande Kanaan.

Reliefs an den Tempeln der Ägypter zeigen, wie diese Festungen ausgesehen haben. Zwei Mauergürtel umgeben das Zentrum einer Verteidigungsstellung. Die Mauern bestehen aus unbehauenen, unregelmäßigen Blöcken. Die Tore sind so breit, daß zwei Streitwagen nebeneinander passieren können. Auf den Zinnen stehen die Verteidiger, die sich mit Äxten, schweren Steinen, Prügeln und Spießen wehren. Mauervorsprünge sind mit Bogenschützen besetzt. Kein Rammwerkzeug damaliger Konstruktion war in der Lage, diese dicken Steinwälle zum Einsturz zu bringen. Den Angreifern blieb nur die Möglichkeit, die Verteidiger auszuhungern. Unerträglicher Durst war oft ein Grund für die Besatzung einer Festung, den Feinden die Kapitulation anzubieten. Durch Erfahrung hatten allerdings die Kommandeure der Stadtstaaten gelernt, daß es klug ist, unterirdische Gänge zu graben, die einen sicheren Weg bieten zu den Wasserstellen außerhalb der Festung. In Jerusalem existieren noch Reste eines Tunnelsystems aus dem zweiten Jahrtausend v. Chr., das draußen vor der Stadt endet. Durch die Tunnels konnten Wassersäcke und Lebensmittelkisten transportiert werden. Die Verteidiger der Städte hatten in der Vergangenheit vielfach Gelegenheit gehabt, Kriegslisten zu erproben, Belagerer durch Tricks irrezuführen. Die Hebräer, harmlos in ihrer Strategie, brauchten viel Glück, wenn sie Erfolg haben wollten bei der Eroberung des Landes, an dem ihr Herz hing.

Die erste Festung, die am Weg der Hebräer liegt, ist Jericho – benannt nach dem Mondgott Jarach. Reste der Wälle und Türme sind im Sand und Lehm des Tell es Sultan zu finden, einem Hügel am Rande der heutigen Oase Jericho. Die Archäologen haben einen steinernen Turm ausgegraben mit dem beachtlichen Durchmesser von zehn Metern. Er muß lange vor dem Einbruch der Hebräer ins Land westlich des Jordan gebaut worden sein, der trutzige Turm ist unzerstört geblieben. Teile von zwei Ziegelmauern wurden im östlichen Teil des Hügels entdeckt. Die Rekonstruktion ergibt, daß diese Mauern einst drei Meter stark und sieben Meter hoch waren. Spuren eines Brandes und zerschlagene Ziegel zeigen an, daß diese Befestigungen gewaltsam zerstört worden sind. Allerdings nicht von den Hebräern. Als sie die Oase Jericho besetzten, war die Mauer schon zerstört: das biblische Volk brauchte wenig Mühe, um diese erste Stadt seines künftigen Reiches zu erobern. Kleine Gruppen wollten am Brunnen von Jericho bleiben. Sie bauten sich Lehmhäuser und schaufelten den Flugsand vom fruchtbaren Boden. Mit der Andeutung einer Mauer umgaben die Familien ihren eben erworbenen Grundbesitz. Die Männer waren entschlossen, Jericho zu verteidigen. Den Namen der Ortschaft änderten sie allerdings nicht.
In der Erinnerung des biblischen Volkes ist die Einnahme von Jericho wichtig als psychologisch entscheidender Sieg über eine der gefürchteten Stadtfestungen. Die Gewalt der Erzählung macht die Legende zum historischen Ereignis. »Da sprach der Herr zu Josua: Siehe, ich gebe Jericho in deine Gewalt, seinen König und seine Kriegsmannen. Ziehet nun, sämtliche streitbaren Männer, um die Stadt herum und kreiset sie einmal ein. So sollt ihr sechs Tage lang tun. Sieben Priester sollen sieben Widderhornposaunen vor der Lade hertragen. Am siebten Tage aber ziehet siebenmal um die Stadt, vom Posaunenschall der Priester begleitet. Wird dann das Widderhorn geblasen, so erhebe, wenn ihr den Posaunenschall hört, das ganze Volk ein mächtiges Kriegsgeschrei. Es wird die Stadt-

mauer in sich zusammenstürzen, und das Volk steige ein, jeder da, wo er sich gerade befindet.« Es geschah, wie Josua vorausgesagt hatte: »Als das Volk den Posaunenschall vernahm, erhob es ein lautes Kriegsgeschrei, und die Mauer stürzte in sich zusammen« (JOSUA 6,2ff.). Die Eroberer sind später noch stolz auf die totale Vernichtung der Oase. Sie berichten, daß niemand am Leben blieb, kein Mann, keine Frau, kein Kind – nur die Dirne Rahab nebst Anhang wurde nicht umgebracht, zur Belohnung, weil sie mutige Spione versteckt hatte, die den Zustand der Festung Jericho für Josua ausgekundschaftet hatten. Die Erzählung von der Eroberung dieses Platzes ist eine wirkungsvolle Propagandastory. Sie verbreitet Furcht.

Nicht jeder Versuch, eine Stadt einzunehmen, ist erfolgreich. Die Schuld an der Niederlage wird den Männern gegeben, die sich nicht an die Anweisungen Gottes halten. Im Bewußtsein des biblischen Volkes sind Mißerfolge Strafen des Herrn für Ungehorsam und Untreue. Dieser Gott der Israeliten züchtigt erbarmungslos die Gemeinschaft – ohne Rücksicht auf Schuldlose. Die Vision wächst, daß dieses Volk eine Einheit, einen Körper bildet; der einzelne ist eine Zelle dieses Körpers, nicht mehr. Hält sich diese Einzelzelle nicht an das von Gott vorgeschriebene Programm, dann ist diese Zelle krank und muß ausgebrannt werden, auch wenn die Nachbarzellen mit zugrundegehen.

Die Einnahme von Aj, einer Stadt der Kanaaniter östlich von Bethel, mißlingt, weil ein Mann vom Stamme Juda aus Jericho Beutegut für sich behalten hatte, das eigentlich in den »Schatz des Herrn«, das heißt in die Staatskasse gehört hätte. Dieser Mann – er ist namentlich genannt, er heißt Achan – nimmt für sich aus einem Haus der Oase einen Mantel, 200 Silberstücke und einen pfundschweren Goldbarren. Die Berichterstatter des Alten Testaments schildern den Zorn Gottes über den Diebstahl seines Eigentums: »Israel hat sich versündigt! Sie übertraten meinen Bund, den ich ihnen zur Pflicht machte. Sie nahmen von dem gebannten Gut; sie verübten also Diebstahl. Daher können die Israeliten nicht mehr ihren Feinden Widerstand leisten.« Josua spricht mit Achan, dem Verbrecher, gönnerhaft, wie ein Kommissar unserer Zeit, der das Opfer schon in der Falle weiß: »Mein Sohn, gib doch dem Herrn, dem Gott Israels, die Ehre und bekenne es ihm! Sage mir, was du getan hast; verheimliche mir nichts!« Achan gesteht und wird mit der ganzen Familie gesteinigt und verbrannt. Die abschreckende Strafe für

Raub von Staatsgut ist damit festgesetzt. »Der Herr ließ daraufhin von seiner Zornesglut ab« (Kap. 7).
Daß es, wenn auch nur für kurze Zeit, gelungen war, eine Stadt gegen die Hebräer zu halten, macht den Stadtfürsten in Kanaan Mut. Sie schließen eine Koalition zur Abwehr der brutalen Eroberer. Für die Eingesessenen ist die »Landnahme« nichts anderes als ein erneuter Einfall barbarischer Stämme in ihren Kulturkreis. Dem blutrünstigen, gnadenlosen Gott dieser unzivilisierten Horde brachten sie wenig Sympathie entgegen: seine strenge Ordnung behagte ihnen nicht. Sein absoluter Herrschaftsanspruch war den selbständig gewordenen Männern der Stadtstaaten zuwider. Die Fruchtbarkeitsgöttin, deren Abbildung erotische Gefühle erwecken konnte, gefiel ihnen besser. Viele trugen die kleinen flachen Reliefs der nackten Göttin, mit ausgeprägten Geschlechtsmerkmalen und langen, gewellten Haaren, als Amulett um den Hals. Diese freizügigen Darstellungen waren den Hebräern ein Greuel: dem Volk der Eroberer blieb Erotik untersagt, nur die Zeugung war gebilligt. Die Konfrontation mit der im Bereich des Geschlechtslebens sehr offenen Kultur in Kanaan gibt den Fanatikern unter den Hebräern die Gewißheit, für die Reinheit des göttlichen Gebots zu kämpfen. Gegen fanatische Entschlossenheit bringt auch der Entschluß zur Koalition aller Kräfte der Stadtstaaten keine Rettung mehr. Die Moral der Verteidiger bricht zusammen; sie fliehen, wenn der Menschenhaufen mit der Bundeslade heranrückt. Die Mitte des Landes Kanaan, die Gegend von Sichem, fällt kampflos in die Hand der Eroberer. Die Verwandten werden geschont: in Sichem saßen Stämme, die früher schon aus Ägypten zurückgekehrt waren. Sie werden aufgenommen in den Volksverband.
Auch im Süden überlegen sich die Menschen, wie sie den Barbarenansturm lebend überstehen können. Die Einwohner von Gibeon wenden eine List an, die durchaus den Tricks des biblischen Volkes ebenbürtig ist und die schließlich von den Hebräern sogar honoriert wird. Einige Männer aus Gibeon ziehen alte Kleider an und zerrissene Schuhe; sie nehmen trockenes Brot mit, das schon zerbröselt, und Wasserschläuche, die rissig sind und leer. Wie Wanderer, die einen langen Weg hinter sich gebracht haben, kommen sie zu Josua – dabei liegt ihre Stadt nur wenige Kilometer vom jüdischen Heerlager entfernt. Sie überzeugen den mißtrauischen Josua, daß der Stamm, den sie vertreten, weit außerhalb des Gebietes wohnt, das die Hebräer erobern wollen. Trotzdem seien sie gekommen, um

Freundschaft und Bündnis anzubieten, bewogen vom berühmten Namen des Herrn, seines Gottes. Zum skeptischen Josua sagen sie: »Hier, unser Brot, noch warm war es, als wir es zu Hause für die Reise einsteckten am Tage unseres Auszugs zu euch; doch nun seht, es ist trocken und völlig zerbröckelt. Und hier die Weinschläuche, die neu waren, als wir sie anfüllten, und nun seht, sie sind zerrissen.« Josua, der zuerst unwillig reagiert – »vielleicht wohnt ihr mitten unter uns« –, fühlt sich geschmeichelt und nimmt die Unterwerfung der Männer von Gibeon an. Die Menschen des Stammes bleiben am Leben, auch nachdem die Hebräer den Trick durchschaut hatten (Kap. 9). Die Rechtfertigung des Stammeschefs gibt die Stimmung wieder, die damals in Kanaan herrschte: panische Angst vor den hebräischen Barbaren bestimmte Denken und Handeln. Auf die Frage, warum die Männer von Gibeon diese List gebraucht hätten, erhält Josua zur Antwort: Es wurde uns genau erzählt, was der Herr, dein Gott, seinem Knecht Moses befahl, nämlich euch das ganze Land zu geben und alle Bewohner des Landes zu vertilgen. Da hatten wir um unser Leben euretwegen große Angst und handelten so.

Geschickte Propaganda bereitete den Einzug des biblischen Volkes vor, die »Fünfte Kolonne« war aktiv. Daß der Trick der Männer von Gibeon Erfolg hatte, mußten die Führer der antihebräischen Koalition als Katastrophe empfinden; denn damit war demonstriert, daß die eindringenden Barbaren auch menschlich sein konnten, daß sie Wort hielten. Fünf Städte einigten sich, die Stadt Gibeon für den Verrat an der gemeinsamen Sache zu strafen. Doch die Allianz hielt nicht lange stand: in Gewitter und Hagelschlag flüchtete das Koalitionsheer; die Geschlagenen glaubten, vom Himmel aus mit Steinen beworfen worden zu sein. Danach gab es keinen mehr in Kanaan, der nicht davon überzeugt war, daß überirdische Kräfte den Barbaren halfen. Die spätere Erinnerung und die Ausschmückungen, die von Erzähler zu Erzähler farbiger und weniger wahrheitsgetreu wurden, lassen die Eroberer noch brutaler erscheinen, als sie waren. Gerne berichten die Sänger zu Zeiten der Not und Unterdrückung von den Glanzepochen der Hebräer, von der totalen Vernichtung der Gegner – das war ihr Mittel, um das Bewußtsein zu stärken, daß wieder eine Periode des Erfolgs kommen müsse. Die Übertreibungen der Nacherzähler sind zu reduzieren. Nicht alle Gegner werden umgebracht von den Siegern, doch die Überlebenden behalten keine Rechte; das Land muß sich das politische System aufzwingen lassen, das sich noch Moses ausgedacht hatte. Kanaan wird unter die Stämme verteilt. Die jüdische Legende schildert diesen Vorgang sehr poetisch: »Gott stand da und maß die Erde. Er prüfte jedes Volk der Erde, ob es verdiente, die Lehre zu empfangen, und fand keines, das würdiger gewesen wäre als das Geschlecht, das durch die Wüste gewandert war. Er besah sich alle Städte, und keine war besser geeignet für seine irdische Wohnstätte als Jerusalem. Er ging mit der Maßschnur durch alle Lande, und kein Land geziemte den Kindern Israel eher als das Land Kanaan.«

Die Ideologen der Hebräer hatten guten Grund für die Unterdrükkung der Eingesessenen: von ihnen drohte Gefahr; sie bewahrten in ihrem kleinen Kreis ihre raffinierte Zivilisation, die reich war durch Assimilation ägyptischer und babylonischer Elemente. Die Häuser, die Plünderung und Brand überstanden, sind schon kurze Zeit nach der Eroberung eine Attraktion für die Sieger. Den halbwilden Nomaden gefielen die verzierten Hallen, die Baderäume, die mit Gewürzkästchen ausgestatteten Küchen. Den Reichtum der kanaanitischen Bürger übernahmen die Hebräer gern. Die Frauen waren fasziniert von der Kleidung und von der kosmetischen Kunst der Unterlegenen. Da durch die Sprachverwandtschaft Verständigung leicht möglich war zwischen Siegern und Besiegten, konnten die Unterlegenen die Vorteile ihrer Lebensweise mitteilen. Bald fanden es die jungen Männer der neuen Herrenschicht ganz amüsant, schick und mutig, sich verborgen Tonplättchen mit den erotischkühnen Darstellungen der Fruchtbarkeitsgöttin um den Hals zu hängen. Es überrascht, wie viele solcher Plättchen bei Ausgrabungen in rein hebräischen Siedlungsgebieten gefunden werden. Der Verlierer siegt durch seine Kultur. Im Buch der Richter spiegeln sich die Sehnsüchte der Hebräer nach dem Gebrauch aller prächtigen Dinge, die geraubt werden konnten: »Beute an Tüchern! Ein Bunttuch, zwei Bunttücher für den Hals!« Und nicht zu vergessen ist der Wert der menschlichen Beute; die Frauen in Kanaan wußten von den Geheimnissen der verfeinerten Erotik: »Ein, zwei Weiber für jeden Mann.« Im Lied der Prophetin Debora flackern diese Wünsche nach schönen Dingen, nach freierem Leben auf. Die Nomaden, die auf ihrem Zug nur wenig an Gebrauchsgegenständen mit sich führen konnten, übernahmen alle zum seßhaften Leben notwendigen Werkzeuge und Arbeitsmethoden von den bezwungenen Völkern.

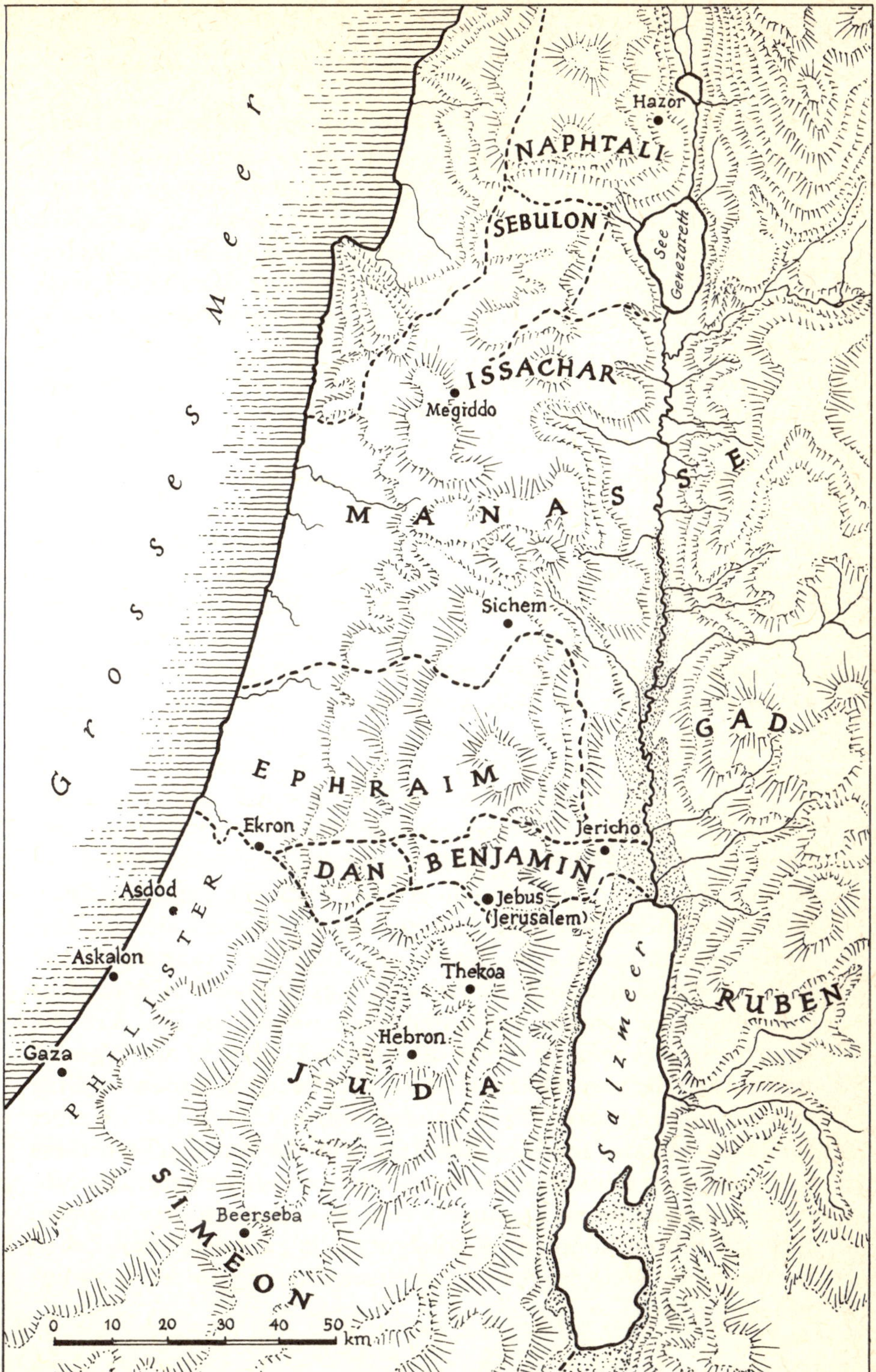

Grosses Meer
Hazor
NAPHTALI
SEBULON
See Genezareth
ISSACHAR
Megiddo
MANASSE
Sichem
GAD
EPHRAIM
Ekron
Jericho
DAN
BENJAMIN
Asdod
Jebus
(Jerusalem)
PHILISTER
Askalon
Thekoa
RUBEN
Salzmeer
Hebron
Gaza
JUDA
SIMEON
Beerseba
0 10 20 30 40 50 km
Heinold

Die Hebräer hatten ihr Ziel erreicht, sie konnten wohnen im Gelobten Land, das ihnen von Gott versprochen worden war. Doch damit waren die Ehrgeizigen unter ihnen nicht zufrieden: das Gebiet, das sie besaßen, beschränkte sich auf das bergige Land zwischen Hermon und Beerseba; die Küste zu erobern, war noch nicht gelungen. Auch innenpolitische Strukturmängel ärgerten die führenden Männer: der Bund mit Gott einigte zwar die zwölf Stämme, doch als geeinte Nation konnten sich die Sippen in ihrer Summe immer noch nicht bezeichnen. Der religiöse Zusammenhalt begann bald nach der Landnahme abzubröckeln. Der eine Gott bekommt schon nach wenigen Monaten wieder Konkurrenz. Baal, der Gott der Kanaaniter, ist milder, stellt weniger harte Forderungen, verlangt nicht stetigen Einsatz. Breite Schichten der Eroberer beten nach kurzer Zeit Baal an. Ausgrabungen an Kultstätten, die über lange Zeit benutzt worden waren, beweisen, daß in den Jahren nach der Eroberung dem Gott Baal an einigen Plätzen von den Hebräern Räucheropfer gebracht wurden. Josua warnt kurz vor seinem Tod eindringlich: »Ihr sollt euch nicht etwa unter jene noch übriggebliebenen Völker mischen, der Namen ihrer Götter nicht gedenken, bei ihnen nicht schwören, sie weder verehren noch euch vor ihnen niederwerfen« (23,7). Josua hat die Gefahr erkannt. Reue ist zu spüren in seinen Worten, daß so viele fremde Völker die Eroberung überlebt haben.
Nicht alle zwölf Stämme des biblischen Volkes – in Wahrheit existierten mehr dieser Großfamilien, doch die späteren Legendenerzähler setzten die heilige Zahl zwölf durch – konnten sich in der Ansiedlungszeit als eigenständige Einheit bewahren: der Stamm Simeon, dem der Süden Kanaans zugewiesen war, löste sich innerhalb weniger Jahre auf. Der Stamm Ruben am Ostufer des Jordan wurde assimiliert, aufgesogen von der eingesessenen Bevölkerung; die Menschen von Kanaan hatten Geschick darin, den Charakter der Stämme auszulaugen. Die Sammlung der Sprüche bewahrt die Erinnerung an den Prozeß der Anpassung: »Der Stamm Issachar ist ein abgearbeiteter Esel, der zwischen den Pferchen seinen Platz hat. Er fand, daß er ein ruhiges Leben verdient hatte, und da ihm das Land sehr gefiel, so ließ er sich willig beladen und nahm den Frondienst auf sich.« Die Familie Issachar, müde von Wanderung und Krieg, hatte sich mit den Kanaanitern arrangiert: die Eingesessenen gaben Land, und Issachar bezahlte mit Serviceleistungen. Der Stamm Benjamin konnte seinen Glauben an den einen Gott nur

retten durch Eingliederung in den größeren Verband der Familie Juda. Der Benjaminclan war im Zentrum des Siedlungsgebiets zu sehr exponiert gewesen; die Gefahr, von den ehemaligen Gegnern aufgesogen zu werden, drohte. Der den Benjaminiten benachbarte Stamm Dan gab das zugewiesene Land ganz auf: unter dem Druck der Philister wich Dan aus dem Südwesten nach Nordosten aus. Der Stamm Levi, der die Priester stellte schon seit der Zeit des Moses, konnte sich kraft dieser elitären Position bewahren; seine Vorzugsstellung mißfiel den anderen Familien, doch die Tradition hielt sich – sie ist vergleichbar in unserer Zeit mit dem Grundsatz, daß der Papst Italiener zu sein hat.

Die jüdischen Erzählungen aus früher Zeit berücksichtigen, daß die Verteilung des Gebiets zur Zeit der Landnahme nicht für die Ewigkeit gedacht sein konnte, sie war zu sehr belastet durch irdische Kompromisse: »Eine Teilung, wie sie in dieser Welt praktiziert wird, entspricht nicht der Teilung, die in der zukünftigen Welt erfolgt. In der irdischen Welt machen wir es so: wer durch das Los das Getreidefeld, das von Bäumen nicht beschattet wird, zugeteilt bekommt, der gewinnt keinen Garten. Wem ein Baumgelände zufällt, der erhält kein Feld zugeteilt, auf dem er Getreide anbauen kann. Die Teilung, die für später vorgesehen ist, wird so sein, daß jedermann vom Volk Israel gleichermaßen bergiges und ebenes Land besitzen wird, fruchtbare und unfruchtbare Erde.«

Der Vorgang der Landnahme und der Anpassung spielte sich in einem Zeitraum von 150 Jahren ab. Belastet war diese Epoche durch Mängel der staatlichen Struktur: die Hebräer hatten keinen durch göttliche oder weltliche Verfassung eingesetzten Herrscher, den alle akzeptieren konnten. Die Führungsspitze der Nomadenzeit, ein kollektives Gremium, bewahrte noch für einige Jahre Einfluß, doch dann rieb sie sich in Rivalität auf: die Chefs der Stämme stritten untereinander. Sehr bald brach die Konkurrenz auf zwischen Nord und Süd. Die Siedlung Silo, in der Mitte des Landes, war als Hauptstadt gedacht – hier stand die Bundeslade mit den Gesetzestafeln –, doch kümmerten sich die Israeliten immer weniger um dieses Heiligtum, das einst Voraussetzung gewesen war für Siege. Silo bot keinerlei Attraktion als Stadt. Niemand fühlte einen besonderen Drang, dorthin zu wandern; ein Handelszentrum entwickelte sich nicht um das Zelt mit der Bundeslade. Der Markt, der das Geschäftsleben beherrschte, entstand weiter im Süden, in Jerusalem. Im Lied der Debora (RICHTER 5) ist der Zustand der Israeliten festgehalten: »Es gebrach, an Regiment gebrachs in Israel. Es verschwand das freie Volk, es verschwand in Israel. Man wählte sich neue Götter, die ihnen früher unbekannt waren. Es war kein Schild noch Speer unter vierzigtausend in Israel zu finden.« Aus dem eigentümlichen Stil des Deboraliedes ist zu schließen, daß sein Wortlaut seit der Entstehung unverändert geblieben ist; die Kraft dieser Worte widerstand allen späteren Adaptionsversuchen. Das Lied der Debora nennt eine realistische Zahl: von vierzigtausend ist die Rede, wohl von vierzigtausend Männern. Die Summe der Menschen aller Stämme – wozu auch die Familien zu rechnen sind, die nie das Land Kanaan verlassen hatten, und alle Vorläufer und Nachzügler in der Rückwanderung aus Ägypten – ist um diese Zeit mit hunderttausend anzusetzen. Diese Hunderttausend könnten eine beachtliche Macht darstellen, wenn sie sich eine zentrale Führung gäben, doch dazu fehlt in der Zeit der Richter dem Volk die Kraft. Zur plötzlich notwendigen Entscheidungsschlacht gegen ein letztes, aber starkes Aufgebot einiger Stadtherren, die das eingedrungene Barbarenvolk wieder vertreiben wollen, kann die Prophetin Debora nur Männer aus sechs Stämmen mobilisieren. Trotzdem ist Debora erfolgreich: die Macht ihrer Sprache ersetzt diesmal den Zauber der Bundeslade.

Der Kampf um das Land ist noch nicht endgültig gewonnen. Immer wieder wittern die Eingesessenen eine Chance, die Fremden doch noch zu vertreiben. Die Moabiter im Osten halten die Moral der Israeliten für schwach, für aufgeweicht durch die Raffinesse der überlegenen Kultur. Sie täuschen sich. In kritischen Situationen finden sich Männer – und Frauen wie Debora –, die Katastrophen abzuwenden vermögen.

Diese Diktatoren tragen den Titel »Richter«. Sie sind damit Nachfolger des Moses geworden, der Funktionen der Rechtsprechung, der Staatsführung und der Religionsbewahrung in seiner Macht vereinigen konnte. So war der Richter Gideon der mächtige Mann in Israel vor dem Einbruch der Midianiter. Der Stamm von Frau und Schwiegervater des Moses wurde zur tödlichen Gefahr: »Immer, wenn Israel gesät hatte, zogen die Midianiter, die Amalekiter und die Söhne des Ostens gegen sie heran. Sie vernichteten des Landes Ernte bis nach Gaza hin. Sie ließen für den Lebensunterhalt Israels nichts übrig, weder Schafe, noch Rinder, noch Esel. Sie zogen mit ihren Herden und Zelten herauf. Sie kamen in ungeheurer Menge wie Heuschreckenschwärme. Sie und ihre Kamele waren nicht zu zählen« (RICHTER 6). Die Übermacht an Truppenzahl wird in diesem Bericht falsch eingeschätzt: So stark ist die Truppe der Midianiter nicht; das Wachstum der Nomadenvölker blieb immer hinter der Bevölkerungsexplosion seßhafter Stämme zurück. Doch der Eindruck, die Midianiter seien überlegen, läßt sich erklären: ihre Haufen waren beweglich; sie operierten in Blitzkriegtechnik; sie tauchten im Gebiet des Stammes Juda auf, kurze Zeit später belästigten sie Ephraim, dann wieder Gad und Manasse. Ihr Transportmittel ist das Kamel, das jetzt zum erstenmal in großer Zahl zur raschen Überwindung großer Strecken eingesetzt wird. Sie hatten sich die Tiere der Steppe Zentralarabiens gezähmt. An Geschwindigkeit zeigte sich das Kamel dem Esel der Hebräer weit überlegen. Gruppen von einigen Dutzend Kamelreitern überfielen die Siedlungen, raubten Ernte und Herden. Sie beherrschten die Taktik, wieder unterzutauchen, noch ehe die Hebräer ihre Verteidigung organisieren konnten.

Die Schwerfälligkeit des seßhaften Volkes gibt den Nomaden Vorteile. Koordination der Verteidigung und ein wirksames System der Weitergabe von Nachrichten ist notwendig für die Abwehr der flinken Stoßtrupps. Ein Mann in Ophra, einem winzigen Dorf im Landteil des Stammes Benjamin, fühlt sich in der Lage, die Situation der Hebräer zu stabilisieren, ihnen wieder Selbstvertrauen zu geben. Vor allem mußte dem Volk die Angst vor den Kamelen der Midianiter genommen werden: Gideon, bis dahin ein unbekannter Bauer, wußte den Trick, wie der Schock abzubauen war. Er hatte die Schwächen der Kamele studiert: sie besaßen äußerst sensible Nerven. Er nimmt einige seiner Freunde mit – den umständlichen Ausleseprozeß, den das Alte Testament beschreibt, können wir übergehen – und überfällt bei Nacht das Lager der Midianiter. Ihre Waffen sind nicht Schwert und Speer, sondern alle Krachinstrumente, die sie greifen konnten: Widderhörner und metallene Schilde, auf die mit Stöcken geschlagen wurde. Gideon wußte: die Kamele sind lärmempfindlich, sie rennen vor Krach davon. Zur Angst vor Getöse kommt panische Reaktion auf Feuer, das plötzlich in der Nähe der Kamele aufscheint. Gideon steckt brennende Fackeln in Töpfe, so ist der Lichtschein beim Anschleichen an das Lager verborgen. Kurz vor dem Rastplatz der Kamele zerschlagen die Hebräer ihre Tontöpfe. Der Krach der Metallplatten und Widderhörner, das plötzliche Feuer lösen Todesangst in den Kamelen aus. Sie reißen sich los und rennen mit höchster Geschwindigkeit davon, in der Richtung, aus der sie gekommen waren; sie fliehen zum Jordan. Nichts hält die Kamele auf. Die Midianiter, die wissen, daß sie ohne dieses Transportmittel ihre Überlegenheit einbüßen, hängen sich an den Hals der Tiere, versuchen sie zurückzuhalten. Sie werden abgeschüttelt; viele liegen zertrampelt am Boden. Die wunderbare Waffe der Midianiter war Ursache der eigenen Niederlage geworden.

Die Hebräer schlagen das alte Kanaan in Trümmer

Archäologen schürfen in der Erhebung des Tell el Qedah, dem Platz der alten Stadt Hazor, nach den Spuren der Zivilisation im Lande Kanaan. Sie stoßen auf meterdicke Aschenschichten: ein gewaltiges Feuer hat einst Hazor vernichtet. In stundenlanger Glut verkohlten die Holzbalken in Wänden und Decken der Häuser vollständig. Das Alte Testament berichtet von der Wut des Feldherrn Josua, der selbst den Befehl zur Brandstiftung gab, um Hazor dafür zu bestrafen, daß sein König Jabin andere Stadtherrscher zum Widerstand gegen die hebräische Invasion angestiftet hatte. Der Augenschein an Ort und Stelle gibt einen Eindruck von der barbarischen Zerstörung: die Mauern stürzten ein, als die Balken verglostet waren und keinen Halt mehr geben konnten. Kein Haus blieb unverwüstet. Alle halbwegs wertvollen Gegenstände sind bei der Plünderung verschwunden; im Schutt finden Archäologen nur ganz selten Schmuckstücke oder Haushaltsgegenstände aus Metall. Aber sie finden Tonscherben, deren Form und Bemalung eine ziemlich präzise Datierung des Feuers ermöglichen. Die Archäologen stimmen überein, daß Hazor etwa um das Jahr 1230 v. Chr. zerstört wurde.

Die Männer von Hazor müssen das Schicksal der Stadt vorausgesehen haben. Ein Steinblock in Form einer Kuhleber ist erhalten – dieses Organ, frisch geschlachteten Kühen entnommen, diente den Priestern als Indikator für Prophezeiungen; aus dem Zustand der Kuhleber lasen sie ab, wie sich die Zukunft entwickeln würde. Die Weisen im Tempel von Hazor aber hatten die Abschlachtung der Kühe zum Zweck der Weissagung satt: sie schufen eine Kuhleber aus Stein. Und da ihre Prognosen von Resignation geprägt waren, schrieben sie in Keilschrift diese Entwicklung der Zukunft auf:

»Ein König wird den anderen niederzwingen. Ein Feind wird den anderen überfallen.«
In einer Schicht von Lehm und Gesteinsbrocken unterschiedlicher Größe steckt die Statue eines sitzenden Mannes. Die Figur aus Basalt ist 40 Zentimeter hoch; der Kopf des Mannes liegt abgetrennt neben dem Rumpf – er ist mit einem scharfen Instrument abgeschlagen worden. Josuas Kämpfer hatten den Mondgott enthauptet bei der Einnahme der Stadt. Sie erfüllten damit den Befehl ihres eigenen Gottes: »Ihr müßt all die Stätten gründlich zerstören, an denen die Völker, in deren Erbe ihr getreten seid, ihren Göttern gedient haben, auf den hohen Bergen, auf den Hügeln, unter jedem grünen Baum. Reißt ihre Altäre nieder, zertrümmert ihre Weihestätte« (DEUTERONOMIUM 12,23). Um den sitzenden Mondgott stehen sechs behauene Basaltblöcke; der größte ist 55 Zentimeter hoch und zeigt auf einem primitiven Relief zwei Hände, die sich dem Mond entgegenstrecken. Der Mond ist zweimal dargestellt: als Vollmond und als Halbmond. Die sechs Basaltblöcke konnten von Josuas Männern nicht zerschlagen werden. So blieb das Symbol des Mondgottes erhalten inmitten der Ruinen der von allen Menschen verlassenen Stadt. Sand und Erde deckten im Laufe der nächsten Jahrzehnte das Heiligtum und den geköpften Mondgott zu. Für lange Zeit verboten die neuen Herren im Lande Kanaan die Besiedlung dieser Gegend.

Die Philister sind in der Technik weit voraus

Die Landnahme der Hebräer ist erschwert durch den für die Eroberer unglücklichen Umstand, daß sich kurz vor ihrer Ankunft in Kanaan dort schon die Philister eingenistet hatten. Sie siedelten an der Küste bei Gaza und Askalon; die ganze Südwestküste von Kanaan gehörte ihnen. Die Philister sind technologisch überlegen: sie besitzen das Geheimnis der Erzeugung von Eisen. Sie sind in der Lage, härtere Waffen zu schmieden als die Hebräer. Sie haben einen weiteren Vorteil: sie leben nicht in unterschiedlichen Familienclans, die zu verschiedenen Zeiten und unabhängig voneinander mit der Eroberung des Landes begonnen hatten – die Philister waren ein Volk, nicht aufgesplittert in rivalisierende Einzelgruppen. Die Hebräer fürchten die Expansionslust des Küstenvolks. Sie müssen damit rechnen, daß die Philister offensiv werden in Richtung auf das Gebirge von Juda und Ephraim. Die Herren an der Küste beschränken sich jedoch zunächst auf zeitlich begrenzte Raubzüge, nach denen sie sich wieder zurückziehen. In einzelnen Gebieten, besonders im Grenzbereich von Dan und Ephraim, hinterlassen sie allerdings Garnisonen. Die Philister meiden die Offensive und damit unnötige Opfer für die Eroberung des Landes, das so bequem offen vor ihnen liegt. Unbeweglich aber, wie vom Zauberbann getroffen, starren die hebräischen Eroberer, die ihre Staatsform noch nicht gefunden haben, auf jede Bewegung dieser unheimlichen Philister, deren Überlegenheit so deutlich war. Resignation breitete sich aus, verbunden mit der Abkehr vom einen Allmächtigen Gott. Das biblische Volk schien dem Untergang geweiht zu sein – jetzt schon, nur wenige Jahre nach dem Einzug in Kanaan.

Ein Mann mit Namen Simson brachte die Rettung. Mythologie mischt sich in der Erinnerung des jüdischen Volkes mit Historie. Uralte Sagen liefern Erzählelemente, die einer Person, die wirklich gelebt hat, angedichtet werden. Zweifel wachen auf am Umfang des Wahrheitskerns der Geschichte: Simson, eigentlich Schimschon, leitet seinen Namen vom hebräischen Wort »schemesch«, die Sonne, ab; er ist der strahlende Held des Lichts, protzend mit seiner Kraft. Im Namen seiner Geliebten Delila aber schwingt das Wort »Laila« mit, die Nacht. Helligkeit und Dunkel stehen einander gegenüber. Delila, als Repräsentantin des dunklen Prinzips, des Verrats, der lichtscheuen Geschäfte, unterhielt Beziehungen zum Stamm der Philister.

In den Jahren des friedlichen, aber argwöhnisch abwartenden Zusammenlebens der Hebräer mit den Philistern heiratet Simson eine Philisterin – zum Ärger der hebräischen Familie, die ihm Vorwürfe macht: »Gibt es denn unter den Töchtern deiner Stammesbrüder keine Frau, daß du hingehst, um dir ein Weib von den unbeschnittenen Philistern zu holen?« Simson ist verliebt und halsstarrig. Die Legendenerzähler sehen darin eine besondere Fügung Gottes: Er suchte nämlich nach einer Gelegenheit zum Streit mit den Philistern. Denn damals herrschten die Philister über Israel. Die Sage übertreibt: nur im Bereich der Stämme Dan und Juda war die Macht der Philister stark zu spüren. In diesen besetzten Gebieten liegt die Ortschaft Timna. Sie ist Garnisonstadt des Küstenvolkes. Aus Timna stammt die erste Frau, die der Siegfriedgestalt des Simson Unglück bringt.

Die lichten Züge besitzt Simson allerdings nur im Legendenschatz des biblischen Volkes. Die Erzähler späterer Generationen geben seinen Verbrechen den Mantel gottgefälliger Heldentaten. Als er, durch eigene Geschwätzigkeit und Verrat seiner Frau, im Rätselraten einigen Philistern unterliegt und gezwungen ist, den Rätselpreis, 30 Festkleider, herzugeben, da reitet er in die Philisterstadt Askalon, erschlägt 30 Männer und nimmt ihnen die Kleider ab. Simson, der schlechte Verlierer im Rätselspiel, verläßt seine Frau und beginnt, Kommandoaktionen gegen das fremde Volk an der Küste durchzuführen. In der Beschreibung der einfallsreichen Sabotageakte treffen die Erzählungen sicher die Realität: Simson bindet frei laufenden Tieren brennende Fackeln an die Schwänze und treibt sie in die Kornfelder, Weinberge und Ölbaumwälder bei Askalon und Asdod. Rasch breitet sich das Feuer aus, die Ernte verbrennt. Nun entwickelt sich die Kette von Attacke und Revanche, die uns in der neueren arabisch-israelischen Geschichte wieder begegnet: die Philister überfallen Juda auf der Suche nach dem Saboteur. Um die Besatzungsmacht wieder loszuwerden, sind die Männer von Juda bereit, Simson auszuliefern. Er läßt sich fesseln und den Philistern übergeben, doch dann zerreißt er, mit Gottes Hilfe, die Stricke und erschlägt die Philister, die ihn holen wollen.
Manche der Geschichten um Simson erinnern an die Legende vom Schinderhannes, der in napoleonischer Zeit die französische Besatzungsmacht vom Hunsrück aus ärgerte und der vielfältige erotische Bindungen im besetzten Gebiet besaß: Simson hatte Lust auf eine Dirne in Gaza, im Zentrum des Philistergebiets. Er verbrachte ungestört die halbe Nacht mit ihr, während am Stadttor Männer auf ihn warteten, die ihn erkannt hatten und die ihn erschlagen wollten. »Simson aber schlief bis Mitternacht. Dann stand er auf, ergriff die Flügel des Stadttores samt den beiden Pfosten und hob sie zusammen mit dem Riegel aus. Er nahm sie auf die Schultern und trug sie auf den Gipfel des Berges, der vor Hebron liegt.«
Der Nationalheld Simson hat das Pech, sich in Delila zu verlieben, die aus einer Siedlung im Soregtal stammt, also aus nächster Nähe von Timna, der Heimat seiner Frau. Die jüdischen Volksmärchen beschreiben die sexuelle Kraft und die Frustration des Kommandochefs sehr genau: »Sein Geschlechtsglied war so groß wie ein ausgewachsener Mensch. Sein Same floß einer Quelle gleich. Er gewann ein Weib lieb am Bache Soreg. Delila reizte ihn mit Worten. Wenn er aber in sie eindrang, so riß sie sich aus seinen Armen, kaum

daß sie vereinigt waren, und so ermattete seine Seele. Ihre Seele aber wurde nicht matt, denn sie stillte ihren Trieb an anderen Männern.« Die Legenden, die diese Details beschreiben, leiten den Namen Delila nicht von »Laila«, die Nacht, ab, sondern von »dal«, das mit arm zu übersetzen ist: »Warum war ihr Name Delila? Sie ist mit Recht so genannt worden, denn sie machte Simson arm an Kraft, arm an Mut, arm an Taten.«

In der mythologisierenden Erzählung verliert Simson seine Kraft, weil ihm Delila, bestochen von den Philistern, das Geheimnis seiner Stärke entlocken kann: sein Haar gibt Simson die Kraft, Stadttore fortzuschleppen. Delila schafft einem Philister Gelegenheit, die sieben Locken seines Hauptes abzuscheren. »Damit begann sie ihn zu schwächen, und seine Kraft wich von ihm.« Die Besatzungstruppe schafft den Simson nach Gaza, dem Ort seiner besonders spaßigen Heldentaten. An diesem Punkt des Lebenslaufs gibt die Mythologie wieder den Blick frei auf die reale Existenz des Simson: die Philister stachen ihm die Augen aus und »ließen ihn im Gefängnis die Mühlsteine drehen«; zur Belustigung wurde der berühmte Gefangene, der soviel Ärger bereitet hatte, hin und wieder aus dem Verließ geholt. In betrunkener Stimmung wurde der blinde Kraftprotz belacht und bestaunt. Er war immer noch stark genug, um Eisenstangen zu biegen. Doch er ertrug den Spott nicht unbegrenzt; den Stolz des Simson erkannten die Philister erst zu spät. Der Jähzorn, den er bewiesen hatte nach dem Verrat seiner ersten Frau, erwachte wieder: mit äußerster Energieanspannung bringt Simson die zentralen Säulen des Palastes zum Einsturz. Das Gebäude bricht zusammen. Die Führungsspitze der Philister wird unter den Trümmern begraben. Auch Simson findet den Tod. (RICHTER 13ff.)

Simson war nicht der einzige Hebräer, der die Stadtführer der Philister in Timna, Libna, Asdod, Askalon und Gaza reizte. Gruppen von jungen Männern steigen Tag für Tag aus dem Gebirge Juda, den kleinen Bächen entlang, ins Tal, um die Weinberge und Felder zu plündern. Den Philistern reißt schließlich die Geduld. In einem weiträumigen Umfassungsangriff stoßen sie entlang der Küstenebene vor. Ihr strategischer Plan ist ausgezeichnet: sie zielen auf die Grenzbezirke zwischen den wichtigen Stämmen, in der Hoffnung, daß die militärische Koordination der hebräischen Einzelheere nicht funktioniert. Sie wollen die Rivalitäten ausnützen, den Ehrgeiz jedes Stammes, unabhängig von anderen mit dem Feind fertig zu werden. Die Philister haben vor allem erkannt, daß sich die Stämme im Norden und die Stämme im Süden schlecht miteinander vertragen. Ihr Angriffsplan sieht vor, die Nord- und Südstämme bei Jesreel zu trennen. Von Vorteil ist für die Angreifer die dünne Besiedlung dieses Gebiets. Wo einst die Eingesessenen in Kanaan stark befestigte Siedlungen konzentriert hatten, wohnten jetzt Splittergruppen der Familien in zerfallenem Gemäuer. Die Steppe eroberte sich die Ebene von Jesreel zurück. Die Philister brauchten nicht besorgt zu sein, in dieser Ebene entschlossenen Widerstand zu finden.

Die Bewaffneten des Stammes Ephraim versuchen, den Weg der Philister bei der Siedlung Apheq an den Ausläufern des Gebirges zu stoppen. Doch ein wichtiges Ausrüstungsstück des biblischen Volkes fehlt bei diesem Kampf: die Bundeslade. Sie steht unter ihrem Zelt in Silo, fast vergessen; niemand hatte daran gedacht, im Bund mit Gott – die Lade war ja das Zeichen dieses Bundes – gegen die Andersgläubigen zu ziehen. Die Ältesten, die wichtigen Männer im Stamm Ephraim, sehen kurze Zeit später in dieser Nachlässigkeit die Ursache der Niederlage, die über die Hebräer hereinbricht. Die Verluste wiegen schwer, doch können sich die Israeliten in ihr befestigtes Lager zurückziehen. Sie haben Glück, denn die Philister nützen ihren Anfangserfolg nicht aus; sie zögern mit dem zweiten Stoß, der die Schlacht sofort zu ihren Gunsten entschieden hätte. Die Hebräer nutzen die Chance: sie holen aus dem 30 Kilometer entfernten heiligen Zelt in Silo die Bundeslade herbei. Der Jubel der hebräischen Soldaten beim Eintreffen des hölzernen Kastens, in dem die Gesetzestafeln liegen, ist allerdings zu laut. Die Philister interessieren sich für das Geheimnis dieses Kastens, in dem der Gott der Hebräer einen irdischen Wohnsitz haben soll; sie überfallen das Lager und rauben die Bundeslade. Diese Beute macht sie jedoch nicht glücklich: die Statue ihres eigenen Gottes Dagon im Tempel von Asdod fällt Nacht für Nacht von ihrem Podest neben dem hölzernen Kasten. Manche sehen darin die Rache des hebräischen Gottes. Angst macht sich breit in den Städten der Philister. Keine Gemeinde will die Bundeslade in ihren Mauern haben. Aus Sorge vor Pest, Geschwüren und Siechtum schicken die Philister das Heiligtum schließlich ohne Vorankündigung zurück. In Bet-Semes finden hebräische Bauern den Kasten auf einem Wagen. Ohne Begleitung war das Fahrzeug, von zwei Kühen gezogen, über die Grenze gekommen.

Berichte über Begebenheiten aus dieser Zeit beginnen mit dem Satz: »Es geschah in jenen Tagen, da es keinen König in Israel gab.« Banden durchzogen das Land, selbst die Städte waren unsicher geworden. Beispiele gibt es viele: ein Mann vom Stamm Levi macht bittere Erfahrungen in Gibea, ganz in der Nähe von Jerusalem. Er und seine Nebenfrau finden mit einiger Mühe ein Übernachtungsquartier. Spät am Abend stört ein Dutzend junger Männer, sie gehören zu den Restfamilien der Sippe Benjamin, die Ruhe. Sie wollen sich am Besuch aus dem Stamm Levi vergehen – der Mann interessiert sie, nicht die Frau. Der Hausbesitzer sieht keinen Ausweg. Um den männlichen Gast zu schützen, überläßt er der Bande die fremde Nebenfrau. Am frühen Morgen liegt sie tot vor dem Haus, gestorben an den Folgen vielfacher Vergewaltigung. Der Mann aus dem Leviclan findet Freunde, die ihm helfen: die Vertreter von Recht und Ordnung sind entschlossen, die Verbrecher in der Stadt Gibea zu bestrafen. Bewaffnet ziehen sie ins Gebiet des Stammes Benjamin. Die Auseinandersetzung endet mit furchtbaren Verlusten für die Männer des Stammes Benjamin, die sich gegen den Überfall wehren. Die Verfechter des Rechts lassen die Strafexpedition in einen Raubzug ausarten. Der Stamm Benjamin wird ausgeplündert. Er rächt sich Tage später durch Raub der Frauen von Silo.

»In jenen Tagen gab es keinen König in Israel; jeder tat, was ihm gefiel« (RICHTER 17,6). Israel war reif für den Untergang und doch zugleich reif für den Aufstieg. Aber nur eine Änderung der inneren Struktur konnte ein Verschwinden des biblischen Volkes im Nichts aufhalten. Zweihundert Jahre sind vergangen seit der Eroberung des Landes unter Josua. Dieser Zeitraum hat nicht genügt, aus den Nomaden ein geeintes Volk zu formen. Von Unruhe besessen sind die Einzelglieder, die Familien, die Stämme, die das Land von Dan bis Beerseba besiedeln. Die Priesterkaste der Leviten war korrupt geworden durch die lange, ununterbrochene Periode ihrer Herrschaft. Die Kraft der Religion zeigt sich in den ersten Jahren der Philisterkriege als sehr geschwächt, bedeutungslos – nur die Priester klammern sich an ihre Funktionen. Eine starke Autorität allein konnte das Unheil abwenden: die Israeliten erkennen, daß ein König über sie gesetzt werden muß. Die Macht der »Richter« genügt nicht mehr. Ein Diktator wird gesucht, einer der sagt, was geschehen soll. Die Hebräer verschenken ihre Freiheit.

Wir wollen sein wie alle Völker

Samuel ist der letzte der »Richter«; er amtiert als Priester, Prophet und Schlichter von Streitigkeiten. Die weltliche Herrschaft liegt bei den Ältesten der Stämme; sie nehmen allenfalls seine Ratschläge an. Samuel sieht sich als eine Art von »Staatspräsident« mit Repräsentationspflichten: er ist überrascht und bestürzt, als die Führer der Stämme ihn auf die Probleme seiner Amtsführung hinweisen: seine Söhne, die das Richteramt in der Provinzstadt Beerseba im Süden ausüben, verbergen gar nicht erst, daß sie für Bestechungen anfällig sind. Dieser Staatspräsident und seine Familie paßt den Stammeschefs nicht mehr. Sie sehen, daß alle anderen Völker ringsum einen König besitzen, und sie rechnen den Erfolg dieser Völker der monarchischen Institution zu.

Die Legenden sind sich einig: »Die Sache mißfiel dem Samuel.« Doch er konnte die Bitte nach einem König nicht abschlagen, so kam er auf die Idee, daran zu erinnern, daß das Volk der Hebräer bereits einen König besitze, den einen Allmächtigen Gott, der durch Vertrag zur Regierung der Stämme verpflichtet sei. Dieser Hinweis interessiert die Delegation, die mit Samuel rechtet, überhaupt nicht. Die Herrschaft Gottes ist nicht spürbar für sie, Gott regiert nicht mit starker Hand. Von einem König versprechen sie sich eine glücklichere Zukunft. Die Hebräer wollen sein wie andere Völker ringsum. Ihre besondere Beziehung zu Gott schafft ihnen Verdruß.

Immer wieder in der Geschichte des biblischen Volkes finden wir den Verzicht auf das Recht, Gottes auserwähltes Volk zu sein – sie wollen leben wie die Nachbarvölker, unbeschwert vom hohen Anspruch, Gottes elitärer Auswahl gerecht werden zu müssen. Samuel bittet sich Zeit aus von den Antragstellern, er will sich mit dem Gott, der bisher das Volk regiert hat, unterhalten. Was Samuel den Stammeschefs in den nächsten Tagen von dieser Unterhaltung erzählt, soll sie abbringen vom Gedanken an das Königtum. Gott war beleidigt – so berichtet Samuel –, als er von der Bitte der Hebräer erfuhr: »Ich soll nicht mehr König über sie sein.« Gott räsonierte: »So haben sie immer an mir gehandelt, seit ich sie aus Ägypten fortgeführt habe«; er gab sich demokratisch: »Höre auf die Stimme des Volkes.«

Diese Einleitung ist psychologisch geschickt aufgebaut. Sie demonstriert den recht unabhängigen Herren der Stämme, wie milde und volksnah der König ist, dem sie sich bisher anvertrauen konnten. Dann setzt Samuel den Kontrast: »Dies ist der Rechtsanspruch des Königs, der künftig über euch herrschen wird: Er wird eure Söhne nehmen und sie an seinen Wagen und an seine Pferde stellen, und sie werden vor seinem Wagen einherlaufen. Eure schönsten Felder, Weinberge und Ölbäume wird er nehmen und sie seinen Dienern geben. Aufschreien werdet ihr dann wegen eures Königs, den ihr euch erwählt habt; doch der Herr wird euch zu jener Zeit nicht erhören« (1 SAMUEL 8, 11 ff.). Samuel redet umsonst. Die Delegation bleibt dabei: »Wir wollen sein wie alle Völker!«

Samuel macht den Falschen zum König

In den Berichten über die drei Könige Saul, David und Salomo halten sich die Erzähler des Alten Testaments einigermaßen an die historische Wahrheit. Das mythologische Beiwerk fällt mehr und mehr ab. Die Berichterstatter bewahrten die Erinnerung an nachweisbare Persönlichkeiten. Noch lange später weiß jedes Mitglied des hebräischen Volkes Einzelheiten aus der Regierungszeit der Könige. Über Generationen hin verändern sich die Texte nicht. Die üblichen Übertreibungen werden vermieden.
Zur Zeit der demokratischen Resignation des Allmächtigen Gottes ist die Rivalität unter den Stämmen stärker spürbar als je zuvor. Die Ältesten sind sich einig, daß sie einen König brauchen; doch aus welchem Stamm soll er ausgewählt werden? Jede Großfamilie, die den König stellen darf – das war vorauszusehen –, wird für sich besondere Rechte fordern, wird sich erhöht fühlen über die anderen. Die Hebräer hatten Samuel eine schwere Aufgabe übertragen. Seine Wahl ist klug, aber falsch. Er bestimmt einen Bauern aus dem fast erloschenen Stamm Benjamin, der noch immer in Mißkredit steht seit dem Verbrechen an der Nebenfrau des Leviten, zum König. Sein Name ist Saul. Dieser Saul ist ein bescheidener Mann, der auch als König weiterhin Bauer bleibt – er verdient sich auf dem Acker seinen Lebensunterhalt; er verzichtet auf einen Palast. Seinem Volk ist er keine Last. In den Legenden hält sich die Bewunderung für diesen Charakter: »Warum hat Samuel Saul ausgewählt? Weil er so sehr bescheiden war. Ein Knecht war ihm wie seinesgleichen, wie ein Bruder. Saul kannte keinen Stolz. Warum

setzte sich die Herrschaft des Hauses Saul nicht fort? Weil an ihm so gar kein Fehl war.«
Dieselben Legenden sehen das Unglück dieses Königs schon in den Umständen seiner Krönung begründet: »Samuel nahm ein Glas mit Öl und goß das Öl über das Haupt des Saul. Saul und Jehu sind beide mit Öl, das aus einem Glase kam, gesalbt worden – die Herrschaft der beiden hatte keinen Bestand. David und Salomo aber wurden mit Öl aus einem Horn gesalbt, und ihre Herrschaft war von Dauer.«
Schuld am Unglück trägt nicht das falsche Zeremoniell, sondern Samuel, der einstige Richter. Er fühlt sich weiterhin als Staatspräsident, der den Bauern Saul, sein eigenes Geschöpf, gönnerhaft behandelt. Siege über die Philister, mutig erkämpft, tragen dem König wenig Prestige ein. Samuel nützt alle Gelegenheiten, um Saul zu kritisieren, ihm sein Selbstbewußtsein zu nehmen. Über Jahrhunderte vergißt das Volk die Demütigung nicht, die Saul erdulden mußte. Solche Sätze hört Saul oft von Samuel: »Du handelst blöde und dumm!« Samuel untergräbt das Prestige des Herrschers: »Du hast Gottes Befehl nicht befolgt. Eben jetzt wollte der Herr dein Königtum über Israel für immer bestätigen!« Grund für die Schelte war, daß Saul mit dem Opfer vor der Schlacht nicht auf Samuel gewartet hatte; Saul hatte kurz entschlossen die Priesterfunktion übernommen, um die ungeduldigen Bewaffneten zu beruhigen, die auseinanderzulaufen begannen.
Der Konflikt mit Samuel drückt auf das Gemüt des Königs. Überliefert sind seine Anfälle der Melancholie, gefolgt von Tobsuchtsausbrüchen. Immer wieder versucht Saul, den engen Gürtel seiner Bescheidenheit zu sprengen, um sich endlich gegen die hinterhältige Anmaßung Samuels wehren zu können. Doch nach kurzer Zeit fällt das Selbstbewußtsein wieder in sich zusammen. Saul spürt, daß das Volk ihn abzulehnen beginnt – dieser Mann ist nicht der glanzvolle König ihrer Vorstellung. Und Samuel, der noch immer Kontakt hält in alle Stämme hinein, weiß: diesem Mann muß die Macht genommen werden. Er hatte längst einen anderen Kandidaten für das höchste Amt im Lande bereit. Den Ältesten läßt Samuel diese Nachricht zukommen: »Es reut Gott, daß er Saul zum König über Israel gemacht hat.« Die Freude ist groß über die Reue Gottes. Die Chefs der Stämme wollen den Namen des neuen Königs wissen. Der kommende Mann heißt David.

Jerusalem wird Hauptstadt

Saul, der sich keinen Palast gönnte, gab dem Königreich auch keinen Verwaltungsmittelpunkt. Sein Zelt auf dem Acker war das Zentrum des Staates. Der junge David aber hatte andere Pläne: Israel sollte wirklich werden »wie die anderen« – und dazu gehörte, daß ein König prächtig regierte. Die Gelegenheit dazu kommt: Saul, verlassen vom Glück, beendet sein Leben durch Selbstmord. David, längst von Samuel vorsorglich gesalbt, wird Nachfolger. Er wählt sich schließlich Jerusalem zur Hauptstadt.

Die Machtübernahme hat eine Vorgeschichte. In diesem jungen Mann David hatte der psychisch kranke König Saul schon lange einen Konkurrenten gesehen. Saul versuchte, David umzubringen. Das Scheitern dieses Plans entzündete seinen maßlosen Zorn. David machte sich nach dieser Erfahrung militärisch selbständig: er gründete in den Bergen von Juda eine Kommandoorganisation – besser gesagt, eine Räuberbande – und führte Privatkrieg, unabhängig von der Strategie des hebräischen Hauptheers. Er fühlt sich verfolgt von den Agenten des Königs; ihrer List gelingt es zweimal, den Thronanwärter zu fangen. Doch keiner findet sich, der ihn tötet. Frontwechsel verschafft ihm für einige Zeit Bewegungsfreiheit: David kooperiert mit den Philistern. Sie ernennen den Hebräer zum Garnisonschef im kleinen Nest Siqlag, an den südlichen Ausläufern der Berge von Juda, 18 Kilometer nördlich von Beerseba. Die späteren Erzähler der Hebräer verzeihen dem Überläufer. Sie kaschieren die Kollaboration mit den Vorteilen, die David als örtlicher Befehlshaber für die Mitglieder des Stammes Juda erreichen konnte: die Juden profitieren vom Verrat des gesalbten Königs, dem der Vorgänger noch im Wege steht. David hütet sich, in die militärische Katastrophe des Saul verwickelt zu werden. Er trägt nicht mit bei zu Sauls Niederlage. Zu seinem Glück zwingen ihn die Philister nicht zur Teilnahme am Marsch in Richtung Gilboa. Zurückhaltung ist jetzt die beste Politik. David handelt klug. Seine Rechnung geht auf: Nichts schließt ihn bei Sauls Tod von der Nachfolge aus. Im Gegenteil, sein Geschick, sich als der verfolgte Patriot zu präsentieren, vertrieben von Acker und Zelt, macht ihn zum einzigen akzeptablen Kandidaten. Da gibt es keinen Zweifel unter den Stämmen, wer der künftige König sein wird. In Hebron rufen ihn die Hebräer zum neuen Herrscher aus. Sein Regierungssitz liegt 20 Kilometer vom Garnisonsdorf Siqlag entfernt, wo er bisher für die Philister Dienst tat. Dort gilt er jetzt als Deserteur. Die Philister hätten ihn gerne behalten.

Die Nachbarschaft der Stadt Hebron zur Grenzlinie der Philister drängt Davids Interesse nach Norden: 30 Kilometer entfernt, noch im Bergland, doch etwas tiefer gelegen, steht die Stadt Jerusalem – eine unabhängige Insel im Herrschaftsbereich der Hebräer. Einige Jahrhunderte lang, seit der Zeit der Landnahme, hatten es die Eroberer nicht gewagt, diese Stadt anzugreifen. Jerusalem und sein Umland wurde von den Adeligen der Sippe der Jebusiter regiert. Die Herkunft dieser Sippe ist unbekannt. Seit dem Zusammenbruch der ägyptischen Aufsicht über das Land Kanaan hatten sich die Jebusiter freizuhalten verstanden von jeder Zins- und Tributpflicht. Sie konnten sich auf ihre Festung verlassen: im Westen, Süden und Osten ist die Neigung der Hänge so stark, daß kein Angreifer Aussicht hat, noch kampffähig oben anzukommen. Über die Nordseite ist eine Attacke möglich, doch läßt sich dieser sehr eingeengte Sektor unter Konzentration der Streitkräfte leicht verteidigen.

David vermeidet den direkten Angriff auf die Stadt der Jebusiter. Seine Soldaten dringen überraschend durch den Wassertunnel ein, der die Festung mit einem Quellgebiet im Tal verbindet. Die Verteidiger denken nicht, daß ihnen Gefahr durch diesen Schacht drohen könnte, denn die Aushöhlung ist eng und verläuft fast senkrecht im Kalkstein. Große körperliche Geschicklichkeit ist nötig, um mit Waffen die Stufen hochklimmen zu können. Im Bereich des sehr alten Stadtteils von Jerusalem sind mehrere solcher Gänge entdeckt worden. Sie geben eine Vorstellung von der Schwierigkeit der Eroberung, die der Offizier Joab als Stoßtruppkommandeur im Auftrag Davids durchführte.

David zieht diese Stadt dem befestigten Platz Hebron nicht nur deshalb vor, weil sie weiter entfernt liegt von den unberechenbaren Philistern – da existiert ein zweiter Grund: von Jerusalem aus lassen sich die Stämme im Norden besser beeinflussen. Sie führen zunächst ein Eigenleben. In den ersten Jahren der Regierungszeit hat König David wenig Mitspracherecht in der Administration der Großfamilien Issachar und Naphtali. Die Sippen nördlich der Ebene von Jesreel wollen vom Herrscher im Süden nichts wissen. Die zwei Gründe sind vernünftig, und trotzdem ist die Wahl dieser Siedlung zur Hauptstadt erstaunlich. Das schräge Plateau bietet wenig Platz für Ausdehnung, Jerusalem ist in den kommenden Jahrhunderten

immer beengt. Baugrund bleibt rar. Zudem sind die Verkehrswege zur Stadt unzureichend. Jerusalem liegt nicht an den traditionellen Handelsstraßen von Westen nach Osten – von der Hauptstadt Davids aus war der Zugang zum Jordantal und zum Küstenstreifen problematisch, da gab es keinen natürlichen Weg. Doch ein Vorteil überwiegt alle Nachteile. David, als Diplomat, erkennt ihn; er sieht, daß er einen geschickten Schachzug mit der Übersiedlung nach Jerusalem wagen kann: diese Stadt war in den zwei Jahrhunderten seit der Landnahme nie in die Rivalitäten der Stämme verwickelt gewesen. David betrat neutrales Gebiet. Jerusalem gehörte keinem Clan. Diese Stadt war der ideale Platz für die Bundeslade. Das Heiligtum wird aus Qirjat-Jearim geholt. Dort war es nach der Rückgabe durch die Philister, mehr aus Verlegenheit als aus gutem Grund, stehengeblieben. Der eine Allmächtige Gott zieht ein in Jerusalem. Doch sein Wohnsitz bleibt im Zelt. Unter David wird Gott noch nicht zum Städter.
Der König über das biblische Volk sorgt dafür, daß Jerusalem »Davids Stadt« wird. Im neuen Staatszentrum wohnt die Elite, die David sich heranzieht; dem traditionellen Adel der verfeindeten Stämme ist Jerusalem als Wohnsitz verwehrt. Klug hält David Festung und Siedlung funktionsfähig: er läßt nicht, wie das der Tradition entspräche, die Urbevölkerung totschlagen – er spannt sie ein für seine Zwecke. Die überlebenden Jebusiter werden ergänzt durch ausgewählte Beamte, die in den persönlichen Dienst von David treten. Die Königsstadt Jerusalem nimmt eine Entwicklung, die unabhängig ist vom Leben der hebräischen Stämme zwischen Juda und Naphtali. In Jerusalem entsteht eine Hauptstadt mit dem Anspruch, als höchste Autorität im Lande zu gelten: die Stadt Davids setzt den Standard fest in Religion, Sitte und Recht.
Im Interesse einer funktionsfähigen Verwaltung ist David tolerant gegenüber Andersgläubigen. Er holt sich Spezialisten aus dem Ausland, zum Beispiel aus Ägypten, zwingt sie aber nicht zur Annahme seines Glaubens. Der Chef der Administration in Jerusalem ist Ägypter; im Alten Testament taucht sein Name in phonetischer Umschreibung als »Schuscha« auf. 2 Samuel 8,17 gibt ihm den Titel »Staatsschreiber«. Der Name des Sohnes dieses Mannes erleichtert die Identifizierung. Der Sohn heißt Elihaph. Dieses Wort besteht aus zwei Teilen: »Eli« heißt »mein Gott ist«, und mit »haph« ist der ägyptische Gott Apis gemeint; der Name Elihaph kann übersetzt werden mit »Apis ist mein Gott«. David verstand

es, sich die Erfahrung und die Intelligenz der Völker mit hohem kulturellem Standard nützlich zu machen. Den importierten Intellektuellen ließ er ihre Eigenarten in Sitte und Religion, selbst wenn sie höchste Stellungen im Lande einnahmen.

Militärische Gastarbeiter bestimmte der König als Kader seiner Leibwache. Sie setzte sich aus »Krethi und Plethi« zusammen, aus Kretern und Philistern – beide Worte meinen denselben Stamm; die Philister waren ja einst über die Zwischenstation Kreta zur Küste des Landes Kanaan gekommen. David nützte die Beziehungen aus, die er angeknüpft hatte, als er noch im Garnisonsnest Siqlag vor den judäischen Bergen Philistertruppen kommandierte. Er forderte die Kameraden von damals auf, seine persönliche Garde zu bilden. Auf Angehörige der hebräischen Stämme verläßt er sich nicht; zu den Bewaffneten aus Ephraim, Naphtali, Juda und Issachar hat er kein Vertrauen. Den »Krethi und Plethi« aber traut er Königsmord nicht zu. Ihr Interesse war auf Sold konzentriert, und den teilte David reichlich zu. Die Offiziere bauten sich Paläste auf dem Felsplateau. In der Legende erinnert sich das jüdische Volk in übertriebener Vorstellung an diese erste glänzende Zeit der Stadt Jerusalem: »Tausend Türme gab es. Jeder von Davids streitbaren Helden besaß einen Turm. Alle Türme aber hingen von Davids Turm ab. War dieser erleuchtet, so standen auch die anderen in hellem Licht, und ihr Glanz strahlte von einem Ende der Welt bis ans andere, so daß die Schiffe, die auf dem Ozean fuhren, sich nach diesem Licht richteten.« Jerusalem ist vom Meer aus allerdings gar nicht zu sehen.

Davids »streitbare Helden« sind erfolgreich in der Expansion des hebräischen Staates. Israel nimmt die Gestalt an, mit der es sich der historischen Vorstellung bis heute aufgeprägt hat. Die reguläre Armee der Hebräer – sie ist zusammengesetzt aus Gastsoldaten und Angehörigen der Stämme – erobert das Gebiet der Edomiter im Süden. David gewinnt damit Zugang zum Roten Meer, er beherrscht die Erzminen in der Landsenke zwischen Totem Meer und Rotem Meer. Eine Garnison schützt diese Eroberung. Endlich können die Hebräer ihren technologischen Rückstand aufholen: sie lernen die Methoden der Eisenherstellung. In den phantasievollen Berichten der 1. Chronik (22) hält sich die Erinnerung, daß David Nägel und Roheisen zum Tempelbau bereitgestellt habe, »eine Menge Erz, die niemand wiegen konnte«.

Die Eroberung im Süden wird ergänzt durch den Vormarsch der

Hebräer im Norden: die Aramäer, die Syrer werden unterworfen. Bis über das heutige Damaskus hinaus erstreckt sich der Herrschaftsbereich des Königs David. Das Großreich Israel entsteht. Seine Grenzen liegen am Wadi El Arish, dem »Bach Ägyptens«, auf der Halbinsel Sinai, und im Bereich des Euphrat; außerdem untersteht ein weites Gebiet östlich des Jordan den Hebräern. Von Jerusalem aus werden zur Zeit Davids alle Handelsstraßen und alle Erzvorkommen der Region kontrolliert. Niemand macht dem hebräischen Staat den Rang einer Großmacht streitig. Die Ägypter sind schwach geworden in den Jahren zuvor, sie verloren die Macht über alle Außenprovinzen; die Nachbarn der Hebräer, die Phönizier, können es sogar wagen, die Gesandten aus Ägypten offen zu verhöhnen. Im Zweistromland entstehen erst langsam die Mächte, die später den hebräischen Staat zerstören werden. Davids Expansionslust trifft auf günstige außenpolitische Umstände.

Die Stadt Davids sieht heute aus wie einst

Die Hügelzunge über dem Kidrontal, die David einst den Jebusitern abnahm, ist heute der abgelegenste Teil der Stadt Jerusalem. Nur die Touristen verirren sich hierher, die auf der Suche sind nach dem heilsamen Wasser des Teichs Siloah. Der Fremdentrubel in der Heiligen Stadt bleibt konzentriert auf die Altstadt, auf den Ölberg und auf den Garten Gethsemane. Die alte Stadt ist vergessen, weil sie keine Attraktionen zu bieten hat. Schon vor mehr als zwei Jahrtausenden hat sich die Siedlung Jerusalem nach Norden verlagert, sie ist hochgeklettert auf die Hügel um den Tempel. Der ursprüngliche Kern, die Stadt Davids, aber hat alle Pracht späterer Zeit abgelegt und die Zivilisationselemente bewahrt, die seit frühester Zeit zu diesem Siedlungsgebiet gehören.
Staubig sind die Straßen südlich der Ostecke der Mauer um den Stadtteil, der heute Altstadt genannt wird, der aber in Wahrheit erst in der späteren Entwicklung der Stadt gebaut wurde. In Davids Zeiten lag hier der Dreschplatz für die Bauern der Umgebung. Ausgetretene Wege am oberen Hügelrand, unbefestigt und uneben, markieren die Grenzen der Baulinie. Hangabwärts liegen die Reste der alten Befestigung – sie unterscheiden sich in nichts von den Mauern der Olivengärten, die heute von den Bauern des Kidrontals aufgeschichtet werden. Das Alte Testament verlockt die Phantasie

zu überzogenen Vorstellungen von den mächtigen Mauern der Stadt Jerusalem. Konfrontiert mit der Realität erlöschen diese Vorstellungen sehr rasch.
Heute wie damals gibt es keine Kanalisation: aus den primitiven Steinhäusern fließt Urin und Kot durch gebrannte Tonröhren in den Staub. Über der Siedlung liegt der scharfe Gestank nach menschlichen Ausscheidungen. Die Einwohner werfen die Abfälle über die Mauer hinunter ins Tal. Verschleierte Frauen schleppen kleine Kinder. Ein Mann reitet auf einem Esel. Die Wege für Mensch und Tier sind getrennt; wer hier lebt, weiß, welche staubige Spur vom Fußgänger und welche nur vom Esel benutzt werden darf – mit meiner Unwissenheit ziehe ich erstaunte Blicke auf mich. Ein Junge treibt mit dem Palmwedel eine Schafherde den Berg herunter, durch die kärglichen Pflanzungen der Ölbäume und Feigenkaktusstöcke. Stacheliges Gras kratzt an den Beinen.
Eine Felspartie, die aus der Erde ragt, weist Vertiefungen auf; Mulden, die in den Stein gehauen sind. Die Spuren der Werkzeuge sind überall zu sehen, mit denen die Arbeiter vor bald 3000 Jahren das harte Material bearbeitet haben. Die letzte Generation der Archäologen sah in diesen Aushöhlungen die Gräber des Königs David und seiner Nachfolger. Gründliche Nachforschung ergab, daß es sich wohl um Wasserzisternen handeln muß, denn einige der Mulden sind vor Jahrhunderten mit Gips abgedichtet worden. Kanäle, mit der Funktion von Überlaufrinnen, sind von einem Reservoir zum anderen gezogen. Ein ganzes System der Wasserversorgung wird sichtbar, wenn man mit einiger Einbildungskraft die Felspartie betrachtet; doch ist dieses Resultat höchst spekulativ: es ist auch durchaus möglich, daß die Vertiefungen zu verschiedenen Zeiten ganz unterschiedlichen Zwecken dienten. Was einst Grab war, kann später zur Wasserzisterne umgebaut worden sein. Streit über dieses Problem ist müßig.
Kein Autogeräusch stört im ältesten Teil der Stadt Jerusalem – die wichtigen Landstraßen zum Jordantal und nach Hebron ziehen weit entfernt über die Hügel. Trotzdem ist die Luft voller Geräusche in Davids Stadt. Kinder, die vor einem Haus sitzen, trommeln auf ein Brett; von den Steinmauern auf der anderen Seite des Kidrontals hallt der Rhythmus zurück. Gesprächsfetzen, gar nicht laut gesprochen, sind eine geringe Nachhallzeit später noch einmal zu hören. Hier ist ein Dialog des Menschen mit sich selbst möglich. Menschen mit Phantasie hören Gott. Wer sich einige Stunden hier

aufhält, der begreift, warum David, um hier leben zu können, die Nachteile des Ortes auf sich nahm.
In fünfzehn Minuten kann das Gebiet der Stadt Davids bequem von einem Ende zum anderen durchwandert werden. Knapp 400 Meter mißt Ur-Jerusalem in der Nord-Süd-Richtung, 125 Meter von West nach Ost. 60 Meter beträgt der Höhenunterschied zwischen dem südlichsten Punkt beim Siloah-Teich und dem Tempelvorplatz im Norden. Die Steigung zu überwinden macht Mühe während der vielen heißen Stunden, wenn sich die Schafe in der Mittagshitze im Schatten gegen kühle Steinmauern pressen. Esel kauern unter Feigenbäumen. Jeder Schritt wirbelt weißen Staub auf. Dieser abstoßende Stadtteil über dem Kidrontal gibt einen Eindruck vom Zustand der Stadt Jerusalem zur Zeit der Könige. Wunderbar wirkte Jerusalem damals nur im Verhältnis zu anderen Siedlungen, in denen die Menschen noch ärmlicher lebten.

Die Prophezeiung des Samuel wird Wirklichkeit

Der Richter und Staatspräsident hatte einst gewarnt: Könige werden Rechte fordern und Opfer. Er behielt recht. Ungefährlich war das Leben nicht für die Männer in der nächsten Umgebung des Monarchen. Mit zunehmendem Alter gab sich David immer mehr Privilegien. Hatten die Hebräer sich gewünscht, gleich zu sein den anderen Völkern, so ging dieser Wunsch jetzt in Erfüllung: wie die anderen Völker ringsum konnten sie sich nun als Untertanen fühlen, unterworfen dem Willen eines Menschen. Sie waren nicht mehr Partner Gottes in einem Bund, der sie über andere Gruppierungen der Menschheit hinaushob, sondern Diener eines Herrschers mit sehr irdischen Lüsten.
Die anderen Könige, am Nil, am Euphrat, im Gebiet des heutigen Libanon, gaben das Vorbild; das Haus des Herrschers hat höher zu sein als die Bauten der Untertanen. Um ein Stockwerk überragte der Palast Davids die übrige Stadt – das Wort »Palast« ist im Verhältnis zu begreifen zu den ärmlichen Häusern der Untertanen. So großartig war Davids Wohnsitz nicht. Das flache Dach des Gebäudes aus groben Steinen und Lehmziegeln bot während der kühlen Stunden Gelegenheit zu kurzweiligen, wenn auch sehr eingeengten Spaziergängen. David konnte von hier aus sehen, was seine Untertanen trieben. Weit reichte der Blick in die Verlängerung des Kidrontals

draußen vor der Stadt. Vor allem aber genoß David den Vorzug, die Flachdächer aller Häuser unter seinem Auge zu haben.
Die Frauen von Jerusalem hatten sich angewöhnt, abends, wenn die Sonne im Winkel am Himmel steht, ihren Körper zu pflegen. Sie hielten den Platz ganz oben auf dem Haus für günstig. Auf dem Dach waren die Frauen allein, abseits von der zahlreichen Familie, die unten alle Räume dicht bevölkerte. Niemand konnte von der Straße hinaufblicken, und gegen Einsicht von den Nachbarhäusern schützten niedrige Mauern, Pflanzengirlanden und aufgehängte Teppiche. Nur vom Palast des Königs David aus waren die Frauen zu sehen. Das blieb ein Geheimnis, das sie gerne für sich behielten. Vielfältige Beziehungen bahnten sich an zwischen dem Palast und den Frauen in den Häusern der Untertanen.
Dem Wohnsitz des Königs am nächsten standen die Gebäude der Offiziere. Die meisten dieser Männer gehörten zur Schicht der Gastsoldaten. Der Hethiter Uria war einer von ihnen; ein Truppenkommandeur, der beim permanenten Kriegszustand seine Frau Batseba viel allein lassen mußte. Die Legende schildert den Offizier als pflichtbewußten Mann – David nützte diesen Charakterzug aus. Von Uria kann der König erwarten, daß er weiß, wo sein Platz ist in der Ordnung der Stadt Jerusalem.
Beim abendlichen Bad – auch dieses Wort übertreibt, damals standen nur kleine Wassergefäße auf den Dächern – war die Frau des Uria dem König aufgefallen. Ein Wink genügte, und sie kam in die Zimmer des Königs. Uria hielt sich an der Front auf; niemand hinderte Batseba daran, die Nächte bei David zu verbringen. Die Beziehung komplizierte sich erst, als Batseba schwanger wurde. Jetzt war zu befürchten, daß Uria unberechenbar reagierte. Dem kommenden Ärger beugte David vor: er gab dem Oberbefehlshaber Joab die Order, für Uria besonders gefährliche militärische Operationen auszuwählen. Die Idee hat Erfolg: Uria fällt. Der Preis ist allerdings sehr hoch für die Armee des Joab, denn mit Uria sterben viele Hebräer bei einem überflüssigen Angriff. Der Oberbefehlshaber fürchtet Vorwürfe. Seinem Boten schärft er präzise ein, was er dem König zu sagen habe: »Wenn sein Zorn auflodert und er dich fragt: Warum seid ihr denn so nahe an die Stadt herangerückt, um zu kämpfen? Habt ihr nicht gewußt, daß man von der Mauer herabschießt, dann sage nur: Auch dein Knecht, der Hethiter Uria, ist tot« (2 SAMUEL 11, 19ff.). Joab kalkulierte richtig. Diese Nachricht gefällt dem König. Die Berichterstatter des Alten Testaments

mildern den Vorfall nicht, er gehörte zum normalen Leben in Jerusalem. In anderen Legenden ist zu lesen: »Wer unter König David in den Krieg zog, der mußte zuvor seiner Frau einen Scheidebrief schreiben.« Ein solcher Brief gab dem König die legale Freiheit, die Frau in den Palast zu holen. Das Interesse an dieser Geschichte bleibt nur deshalb über so lange Zeit wach in der Erinnerung, weil aus der Vereinigung von Batseba und David Salomo hervorging – der Mann, der Gott ein festes Haus bauen ließ in der Hauptstadt des Hebräerlandes.

Erste Pläne für den Tempelbau

David, darin stimmen die Quellen überein, hätte gerne selbst dem einen Gott ein festes Haus gebaut, doch seine Ratgeber konnten ihm den Gedanken ausreden. David war der »Mann des Schwertes«, der in blutigen Kämpfen das Land zu sichern hatte. Er wurde nicht als der Führer in religiösen Angelegenheiten gesehen, der Entscheidungen von derart weitreichender Bedeutung in der Beziehung zu Gott fällen sollte. Die Zurückhaltung hatte nichts mit Davids Charakter zu tun; Frömmigkeit sprach ihm niemand ab. Eine sehr poetische Erzählung läßt uns wissen, daß über dem Bett des Königs eine Harfe hing. Wenn um Mitternacht der Wind aus Süden abdrehte und kühl von Norden blies, dann strich der Luftzug sanft über die Saiten und brachte sie zum Klingen. Das war jeden Tag für David das Zeichen, aufzustehen und sich mit der Überlieferung heiliger Dinge zu befassen, bis es Morgen wurde.

Die Vorarbeiten für den Tempelbau hat David trotz der Einsprüche der Berater geleistet. Die spätere Tempelterrasse, die sich im Norden an die ansteigende Stadt anschließt, war damals der Dreschplatz für die Siedlung Jerusalem und für die Dörfer ringsum. Die hochgelegene und zur Zeit Davids sanft gewölbte Kuppe war geeignet für diese Arbeit: über den Berg strich immer ein Wind, der den Bauern die Trennung von Spreu und Korn erleichterte. Sie warfen das gedroschene Getreide in die Luft, die Spreu flog im Winde fort. Besitzer des Geländes war allerdings nicht der Staat, und auch nicht die Stadt, sondern ein jebusitischer Privatmann, dessen Name nur verstümmelt in Erinnerung geblieben ist. David handelt ihm die Bergkuppe ab. Dieser alles überragende Platz sollte der Ort des

Heiligtums werden. David ließ Pläne zeichnen und gab Steinblöcke in Auftrag. Doch der Ratschlag der Männer, die ihn umgeben, und sein zunehmendes Alter schwächten den Entschluß zum Tempelbau.

Als seine Lust an erotischen Abenteuern erlischt, sein Interesse an Frauen wie Batseba nachläßt, da schwindet auch seine Freude am Glanz der Hauptstadt. Die biblische Überlieferung zeichnet realistisch die letzten Jahre des Königs: »Obwohl man ihn in Dekken hüllte, wurde er nicht mehr warm.« Die Hofbeamten glauben zu wissen, wie die Energie des Herrschers wieder zu beleben ist: sie geben ihm ein junges Mädchen ins Bett, doch Davids Körper reagiert nicht mehr. Da der senil-gleichgültige David keinen Druck mehr ausübt, werden die Architekten und Baumeister nachlässig; die Bautätigkeit in Jerusalem stockt.

Die Jahre der Alterskrankheiten des Königs waren eine Last für den Staat. Die Risse zwischen Nord und Süd, alte Stammesrivalitäten, brechen wieder auf. Die spätere Trennung in Israel und Juda zeichnet sich ab: die Clans im Norden kümmern sich wenig darum, was der alte Mann in Jerusalem beschließt. Die jüdischen Volksmärchen finden feine Umschreibungen für die peinliche Wartezeit auf den Tod des Königs: »Alle Tage hindurch studierte David die göttliche Weisheit. Sooft der Todesengel kam, konnte er David nicht überwinden, denn dieser unterbrach das Lesen göttlicher Schriften nicht. David aber hatte einen Garten hinter dem Hause, in den schlich sich schließlich der Bote des Todes und ließ die Zweige der Bäume rauschen. David, neugierig, wollte erfahren, was im Garten geschieht. Er ging hinaus. Aber eine Stufe brach entzwei unter seinen Füßen. David hörte für einen Augenblick auf, die heiligen Worte aufzusagen, er schwieg nur für eine winzige Zeit. Der Engel nützte die Gelegenheit, seine Seele zu greifen.« Siebzig Jahre alt war David geworden. Das »biblische Alter« der führenden Hebräer reduzierte sich auf menschliche Lebensmaße. Mit David endet für die Legende die Zeit der Übertreibungen auch in den Angaben von Personendaten.

Der Mann David fasziniert die Phantasie des jüdischen Volkes. Die Gewalt seiner Sprache lebt lange fort in seinen Liedern, die stark zur Festigung des Glaubens beitragen. Sie machen den Gedanken an den einen Gott populär in einem Land, dessen Menschen leicht zur Zersplitterung neigen, die viele sanftmütige Götter dem einen strengen Gott vorziehen. Davids Lieder propagieren als religiöse Schlager den traditionellen Glauben; sie kombinieren den Glauben mit den farbigen Sprachbildern seiner Zeit.

Ja Herr, du bist mein Licht.
Mein Gott erhellt mir das Dunkel.
Mit dir stimme ich gegen die Übermacht,
mit meinem Gott ersteige ich Mauern.
Wer ist göttlich, wenn es nicht Gott ist?
Wer ist ein Fels, wenn nicht unser Gott?
Gott rüstet mit Kraft mich
Und ebnet vor mir meinen Weg.
Er hat mich gerettet vor großen Heeren
Und setzte mich zum Haupt über Völker.
Völker, die ich nicht kannte, wurden mir untertan.
Der Herr lebt! Gelobt sei mein Fels!
Erhaben ist der Gott meines Heils.
Ich will dir danken, Herr,
Unter den Völkern und dir lobsingen.
Denn er gibt mir, seinem Könige, Heil,
Und Gnade erweist er seinem Gesalbten,
David und seinen Nachkommen für ewig.

König David hatte die große Gabe besessen, durch seine Lieder wirkungsvoll Propaganda für Gott und mehr noch für sich selbst zu machen. König Salomo, dem diese Wortgewalt fehlt, baut den Tempel zum Ruhm des Allmächtigen Gottes und seiner eigenen Person. Gott erhält durch Salomo einen festen Wohnsitz auf der Erde. Doch der Charakter dieses Königs, das wissen wir schon, legt die Keime zur Fäulnis in den Wachstumsprozeß der biblischen Völker.

Zwietracht als Krankheit des biblischen Volkes

Der Tempel sollte religiöses und politisches Zentrum sein. Beide Aufgaben erfüllte er nicht. Die Hebräer sahen, daß ihr Gott wohlaufgehoben war, und sie gestanden ihm Bequemlichkeit zu, die sie für sich selbst forderten. Die Hebräer ließen den Gott im Tempel meist in Ruhe. Das asketische Profil der Religion, mühsam erkämpft auf dem Zug durch die Halbinsel Sinai, wich orientalischen Gepflogenheiten der Götterverehrung. Die Formeln des Rituals werden wichtiger als der Inhalt. Gelegenheit zur Selbstdarstellung bietet sich: David und Salomo rücken ihre Person im Laufe der Jahre mehr und mehr neben Gott, von Unterwerfung ist immer weniger zu spüren.

König Salomo stirbt um das Jahr 930 v. Chr. Mit Ungeduld war sein Tod erwartet worden von den führenden Männern in Jerusalem. Sie hatten genug von der Pracht ehrgeiziger Herrscher. Eine Delegation der schwer bedrückten Stämme trifft Rehabeam, den rechtmäßigen Erben des Königreichs; die Männer klagen: »Dein Vater hat uns ein hartes Joch auferlegt. Mildere du nun die Fron deines Vaters und das schwere Joch, das er uns auflud, dann wollen wir dir dienen« (1 KÖNIGE 12). Doch Rehabeam verspricht keine Milde. Im Gegenteil, er droht noch härtere Fron an. Die schroffe Antwort ist Ursache für die Spaltung des jüdischen Reiches. Die Stämme im Norden machen sich unabhängig. Sie wollen nichts mehr wissen von den Nachkommen Davids. Juda im Süden, mit der Stadt Jerusalem, bleibt allein unter der Herrschaft des Rehabeam. Der Tempel ist nicht das starke Bindeglied, das Salomo mit dem Bau des Heiligtums schaffen wollte. Die Bundeslade war den Männern der Stämme Naphtali, Issachar und Ephraim wieder gleichgültig geworden.

Schuld an der Gleichgültigkeit trägt Salomo: von Anfang an ist der Palast, den Gott bewohnt, abgesperrt; den Männern, die Jerusalem besuchen, verbieten die Priester, vor der Bundeslade zu beten. Wachen schirmen den Tempel ab. Der Gott, der im Zelt wohnte, nur durch Tücher abgetrennt, hatte allen gehört; im Tempel aber ist der Allmächtige Gott zum Bundesgenossen des Regierenden geworden. Salomo, der Weise, war nicht klug genug gewesen, die Kluft zu erkennen, die er selbst aufgerissen hatte. Nach zwei Jahrhunderten seßhaften Lebens hatte dieses Volk die Lebensumstände der Nomadenzeit noch immer nicht vergessen: die Ansiedlung ihres Gottes wollten sie nicht verstehen und schon gar nicht akzeptieren.

Die politische Situation der Trennung läßt sich auf eine knappe Formel bringen: Ephraim fiel von Juda ab. Im Nordreich riß Jerobeam I. die Macht in seine Hände. Der Niedergang des biblischen Volkes beginnt. Spürbar ist das politische Elend auch an der Farblosigkeit der Legenden und Erzählungen, sie werden zur Pflichtübung, zur Registratur unbedeutender Herrschernamen. Die Persönlichkeit fehlt diesem Volk, die es wert ist, daß die Erinnerung Taten und Worte aufbewahrt.
Die zwei Könige, die den beiden Reichshälften vorstehen, sind zufrieden mit ihrem Einflußgebiet – zunächst wenigstens. Jerobeam baut das Verwaltungszentrum für den Nordstaat in Sichem auf. Er spürt bald, daß sein Volk zwar nichts wissen will von der Bundeslade in Jerusalem, daß es jedoch kaum ohne Götter leben kann. Jerobeam vollzieht entschlossen die Separation vom Allmächtigen Gott der Hebräer. Er setzt den Kult des Goldenen Kalbs wieder an die Stelle des Bundes mit dem einen Gott. In Bethel, im Süden des Nordstaates Israel, läßt er die lebensgroße Plastik eines jungen Stiers aufstellen, ebenso in Dan, an der Nordgrenze. Jerobeam knüpft bei Aaron an: der Bruder des Moses hatte einst in kritischer Situation das Goldene Kalb zum Gott erklärt – Jerobeam sagt nun, daß in dieser Plastik der Gott stecke, der in Wirklichkeit das Volk der Hebräer aus Ägypten geführt habe; diesem Gott sei allein die wunderbare Errettung zu verdanken. Die Propagandaspezialisten des Nordreichs erklären die Wiedereinführung des Stierkults als Rückkehr zu den wahren Wurzeln der eigenen Religion.
Das jüdische Volk hätte Einigkeit bitter nötig gehabt: die Großmächte, die zu Davids Zeiten schwach gewesen waren, erholten sich und überwanden mit der inneren Schwäche auch die außenpolitische Interesselosigkeit. Ägypten wurde wieder aggressiv. Pharao Scheschonk I. war der erste Herrscher am Nil, der nach zwei Jahrhunderten der Beschränkung auf den engeren Machtbezirk wieder Truppen nach Osten schickte. Die ägyptischen Verbände brachen in Juda ein. Systematisch plünderten sie die Städte aus. Der Reichtum, den Salomo angesammelt hatte, wurde konfisziert. Woche für Woche fuhren stark geschützte Militärtransporte, beladen mit geraubten Schätzen aus den Festungen und Siedlungen des Landes, zum Nil. Jerusalem, das schwer einzunehmen war auf seiner Fels-

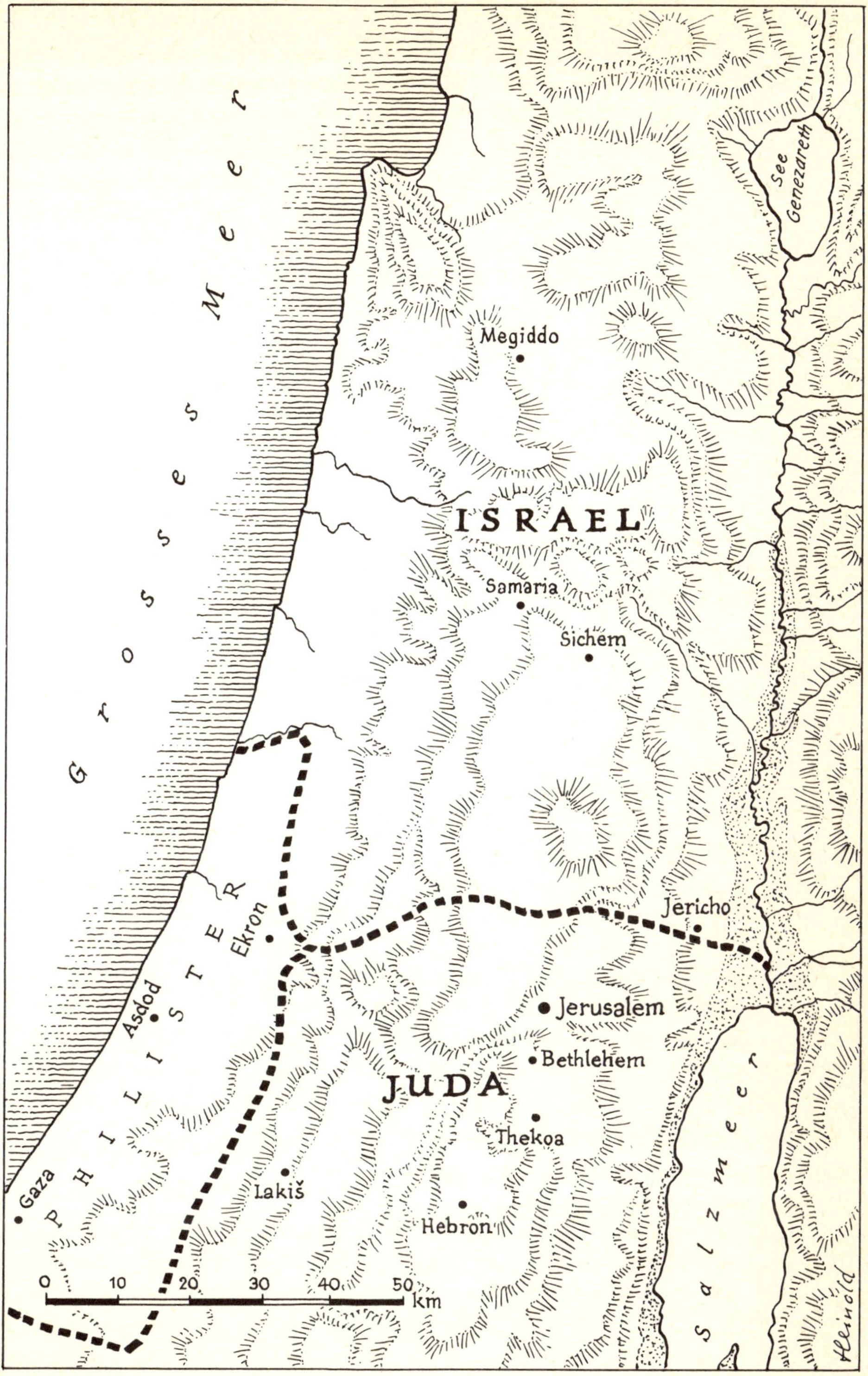

Grosses Meer
See Genezareth
Megiddo
ISRAEL
Samaria
Sichem
PHILISTER
Ekron
Jericho
Asdod
Jerusalem
Bethlehem
JUDA
Thekoa
Gaza
Lakiš
Hebron
Salzmeer
0
10
20
30
40
50
km
Heinold

zunge, hatte Glück: die Befehlshaber des Pharao begnügten sich mit der Konfiszierung goldener Tempelgeräte.
Auch Israel, der Staat im Norden, ist durch seine Nachbarn bedroht. Der Staat der Aramäer um Damaskus drängt nach Süden, in die fruchtbaren Gebiete. Allerdings sind die Aramäer selbst wieder bedroht von Assyrien, dem Reich der Zukunft im nördlichen Mesopotamien. Die Bedrohung aus dem Norden, das wird sich zeigen, ist gefährlicher als das letzte Aufflackern ägyptischer Machtgelüste. Doch niemand konnte damals die politische Lage analysieren. Die Könige der Teilstaaten sehen nicht auf die Zukunft: sie konzentrieren sich ganz auf ihren Streit. Ihre Völker, so erzählen uns die Legenden, sind mit dem Bruderkrieg zunächst nicht einverstanden: »Als Jerobeam die zwei goldenen Kälber machte und das Volk Israel zur Sünde verführte, zerfiel das Reich in zwei Teile. Jerobeam sammelte die zehn Stämme von Israel und forderte sie auf, in den Kampf zu ziehen gegen die Einwohner von Jerusalem. Die Stämme aber erwiderten: Sollen wir gegen unsere Brüder und gegen die Kinder unseres Herrn David kämpfen?« Als Jerobeam daran dachte, die Männer des Stammes Dan zum Militärdienst einzuberufen, reagierte der Stamm mit der Drohung, sich ganz aus dem israelischen Staatsverband loszulösen, einen dritten hebräischen Staat zu gründen. Jerobeam verzichtete unter diesem Aspekt auf die Eroberung Judas.
Der Konflikt, von dem die Bibel spricht – »es war Krieg zwischen Rehabeam und Jerobeam ein Leben lang« –, beschränkt sich auf Grenzstreitigkeiten. Der Herrscher von Juda beginnt mit dem Kleinkrieg. David hatte seine Hauptstadt Jerusalem mit Absicht in einer halbwegs neutralen Zone zwischen den Nord- und Südstämmen gegründet. Im Teilstaat Juda lag nun der befestigte Platz Jerusalem im äußersten Norden, an der Grenze zum feindlichen Bruderland: der König von Juda ist gezwungen, Territorium des Stammes Ephraim zu erobern, um der Hauptstadt ein Vorfeld zu geben.

Erfolg hat dieser lokale Kleinkrieg nicht. Im Gegenteil, der Nordstaat wird aggressiv. Zur Zeit des dritten Königs von Israel verlief die Grenze noch immer 10 Kilometer nördlich von Jerusalem. Dieser König, Baesa, der von 906 bis 883 regierte, griff sich die kleine Stadt Rama, die nur 9 Kilometer von Jerusalem entfernt ist, und baute diese Siedlung zur Festung aus. Der Herrscher von Juda sah in dieser Expansion des Nordstaates eine Gefahr, die er jedoch

selbst nicht neutralisieren konnte. Mit den letzten Resten des Tempelschatzes kauft er sich einen Verbündeten, den König von Damaskus. Dieser hat schon lange auf eine Gelegenheit gewartet, um das Gebiet der Handelswege am See Genezareth unter seine Kontrolle zu bringen. Der König von Damaskus greift an und siegt. Israel verliert den Besitz des Stammes Dan. Die Substanz an Territorium der Hebräer wird verringert. Für Juda bringt der Angriff aus Damaskus die nötige Bewegungsfreiheit: Baesa zieht sich aus Rama zurück; die Truppen von Juda erobern das Dorf Mispa, das genau auf der Trennungslinie zwischen den beiden Staaten liegt. An diesem Platz entsteht in den kommenden Jahren eine starke Festung, deren Wälle – an der Basis acht Meter stark – in Trümmern noch erhalten sind. Die Archäologen nehmen an, daß die Mauern von Mispa, aufgeführt aus Steinblöcken und Lehmziegeln, dreißig Meter hoch waren. Die Bruderstaaten trennen sich durch Wälle, Festungen und Niemandsland, auch wenn durch verständige Männer der militärische Konflikt eingefroren wird.
Zwölf Jahre lang, von 871 bis 882, ist König Omri der mächtige Mann im nördlichen Teilstaat. Er hat Vernunft genug, den Streit mit Juda zu beenden; Omri stoppt den Bruderkrieg. Er profitiert von der Ruhe an der Front. Außenpolitische Erfolge sind in seiner Regierungszeit zu verzeichnen – bemerkenswert in dieser Zeit der Schrumpfung hebräischer Macht. König Omri lehnt sich eng an die Phönizier an, er kopiert die Politik des Königs Salomo. Sein Sohn Ahab heiratet die Tochter des Herrschers vom phönizischen Purpurreich. Die Verbindung mit dem Nachbarn zahlt sich aus: der Nordstaat macht in dieser Zeit glänzende Geschäfte. Israel wird überraschend schnell wohlhabend. Omri kann es sich leisten, eine neue Hauptstadt zu bauen, die seiner Position würdig ist. Die Städte Sichem und Tirsa sind ihm zu klein geworden, außerdem haben sie keinem seiner Vorgänger Glück gebracht. Ein neues Staatszentrum sollte Zeichen sein für den Aufbruch des Reiches Israel, für das Ende des schleichenden Untergangs.
Mit dem Blick des Strategen wählt der König den Platz aus: in sanftem Hügelland steigt eine kegelförmige Kuppe neunzig Meter hoch an. Das Land ringsum ist eben, entfernt liegen höhere Berge. Eine Quelle liegt im Bereich des Hügels. An dieser Stelle sind einer Festung alle Vorteile geboten. 25 000 Quadratmeter bebaubares Land stehen dem König zur Verfügung. Darauf gründet Omri die Hauptstadt Samaria. Für das Gelände bezahlt er siebzig Kilogramm

Silber an einen Grundbesitzer, dessen Name mit Semer überliefert ist. Vom Namen dieses Mannes soll sich die Bezeichnung für die Stadt und die ganze Gegend ableiten.
Die Ruinen, die in Samaria erhalten sind, stammen nicht aus der Zeit des Königs Omri; sie sind der Herrschaft seines Nachfolgers Ahab zuzuschreiben. Die Baumeister haben in wenigen Jahren neue Methoden erlernt, sie sind raffinierter geworden in ihrer Technik: die Zeit der unförmigen Steinblöcke ist vorüber. Steinmetzen behauen die Kalksteinblöcke; sie setzen die Steine mit engen Fugen zusammen, bauen so stabiler. Das neue Verfahren gestattet eine Reduzierung der Mauerbasis auf fünf Meter. Der beschränkte Raum auf der Bergkuppe konnte besser ausgenützt werden. Auf dem Gelände, das sich nach Westen neigt – von hier aus ist das Mittelmeer zu sehen, das dreißig Kilometer entfernt in der Sonne flimmert –, stand die Burg des Königs.

Die Anhänger des Allmächtigen Gottes werden verfolgt

In Jerusalem, in der Hauptstadt des Südstaates, wird zu dieser Zeit noch immer der hölzerne Kasten aufbewahrt, der Zeichen war des Bundes mit Gott. Doch im Norden, in Samaria, in Israel, schwindet die Erinnerung an dieses Heiligtum. Da ist niemand, der die Grenze nach Süden überschreitet, um in Jerusalem der Bundeslade Reverenz zu erweisen, um seine Bindung zu demonstrieren an den Gott, der das Volk aus Ägypten durch die Steppe von Sinai geführt hatte. Auch der Kult der Stieranbetung, den Jerobeam in der Tradition Aarons begonnen hatte, zerfällt rasch wieder. Mit wachsendem Wohlstand schrumpft das Interesse an Religion. Für die herrschende Kaste existiert kein Gott mehr.

Die Prinzessin aus Phönizien, die Omri seinem Sohn Ahab diplomatisch erhandelt hatte, war eine treue Anhängerin ihres Gottes Baal geblieben. Sie überredete ihren Mann zur Aufstellung von Bildern dieses Gottes im neuen Palast von Samaria. Der Rückfall in die Barbarei früherer Religionen ist nicht aufzuhalten: Prinzessin Isebel hält es für notwendig, daß dem Gott Baal Menschenopfer gebracht werden. Um den Aufschrei der Anhänger des Allmächtigen Gottes kümmern sich Ahab und Isebel zunächst nicht – diese Anhänger gehören zu den armen Schichten, die ohne Einfluß sind.

Die religiöse Auseinandersetzung ist in den kommenden Jahren zugleich Klassenkampf.
Doch diesen Armen half zur rechten Zeit ein wortgewaltiger Mann. In der heutigen Ortschaft El Jschib, östlich des Jordan, zu biblischen Zeiten trug sie den Namen Tisbe, fühlte sich Elia berufen, den Gott, den Moses verkündet hatte, zu verteidigen. Er wurde in kurzer Zeit zum Ärgernis für den König Ahab, der Sorge haben mußte um den inneren Frieden seines Staates: religiöse Revolutionen konnte er nicht dulden. Den Anhängern des Elia empfahl er Zurückhaltung. Der Prophet selbst mußte fliehen.
In der Erinnerung des jüdischen Volkes blieb die geistige Auseinandersetzung zwischen Elia und Ahab, zwischen dem Allmächtigen Gott und Baal, als Zweikampf haften. Beide Seiten wollten mit Wundern überzeugen. Elia und sein Gott siegten schließlich, doch König Ahab wollte weiterhin nichts von ihnen wissen. Vielleicht kannte er die Tricks, mit denen Priester dieser Jahre zu arbeiten pflegten. Als Aufgabe im Wettbewerb war dem Gott des Elia und dem Gott der Prinzessin Isebel aus Phönizien die Entzündung des Feuers unter den Opferstieren gestellt: von selbst sollte die Flamme aufflackern, ohne menschliche Hilfe. Ein Volksmärchen zeigt uns, welches probate Mittel für ein solches Wunder angewendet werden konnte: »Die Priester des Baal hatten ihren Altar als Kasten gebaut. Darin war Hiel verborgen, ein Mann, der schon immer mit Verbrechen dienstbar war. Hiel hatte ein glimmendes Feuer bei sich im Kasten. Mit ihm war abgesprochen, daß er, wenn der Ruf der Menge nach der Hilfe Baals zu hören war, das Feuer von unten am Opferstier auflodern lassen sollte.« Doch als die Menge nach Baal schrie, da geschah gar nichts, der erwartete Feuerschein, das Zeichen des Wunders, war nicht zu sehen. Das Märchen sagt uns die Ursache: »Eine Schlange war zu Hiel in den Kasten geschlüpft. Ihr giftiger Biß hatte den Schurken getötet. So machte der Gott des Elia die hinterlistigen Machenschaften der Baalanhänger zunichte.«
Parallel zur Zerstörung religiöser Werte vollzieht sich der Niedergang der Justiz. Unter Anleitung der phönizischen Prinzessin entwickelt sich Ahab zum absoluten despotischen Herrscher, dessen Wille als Gesetz gilt. Der Besitzer eines Weinbergs neben dem Palast in Samaria macht seine bösen Erfahrungen. Ahab will das Grundstück haben, um einen Gemüsegarten zur Versorgung des Hofes anlegen zu lassen. Der Grundeigentümer, sein Name wird mit Nabot angegeben, weigert sich, einen Kaufvertrag abzuschlie-

ßen, da ihm der von den Vätern überlassene Besitz heilig sei. Ahab, so erinnern sich die Erzähler, bekommt einen Tobsuchtsanfall. Der Appetit vergeht ihm. Der König sieht in diesem wohlhabenden Mann den möglichen Anhänger des Propheten Elia, der ebenfalls, im religiösen Sinne allerdings, von der Bewahrung des väterlichen Erbes spricht. Wenn die Reichen erst wieder an den Gott des Moses zu glauben beginnen, so dachte Ahab, war die Gefahr für den Baalskult groß. Isebel, die den Gott Baal nach Israel gebracht hatte, sieht die Hintergründe, und sie weiß, wie sie ihren Mann beeinflussen kann: »Du bist doch gegenwärtig der Herr im Königreich Israel. Steh auf und iß wieder. Ich werde dir den Weinberg des Nabot schon verschaffen.« Die Prinzessin beruft im Namen des Königs den Rat der Stämme ein und kauft sich zwei Männer, die vor diesem Parlamentsgremium den Grundbesitzer anklagen, er habe Gott und den König gelästert. Gemeint sein kann nur der neue Gott der Israeliten, Baal. Für Nabot gibt es nach dieser Anklage keine Chance mehr, er wird vor dem Tor von Samaria mit Steinen erschlagen. Sein Grundstück verfällt dem Staat. Der Gemüsegarten kann angelegt werden. Die späteren Erzähler, die den König nicht aus der Liste der guten Menschen streichen wollen, berichten, Ahab habe nach Jahren wieder an den Allmächtigen Gott geglaubt. Diese Rückkehr zum Glauben seiner Väter hat in Wirklichkeit die trickreiche Prinzessin aus Phönizien verhindert.

Der Untergang Israels kündet sich an

Im Louvre in Paris wird eine steinerne Schrifttafel gezeigt, die von den außenpolitischen Schwierigkeiten des Königs Ahab berichtet. Ein deutscher Missionar hatte den Stein im Jahre 1869 auf einem Hügel bei Dibon, 20 Kilometer vom Ostufer des Toten Meeres entfernt, gefunden. Das Interesse des Missionars machte die Männer der Beduinenstämme der Gegend um Dibon stutzig. Sie vertrieben den Missionar, dann erhitzten sie den Stein, um ihn auseinanderzusprengen – sie wollten den wertvollen Schatz haben, den der Stein, nach dem Interesse des Missionars zu schließen, wohl bergen mußte. Zum Glück war vorher eine Kopie der Schriftzeichen angefertigt worden, und die Teile konnten wieder restauriert und zusammengesetzt werden. Die Inschrift berichtet: »Ich bin Mesa, der Sohn des Kesmos, König von Moab, aus Dibon. Mein Vater war König über

Moab dreißig Jahre, und ich bin König geworden nach meinem Vater. Ich errichte dieses Heiligtum auf der Höhe als Heiligtum der Rettung. Omri war König über Israel und hatte mein Land Moab viele Jahre gedemütigt. Sein Sohn Ahab folgte ihm, und auch er sprach: Ich will Moab demütigen. In meinen Tagen noch sprach er so. Ich aber hatte Lust, ihn zu besiegen, ihn und sein Haus. Israel ist für immer zugrunde gegangen. Omri hatte sich des Gebiets von Madeba bemächtigt, und Israel wohnte darin während seiner Regierung und der Hälfte der Regierung seines Sohnes. Aber während meiner Regierung wohnte der Gott Moabs darin. Ich baute Baal-Meon und machte das Wasserbecken darin, ich baute Kirjaton. Die Leute von Gad wohnten im Lande von Atarot seit Ewigkeit, und der König von Israel hatte Atarot für sich gebaut. Ich griff die Stadt an, und nahm sie ein. Ich tötete alles Volk der Stadt zur Augenweide für Moab. Dann nahm ich Nebo im Kampf gegen Israel. Von Tagesanbruch bis zum Mittag kämpfte ich. Ich nahm die Stadt und tötete alles: 7000 Männer, Knaben, Frauen, Mädchen und Sklavinnen.«

Der Teilstaat Israel war so schwach geworden, daß er sich nicht mehr wehren konnte gegen das Volk von Moab, das seit der Landnahme durch Josua als Vasallenvolk der Hebräer galt. Die Ursache der Schwächung ist im Norden Israels zu suchen: die Abwehrkämpfe gegen die aggressive Großmacht Assyrien fressen die Kräfte auf, für die Verteidigung der Ostgrenze bleiben keine Truppen mehr.

Die Katastrophe kommt nicht überraschend. Seit der Mitte des 9. Jahrhunderts v. Chr. erreichen Berichte von der Grausamkeit und der nicht zu schwächenden Kampfkraft der Assyrer das Gebiet der zwei hebräischen Staaten. Israel konnte schon zur Zeit des Königs Omri Erfahrungen sammeln in der Abwehr assyrischer Attakken, doch das waren erst tastende Versuche der ehrgeizigen Herrscher an Euphrat und Tigris. Die Assyrer brauchten über hundert Jahre, um die Stoßkraft zu formen, die nötig war, die Allianzen der israelischen Könige mit den Herrschern von Damaskus zu zerbrechen.

Zweihundert Jahre zuvor genügte einigen ehrgeizigen Männern in der Stadt Assur am Tigris der begrenzte Herrschaftsbereich nicht mehr. Sie unterwarfen sich die Kleinstaaten und unabhängigen Städte im Zweistromland. Ihr Vorteil lag in der Begabung für straffe Organisation und für strenge Einhaltung der hierarchischen Ordnung im militärischen Bereich. Rücksichtslose Brutalität gibt den Assyrern Überlegenheit. Völker mit höherer Zivilisationsstufe können sich nicht wehren gegen diese Barbaren, deren Herrscher sich auf Schrifttafeln rühmen: »Ich machte ein großes Gemetzel. Wer noch lebte von den Kriegern, den pfählte ich.« Ihre Ideologie ist einfach: Gott Assur, dem die Hauptstadt Assur geweiht ist, soll über alle Völker und Länder herrschen. Auch der Zug der Assyrer nach Südwesten ist einzuordnen in die Wanderbewegung der semitischen Völker, die nicht zur Ruhe kommen.

Die Staatsgebilde der Aramäer bilden für einige Jahrzehnte einen Puffer zwischen dem Wandervolk aus Assur und den seßhaften Hebräern. Doch nach und nach brechen assyrische Heere Teile der Pufferzone ab. Als Gegner chaotischer Zustände bauen sie jedes eroberte Gebiet sofort in die Struktur ihrer Staatsverwaltung ein: ein disziplinierter Beamtenapparat kümmert sich um Steuereintreibung und um Aushebung von Hilfskräften für die assyrische Armee. Das Reich der Assyrer, zwar eingeteilt in Provinzen und Distrikte, bildet eine geschlossene Einheit.

Wir wissen, wie die Menschen aussahen, die von Euphrat und Tigris her einbrachen in die Region von Damaskus und schließlich in den Nordstaat der Hebräer. Alabasterplatten aus assyrischen Palästen sind in den Museen von London und Paris ausgestellt; sie zeigen in Lebensgröße die Herrscher, Soldaten und Diener. Je höher ein Mann gestellt ist, desto länger muß sein Bart sein, gepflegt, in glatten Strähnen ausgekämmt. Die Künstler, die den Auftrag hatten, Szenen aus dem Leben des assyrischen Volkes darzustellen, betonten das energische, entschlossene Gesicht. Die Bewaffnung zeichnet sich nicht durch Originalität aus: die Soldaten trugen kurze Schwerter, Pfeil und Bogen und Lanzen. Das Heer ist aufgeteilt in Infanterie und Reiterei; die immense Zahl der Pferde gibt große Beweglichkeit. Die Assyrer entwickeln keine besonders ausgeklügelte Strategie: sie wissen, daß Krieger in großen Massen, die entschlossen sind zur Brutalität, Furcht verbreiten. Die Furcht des

Gegners nützen sie aus bei der Eroberung der Reiche von Aram und Israel. Ihre Züge beginnen in Ninive; diese Stadt am Tigris ist das Zentrum der assyrischen Armeeführung.
In den Ruinen von Ninive sind Bildplatten zu finden, die darstellen, wie die Assyrer ihre Kriege geführt haben. So realistisch sind die Reliefs, daß man sie als Lehrtafeln für die Ausbildung neuer Offiziersjahrgänge des assyrischen Reichs betrachten kann. Auf solchen Alabasterplatten ist zu sehen, daß die Assyrer mit Spitzhacke, Meißel und Feuer die eroberten Städte zerstören. Sie nehmen die befestigten Plätze nicht ein, um sie künftig zu bewohnen; sie haben nicht die Absicht, sich anzusiedeln. Sie sind interessiert an den Schätzen einer Stadt – jeder Gegenstand von Wert wird fortgeschleppt – und an den Menschen, die als Arbeitskräfte zu Hause, im Zentrum des assyrischen Staates, eingesetzt werden können. Die Assyrer tauchen im Bereich von Aram und den hebräischen Staaten nicht mehr als Eroberer auf mit der Absicht, zu bleiben. Sie begreifen rasch, daß große Ausdehnung ihres Gebiets die straffe Ordnung lockern und schließlich schwächen muß. Sie kommen als Plünderer – und sie lassen sich auch durchaus von der Zerstörung einer Stadt abbringen, wenn die Beute ohne Kampf ausgeliefert wird. Dem Glanz des Gottes Assur ist gedient, wenn in Ninive der Reichtum der Besiegten präsentiert werden kann.

Eine Chance zur Sicherung des Eigentums und zur Abschirmung der Substanz des Volkes konnte für Israel nur in der Allianz mit dem Herrscher von Damaskus bestehen. Immer wenn diese Erkenntnis beachtet wurde, hatte der Abwehrkampf gegen die Bedrohung aus dem Norden Erfolg. Im letzten Lebensjahr des Königs Ahab mobilisierte das Volk des hebräischen Nordstaates 10000 Mann Infanterie und 1200 Streitwagen. Dieses Kontingent stellte sich neben das Heer des Königs Hadadezer von Damaskus. Der Herrscher der Assyrer, Salmanassar, rühmt sich zwar: »Mit ihren Leichen habe ich den Fluß Orontes abgedämmt«, doch ist aus den Ereignissen der kommenden Jahre zu schließen, daß dieser Sieg nicht ausgenützt werden konnte; die Verteidigungsallianz besaß Reserven, die, trotz der Niederlage, den Vormarsch zu bremsen verstanden. Immer wieder griff Salmanassar an, jedoch solange die Koalition hielt, hatte er wenig Erfolg.
Die Auseinandersetzung mit der Großmacht Assyrien blieb nicht ohne Folgen für die inneren Verhältnisse der bedrohten Staaten.

Die politische Kraft der Anhänger des einen Allmächtigen Gottes wurde wieder stärker in den Jahrzehnten der Gefahr. Vom Baalskult, den König Ahab gefördert hatte, erwarteten die Kreise, die nicht vor dem Ansturm der Assyrer weichen wollten, keine Rettung. Baal war zu weich, um Kriege zu entscheiden. Als Ideologie in dieser kritischen Zeit kam nur der Glaube der Väter in Frage.

Die für die Existenz des Staates so wichtigen konservativen Kreise schreckten auch vor Einmischung in die Personalstruktur des mitbedrohten Nachbarstaates nicht zurück, wenn damit die Koalition gefestigt werden konnte. Der Prophet Elia sorgte dafür, daß in Damaskus ein Mann an die Macht kam, der dem Gedanken vom Allmächtigen Gott positiv gegenüberstand. Dieser Mann, Hasael, war der Zweite in der Hierarchie des aramäischen Staates. Ihn stachelte der Prophet an mit der Vision von Pracht und Gewalt über die Menschen: »Der Herr hat dich mir als König über Aram gezeigt.« Hasael sah in dieser Prophezeiung Gottes Aufforderung zum Putsch. König Benhadad II. wurde am Tag darauf unter einem nassen Tuch erstickt. Die Namen der Täter werden nicht genannt.

Hasael konnte unbehindert Nachfolger des Königs werden. Der neue Herrscher galt zwar als Anhänger des traditionellen hebräischen Gottes, doch mit dem König von Israel verstand er sich persönlich nicht. Die Allianz kommt nicht zustande. Es zeigt sich aber, daß der Prophet Elia das Netz seiner Intrige sehr fein und mit großer Voraussicht gesponnen hat, wenn ihm auch der Erfolg am Ende versagt bleibt.
Trotz der Gefahr aus dem Zweistromland stritten die Herrscher von Aram und Israel um unbedeutende Grenzfestungen. Sowie der Druck aus dem Norden nachließ, rückten die Heere aus der gemeinsamen Formation aus und schlugen aufeinander los. Die Koalition blieb brüchig, solange in Israel nicht ein Anhänger des Allmächtigen Gottes und damit des Propheten Elia regierte. Die traditionell religiösen Kreise um den Propheten fanden ihren Mann im Offizier Jehu. Ihm ließ Elia mitteilen, Gott habe ihn, den Offizier Jehu, zum König bestimmt. Jehu erkannte, daß die politische Basis der Partei des Propheten tragfähig geworden war. Er hatte die Rückendeckung wichtiger Männer am Hof für den Umsturz.

Die Berichterstatter des Alten Testaments erinnern sich sehr genau der Umstände dieses Putsches: Jehu bestieg seinen Kriegswagen und fuhr nach Jesreel, dort lag der kranke König Joram. Und auch Achasja, der König von Juda, war dort auf Besuch beim kranken Joram. Der Späher, der auf dem Turm von Jesreel stand, sah, wie Jehus Scharen heranrückten, und rief aus: »Ich sehe viele Berittene.« Joram gab den Befehl, einen Reiter der Staubwolke entgegenzuschicken. Er solle sich erkundigen, ob alles in Ordnung sei. Der Berittene traf auf Jehu: »Der König läßt fragen, ob alles in Ordnung ist.« Jehu gab zur Antwort: »Was hast du dich um die Ordnung zu kümmern? Reihe dich ein in meine Truppe.« Der Späher auf dem Turm von Jesreel meldete: »Der Bote ist bis zu ihnen gekommen, kehrt aber nicht mehr zurück.« Ein zweiter Berittener verließ das Tor von Jesreel. Der kam zu Jehu und sagte: »Der König läßt fragen, ob alles in Ordnung ist.« Jehu gab wieder zur Antwort: »Was hast du dich um die Ordnung zu kümmern? Reihe dich ein in meine Truppe!« Und wieder meldete der Späher auf dem Turm von Jesreel: »Er ist zu ihnen gekommen, doch er reitet nicht mehr zurück. So, wie der Fremde seinen Wagen fährt, kann es sich nur um Jehu handeln. Er fährt wie ein Verrückter daher.« Da befahl Joram anzuspannen. Man machte seinen Wagen fertig, und so fuhr der König Joram von Israel mit dem König Achasja von Juda, jeder auf seinem Wagen, dem Jehu entgegen. Sie trafen ihn beim Feld Nabots aus Jesreel. Als Joram den Jehu sah, fragte er ihn: »Ist alles in Ordnung?« Der Gefragte antwortete: »Was heißt Ordnung, wenn noch immer deine Mutter Isebel mit allen möglichen Männern schläft und uns alle mit ihren Göttern täuscht?« Joram wendete seinen Wagen und wollte fliehen. Er rief Achasja zu: »Der verrät uns, Achasja!« Jehu riß den Bogen hoch und traf Joram zwischen den Schultern. Der Pfeil durchbohrte das Herz, und Joram sank in seinem Wagen nieder. Als der König Achasja von Juda dies sah, floh er in die Richtung nach Bet-Haggan. Doch Jehu verfolgte ihn und schrie: »Macht auch diesen nieder!« Man verwundete ihn bei der Anhöhe von Gur, das bei Jibleam liegt. Er kam mit seinem Wagen noch bis Megiddo und starb dort.

Jehu aber fuhr nach Jesreel. Als Isebel von der Katastrophe hörte, legte sie auf ihre Augen Schminke, schmückte ihr Haupt und schaute durch das Fenster hinab. Jehu trat in das Tor. Zwei oder drei Hofleute schauten mit der Königin herab. Jehu befahl ihnen:

»Stürzt sie aus dem Fenster!« Man stürzte sie hinab, und ihr Blut bespritzte die Wand. Die Pferde zertraten sie. Jehu übernahm die Burg, aß und trank und befahl dann: »Begrabt diese Verfluchte ordentlich, denn schließlich ist sie eine Königstochter!« Die Diener gingen zum Tor, um Isebel zu begraben. Sie fanden aber nichts mehr von ihr als den Schädel, die Beine und die Hände.
Der Tod des Königs und seiner Mutter jagte den Offizieren und Gouverneuren panischen Schrecken ein: »Wir wollen nichts anderes, als was du willst. Wir machen alles, was du befiehlst. Von uns aus rufen wir niemand zum König aus.« Jehu gab seinen Freunden unter den Offizieren schriftliche Order: »Wenn ihr auf meiner Seite steht und meinen Befehlen gehorchen wollt, so nehmt die Köpfe der Söhne eures Herrn und kommt morgen um diese Zeit nach Jesreel.« Die siebzig Söhne des Joram verloren jetzt ihr Leben. Die Köpfe der Ermordeten trafen in Körben verpackt bei Jehu in Jesreel ein. Dann ließ Jehu alle erschlagen, die noch vom königlichen Haus übrig waren. Den Tod fanden auch die Minister, die Hofräte und die Priester. Kein einziger blieb übrig. Nach dieser Säuberung von allen Anhängern der kanaanitischen Götterwelt in der unmittelbaren Umgebung des Königs fuhr Jehu in Richtung der Hauptstadt Samaria ab. Als er unterwegs beim Hirtendorf Bet-Eked war, traf Jehu auf die Brüder des Königs von Juda. Er fragte: »Wer seid ihr?« Sie antworteten: »Die Brüder des Königs Achasja. Wir kommen, um die Söhne des Königs und die Söhne der Herrin zu besuchen.« Da gab Jehu den Befehl: »Packt sie!« Man ergriff die Fremden und schlachtete sie ab am Brunnen von Bet-Eked.

Es waren 42 Mann. Keiner von ihnen entkam (2 KÖNIGE 9 u. 10). Jehu machte ein Ende mit dem Baalskult. Die Erzählung bleibt bei ihrem harten Realismus und damit bei der Glaubwürdigkeit. Mit einer Täuschung beginnt Jehu die Vernichtung aller Zweiggruppen der Baalspartei im Lande. In Samaria spricht er so: »Ahab hat den Baal nur wenig verehrt, Jehu aber wird ihm um so eifriger dienen. Holt alle Propheten des Baal, alle seine Anhänger und Priester zu mir. Kein einziger soll fehlen. Ein großes Schlachtopfer will ich veranstalten für Baal. Jeder, dessen Fehlen bemerkt wird, soll sein Leben verlieren.« Alle Freunde des Gottes Baal kamen; der Baalstempel füllte sich von einem Ende bis zum anderen. Sie bereiteten das Schlacht- und Brandopfer vor. Draußen hatte Jehu 80 Männer bereitgestellt, die schlossen den Baalstempel ein. Der

Befehl an sie lautete: »Wer einen von diesen Männern im Tempel entweichen läßt, haftet mit seinem Leben für ihn. Haut sie alle nieder!« Die Soldaten schlugen jeden nieder, der im Baalstempel war. Die Leichen warfen sie vors Haus. Sie schafften das Bild des Baal auf die Straße und verbrannten es. Der Baalstempel wurde niedergerissen, die Trümmer dienten lange Zeit als Abort in Samaria. Nur die zwei goldenen Kälber in Dan und Bethel rührte Jehu nicht an. Die Tradition des Aaron wollte der neue Herr in Israel nicht antasten (2 KÖNIGE 9 u. 10).

Ein Offiziersputsch hatte stattgefunden – zwar im Namen einer Ideologie, doch steckt persönliche Machtlust dahinter. Dieser Putsch ist zum Beispiel geworden für Tausende ähnlicher Vorgänge im Nahen Osten bis zur Gegenwart. Jehu und seine Männer hatten rebelliert gegen den ungebrochenen Einfluß der Phönizier in Israel und Juda. Offiziere von heute führen Staatsstreiche durch, um den »verderblichen Einfluß westlicher Denkweise auf den arabischen Volkscharakter« einzudämmen. Die Parole heißt damals wie heute: »Integrität, Ablehnung der Korruption, Reinheit der Religion, Kampf der Prostitution.« Wie sehr im Jahre 841 v. Chr. die religiösen Kreise, geleitet von den Anhängern des Propheten Elia, hinter dem Putsch standen, zeigt sich in der überaus genauen Detailbeschreibung, die sich in der Erinnerung dieser Männer und ihrer Nachfolger konserviert hat. Jehu fand auch Unterstützung bei Fanatikern von der Art des Bundes der »Söhne Rehabs«. Sie leiten alles Übel in Israel von der Veränderung der Lebensform ab: hätte das Volk Israel das Nomadenleben, das Moses verordnet hatte, beibehalten, würde Gott die Bedrohung abwenden. Nach ihrer Meinung macht das Leben in festen Städten weichlich und zugleich angreifbar für fremde Eroberer; besitzlose Nomaden reizen niemanden zu Plünderung und Zwangsdeportation. Die »Söhne Rehabs« weigerten sich, Felder anzubauen. Sie ernährten sich, wie die Sinai-Wanderer, von ihren Herden aus Ziegen und Schafen. Ihre Vorstellung, der Schritt zurück sei möglich, ist unrealistisch: die Volksmasse in Israel und Juda konnte nicht mehr verglichen werden mit der Großfamilie, die Moses und Josua zur Landnahme geführt hatten. 400 Jahre hatten die Hebräer als seßhaftes Volk durchlebt; in dieser Zeit war ihre Zahl auf etwa 300 000 angewachsen. Ein Verband so vieler Menschen ist nicht mehr durch die Primitivwirtschaft der Nomaden zu ernähren.

Jehu konnte sich zunächst auch auf die ärmeren Schichten in beiden Staatsteilen verlassen; sie erhofften sich Befreiung von Steuerlasten. Die zinspflichtigen Bauern und kleinen Grundbesitzer glaubten, daß ein Mann, der weniger Luxus an seinem Hof dulde, auch weniger Geld brauche. Die Enttäuschung blieb nicht aus: die persönliche Bescheidenheit des Offiziers Jehu beeinflußte den Finanzbedarf des Staates nicht. Die Verteidigungsausgaben stiegen in seiner Regierungszeit an. Die Bedrohung an den Grenzen wuchs. Die außenpolitische Kalkulation des Propheten Elia erwies sich jetzt als fehlerhaft. Zwar regierten nach den Putschen in Damaskus und in Samaria Männer, die vom selben Gottesglauben getrieben waren, trotzdem blieben sie Feinde: König Hasael von Damaskus eroberte die Gebiete der Stämme Gad, Ruben und Manasse am Ostufer des Jordan. Jehu, der Staatschef von Israel, mußte zusehen, wie die Kampfbereitschaft seiner Armee schmolz. Die Offizierskameraden, die sich am Putsch beteiligt hatten, zeigten keine Lust, ihr bequemes Leben am Hof gegen das gefährliche an der Front einzutauschen.

»Tribut des Jehu, aus dem Hause von Omri« – das ist eine der Bildunterschriften auf dem Obelisken des assyrischen Herrschers Salmanassar III. Der schwarze, viereckige Stein, der mit zwanzig Reliefs geschmückt ist, wird im Britischen Museum in London aufbewahrt. Die Bildunterschrift ist in einem Detail falsch: Jehu stammt nicht von Omri ab, er war der Vernichter des Hauses Omri. Das Relief aber schildert eine wahre Begebenheit: König Jehu wirft sich vor Salmanassar III. in den Staub. Der hagere, bärtige Mann trägt eine Zipfelmütze und ein nahezu schmuckloses Gewand. Jehu ist allein, mitten in der Gruppe überlegen lächelnder assyrischer Höflinge, die Sonnenschirm, Zepter und Fächer für ihren siegreichen Herrscher bereithalten. Andere Reliefs des Obelisken stellen die Karawane dar, die Geschenke und Realabgaben transportiert: Männer, ähnlich gekleidet wie der König – sie alle tragen Mützen in Zipfelform –, schleppen Gold- und Silberbarren, wertvolle Gefäße, Gewänder, Stoffe, Körbe mit Edelsteinen. Tiere ziehen mit zum assyrischen Herrscher: Kamele, ein Elefant und Exemplare exotischer Tiergattungen, die nie frei gelebt haben können im Lande des Königs Jehu. Samaria liefert seinen Zoo aus. Der König von Israel kauft sich durch Demütigung und Geschenke frei von Plünderung und Zerstörung. Israel gewinnt eine Atempause. Der König, der als dritter in der Galerie der Chefs des Nordstaates auf Jehu

folgt, nützt die günstige Stunde: Israel gleicht noch einmal die finanziellen Verluste aus.
Jerobeam II. wird nicht mehr von Norden bedrängt wie seine Vorfahren: die assyrischen Herrscher unterlassen für einige Jahrzehnte die Raubexpeditionen ins Gebiet der Hebräer. Unruhen im eigenen Land sind die Ursache für die Zurückhaltung; die straffe Struktur, die den Assyrern ihre Überlegenheit gegeben hatte, löst sich vorübergehend auf. Dem Volk an Euphrat und Tigris fehlt der Schwung zu gewinnbringenden Eroberungen, die über das Gebiet der Aramäer hinausreichen. Den Staat um Damaskus aber geben die Assyrer nicht frei.
Um das Jahr 800 v. Chr. verliert die Konkurrenz der Hebräer, das Reich des Königs Hasael, seine Eigenständigkeit. Für kurze Zeit ist diese politische Situation günstig für Israel, es gibt keinen Anlaß mehr zu kräfteverzehrendem Streit mit den Aramäern. Doch auf die Dauer wirkt sich die Eroberung von Damaskus durch die Assyrer bitter aus für Israel: die Pufferzone fehlt, die Samaria vom aggressiven Großstaat getrennt hatte. Die Hebräer sind direkte Nachbarn der Assyrer geworden. Schuld an dieser Entwicklung trägt König Jehu selbst, der mit seiner Kapitulation vor Salmanassar III. die Koalition zwischen Aramäern und Hebräern gesprengt hatte. Zu zweit hätten sie widerstehen können. Die Aramäer allein konnten Assyrien nicht aufhalten.

Jerobeam II., der vierzig Jahre lang über Israel regiert, gliedert noch einmal die Gebiete östlich des Jordan an seinen Staat an. Er plündert den Reichtum der kleinen Königreiche, die lange Zeit unabhängig gewesen waren. In Eroberungszügen ersetzt Jerobeam II. die Schätze wieder, die Jehu den Assyrern ausgeliefert hatte. Israel wurde so reich wie zuvor. Die Händler, Grundbesitzer, Geldwechsler, Handwerker und vor allem die Hofbeamten glaubten an Entspannung der Weltlage: sie vergaßen die Gefahr aus dem Norden und kümmerten sich um ihren Besitz. Die Landwirtschaft überließen sie den Kriegsgefangenen aus den eroberten Ostjordanländern. Der Glaube wächst in der Oberschicht, daß die glücklichen Tage nun für immer andauern werden. Nur ein kleiner Kreis von weitsichtigen Männern warnte. Im Zentrum der Warner stand der Prophet Amos, ein Bauer – keineswegs einer der Reichen – aus einem Wüstennest des Südstaates. Visionen von der Zerstörung Israels bedrängen ihn: er sieht die Gefahr, die im Norden lauert. Er verläßt

deshalb sein Zelt und die wenigen versteppten Felder und zieht predigend durch die Dörfer und Städte um Samaria.
Amos gehört zu den immer wieder auftauchenden Gruppen von Traditionalisten, die revolutionär wirken, weil sie in der Periode des Wohlstands die Vorzüge des einfachen Lebens predigen. Sie sehen die Wurzel des kommenden Übels, der Katastrophe, die hereinbrechen muß, in der Abkehr von der Lebensart des Nomadenvolkes. Diese umstürzlerischen Reaktionäre fordern nicht deshalb Verzicht auf Wohlstand, weil es Arme gibt im Lande und soziale Ungerechtigkeit, sondern weil sie der Meinung sind, der Allmächtige Gott könne nicht einverstanden sein mit der Prasserei. Amos sieht im einfachen Leben die von Gott gewollte Existenzform des biblischen Volkes.

Später, nach der Niederlage, im Exil erinnern sich die Hebräer, daß da ein Mann durch ihre Dörfer gewandert war – zu Hause, in Samaria –, der ihnen die Mahlzeiten zu vergällen suchte: »Wehe denen, die ruhen auf Elfenbeinlagern und sich ausstrecken auf ihren Betten, die Lämmer von ihrer Herde verzehren und Kälber vom Stall. Wehe denen, die grölen zum Klang der Harfe und die sich Musikinstrumente bauen wie David. Wehe denen, die aus Weinschalen trinken und sich mit feinstem Öl salben. Sie müssen alle in die Verbannung. Dann ist es aus mit dem Gelage der Weichlinge« (AMOS 6,4ff.). Die Legenden geben den Hinweis, daß dieser Prophet des Untergangs der jüdischen Staaten nicht mit geläufiger Zunge gesprochen habe; bei Amos wird derselbe Sprachfehler registriert, der schon dem Moses Schwierigkeiten machte und ihm gleichzeitig besondere Glaubwürdigkeit als Begnadeter Gottes verlieh: »Amos war von schwerer Zunge, daher sein Name, der ›schwerfällig‹ bedeutet. Die Menschen damals sprachen von ihm: Gott hat keines seiner Geschöpfe mehr beachtet als diesen Stammler, auf dem er seinen Geist hat ruhen lassen, auf diesem mit der verstümmelten Zunge.«
So ganz leichtfertig kann die herrschende Schicht in Samaria nicht in die Zukunft geblickt haben, denn die Hauptstadt Samaria wird um diese Zeit mit dicken Mauern aus Steinblöcken versehen. Die Armee trifft Vorbereitungen zur Abwehr einer Belagerung. Die Vorratshallen und die Wasserzisternen in Samaria sind voll. Für den Propheten Amos ist die Vorsorge für die Ernährung der Bevölkerung gleich wieder ein Anzeichen von Völlerei. Die Regierungen

in Samaria und in Juda ärgern sich über diesen Mann, dem gar nichts recht zu machen ist. Die Erzählungen lassen spüren, daß Amos als Querulant galt an den Höfen. Einer der Herrscher fand eine gewaltsame Lösung des Konflikts: »Der König Usia von Juda brachte aus Wut den Propheten um mit einer Eisenstange, die er ihm auf die Stirn schlug.«
Die letzten Jahre des israelischen Reiches sind geprägt durch den inneren Zerfall in der Stadt Samaria. Respekt vor dem König ist erloschen: der Sohn von Jerobeam II. regiert nur ein halbes Jahr, dann wird er umgebracht. Der Mörder herrscht einen Monat lang, dann fegt auch ihn ein Putsch aus der königlichen Burg. Der Nachfolger Menahem bekommt zum erstenmal wieder seit Jahrzehnten die Faust der Assyrer zu spüren: aus dem Zweistromland bricht König Tiglatpileser III. nach Syrien ein. Der Assyrer gibt sich mit der Bezahlung von 35000 Kilogramm Silber zufrieden. Eine Sondersteuer für die Wohlhabenden muß festgesetzt werden, im Tresor des Staates findet sich eine derartige Menge Silber nicht. 70000 Familien sind zur Ablieferung von je 500 Gramm Silber verpflichtet. Menahem kann sich zehn Jahre lang an der Macht halten, diese Zeit ist die letzte Periode von Stabilität, die dem Königreich gegönnt ist. Kraftlos vegetiert Israel, gelähmt vom Wohlstand.
In kritischen Zeiten, in Momenten der militärischen Schwäche, erwachen die diplomatischen Instinkte des biblischen Volkes: Koalitionen mit ausländischen Mächten entstehen, Fäden werden gezogen zu fremden Höfen, Bestechungsgeschenke schaffen Freundschaften. Die Diplomaten hoffen auf eine ägyptische Intervention. Israel und der südliche Bundesstaat Juda bilden die räumliche Verbindungsbrücke zwischen den beiden Kulturlandschaften Zweistromland und Nildelta. In den vergangenen Jahrhunderten fuhren die Streitwagen der Ägypter über das Gebiet der Hebräer, wenn die Könige am Nil ihre Einflußzone in Richtung Euphrat und Tigris ausdehnen wollten. Im siebten Jahrhundert v. Chr. bringt Ägypten nicht mehr die Kraft zur Aggression auf, es kann gegen die Assyrer gerade noch letzte Reservate nordöstlich von Gaza verteidigen. Die Politiker am Nil hören sich die Klagen der Gesandten aus Samaria und Jerusalem an. Sie versuchen wiederum, bei ihren Anhängern im hebräischen Gebiet den Willen zur Selbsthilfe zu wecken. Fraktionen bilden sich in Samaria und Jerusalem: die Anhänger der Ägypter sind für den Ausbau der Festungen, für eine harte Haltung gegenüber den Assyrern – die Parteigänger der Assyrer aber treten

für Loslösung von Ägypten ein, für Tributzahlung an die Herrscher im Norden, für Abbau der eigenen Armee. Die zwei Pole Ägypten und Mesopotamien – so ungleich sie auch sind – zerreißen das gespaltene Land der Hebräer. Schaukelpolitik beschleunigt den Untergang. Diplomatische Schachzüge bringen keine Rettung.

David hatte sein Großreich bauen können, weil die gewaltigen Nachbarstaaten damals schwach waren. Die Verbindungsbrücke zwischen Nil und Euphrat wurde um das Jahr 1000 v. Chr. von keinem Aggressor benützt. Doch die Schonfrist für die Hebräer ist längst vorüber: Volk und Land liegen im Visier beider Supermächte, der Assyrer und der Ägypter. Für beide bilden die Staaten Israel und Juda das Vorfeld, das strategische Entfaltungsmöglichkeiten bietet. Der übernächste Nachfolger des Königs Menahem von Samaria läßt sich von den Ägyptern überzeugen, daß nur eine Koalition zwischen Damaskus, Samaria und Jerusalem Rettung bringen könne vor den Assyrern. Der Aramäerstaat und Israel einigen sich rasch, nur der hebräische Südstaat Juda hat keine Lust, sich in ein Abenteuer hineinziehen zu lassen. Er weigert sich, der Koalition beizutreten. Die beiden Freunde der Ägypter reagieren zornig auf die Weigerung: sie überfallen Juda.

Die Hebräer holen sich selbst den Henker ins Land

Der einzige, der die Zukunft richtig beurteilt, ist der hellsichtige Prophet Jesaja; er rät zur Gelassenheit: die feindliche Koalition wird zerstört: »dann ist zur Öde das Land verwandelt, vor dessen beiden Königen dir jetzt graut« (JESAJA 7,16). Doch König Ahas von Juda hört nicht auf ihn. Er hat Angst vor den verbündeten Heeren aus Samaria und Damaskus. Hoffnung sieht er trotz aller schlechten Erfahrung im Bündnis mit den Assyrern. Wieder einmal wird der Tempelschatz von Jerusalem auf Wagen verladen und ins Ausland transportiert. Daß der Allmächtige Gott einst die wichtigste Waffe der Hebräer war, daran will sich niemand mehr erinnern lassen. Jesaja mahnt umsonst. Ahas glaubt, daß er mit dem Tempelschatz ein Bündnis erkaufen könne. Diesen Text schickt er mit den goldbeladenen Karren zu Tiglatpileser III: »Dein Knecht und dein Sohn bin ich. Ziehe herbei und hilf mir aus der Gewalt des Aramäerkönigs und des Königs von Israel, die mich angegriffen haben« (2 KÖNIGE 16,7). Der Assyrer läßt sich nicht lange bitten. Er nimmt die Bezahlung an und zerstört Damaskus. Tiglatpileser hat seine Taten in Keilschrifttafeln einritzen lassen, die später in Schutt und Trümmern seiner eigenen Residenzen geborgen werden. Die Einnahme von Damaskus faßt er so zusammen: »Die Männer am Hofe steckte ich lebendig auf Pfähle, und das ganze Land konnte zusehen. Die Felder und die Baumplantagen verwüstete ich.« Die Anti-Juda-Koalition ist zerschlagen. Israel selbst bleibt für einige Jahre ungeschoren. Tiglatpileser erobert zunächst Gaza und den Küstenstreifen der Philister – damit ist die Verbindung abgeschnitten zu Ägypten. Israel konnte nicht mehr darauf hoffen, sich Hilfe vom Nil zu erbitten gegen die Aggressoren aus dem Norden. Dann greift sich der Syrer das Land der ehemaligen Stämme Naphtali und Sebulon. Die Archivare von Ninive lassen sich vom König das Siegesprotokoll diktieren – interessant ist, daß Israel in Ninive immer noch als das »Haus Omri« bezeichnet wird: »Vom Haus Omri nahm ich das große Gebiet von Naphtali. Meinen Gouverneur setzte ich dort ein. Gefangene wurden nach Assyrien transportiert.« Daß Samaria, das Zentrum des Königreiches Israel, verschont blieb, wurde als Wunder empfunden. Flüchtlinge drängen sich hinter den Mauern von Samaria zusammen, Familien, die sich retten konnten vor den schnellen Reiterheeren der Assyrer. Die

Menschen, die sich vor dem Palast in Zelten niedergelassen haben, sind für den letzten König des Nordstaates permanente Mahnung, eine politische Lösung zu suchen, um die Not seines Volkes zu lindern. Hosea beginnt Verhandlungen mit Salmanassar V., der seit 727 in Assyrien regiert. Gegen die Bezahlung einer beträchtlichen Summe ist Salmanassar bereit, auf die Eroberung von Samaria zu verzichten. Ein Vertrag wird abgeschlossen, den der Assyrer ganz gern einhalten will, weil die Abmachung ihm die Handlungsfreiheit gibt, Aufsässigkeiten in anderen Gebieten des riesigen Reiches zu bekämpfen. Salmanassar V. ist unter die wenigen assyrischen Herrscher zu rechnen, die das kulturelle Zentrum ihres Staates, die Hauptstadt Ninive, schätzen: er sucht Gelegenheit, den Reichtum zu genießen, der sich in den hundert Jahren seit der Regierungszeit Salmanassars III. in den Palästen am Tigris angesammelt hatte. Salmanassar V. ist gern zu Hause. Doch handelt der König nicht unvorsichtig: eine Delegation diplomatisch erfahrener Männer bezieht Quartier in Samaria. Bereits früher müssen sich solche Legaten aus Assyrien im Verwaltungszentrum des Nordstaates aufgehalten haben, da schon der inzwischen verstorbene König Tiglatpileser III. seine Beziehung zum letzten Herrscher in Israel mit diesen Worten in Dokumenten festhalten ließ: »Ich setzte Hosea ein, um über Israel zu herrschen.«
Ursache für den völligen Untergang des jüdischen Nordstaates ist die Diskrepanz in der Auslegung des abgeschlossenen Vertrags zwischen der assyrischen Besatzungsmacht und König Hosea. Wie der Text aus Ninive zeigt, betrachten die Eroberer den König als Marionette, der ihrer Politik zu folgen hat. Sie gestehen ihm keinerlei Souveränität zu – Hosea aber glaubt, ihm sei Spielraum geblieben für diplomatische Manöver. Bei konsequenter Fortsetzung der Tributzahlung hätte er seinen kleinen, auf wenige Hektar Land beschränkten Staat retten können, in der Hoffnung, daß Unruhen zu Hause irgendwann einmal die assyrischen Befehlshaber dazu zwingen, ihre Streitwagen zurück in Richtung Tigris zu lenken. Leitgedanke seiner Politik mußte sein, jeden Zusammenstoß mit der assyrischen Delegation in Samaria und mit den fremden Gouverneuren in Naphtali und Sebulon zu vermeiden. Doch Hosea fällt auf die Versprechungen eines kleinen Fürsten aus dem Nildelta herein, den assyrische Texte »Sibe« und alttestamentarische Texte »Sewe« nennen.
Sibe ist ein Mann ohne Bedeutung, der die ehemals guten ägypti-

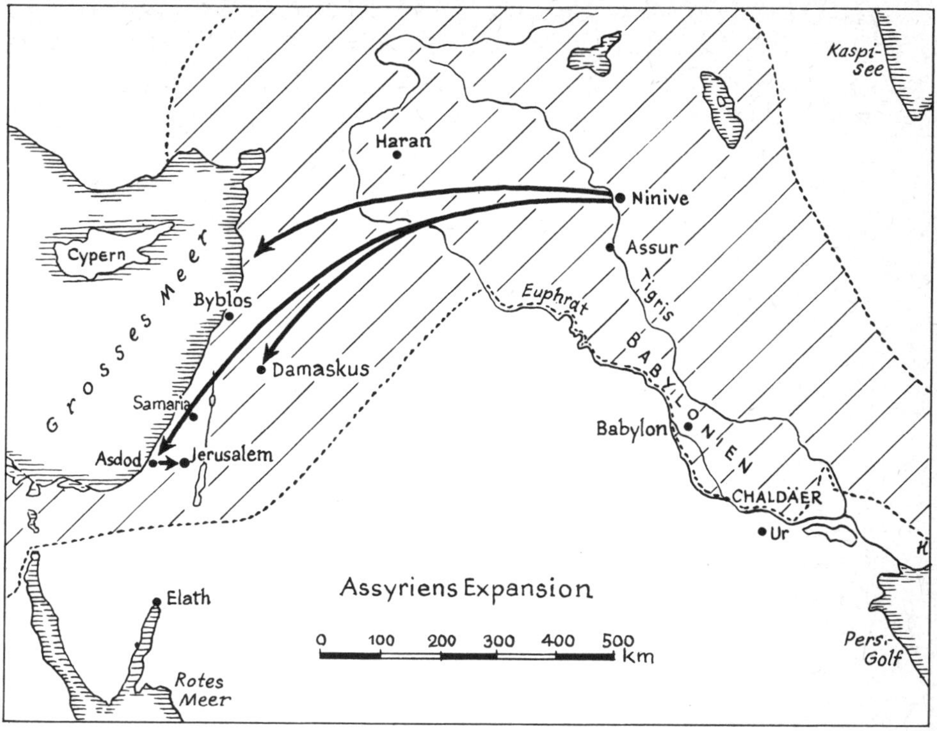

schen Beziehungen ins Land Kanaan ausnützt, um Freunde in den Staaten der wichtigen Landbrücke zwischen Nil und Zweistromland zu finden. Hosea jedoch sieht in Sibe einen starken Verbündeten; er nimmt diplomatische Beziehungen zum Hof am Nil auf. Dieser Entschluß wäre so schlimm nicht gewesen, wenn Hosea weiterhin pflichtgemäß Tribut gezahlt hätte an die assyrische Kontrollmission in Samaria. Aber Sibe machte ihm Mut, die Zahlungen einzustellen. Eine solche Behandlung konnte sich der Nachfolger Salmanassars, Sargon II., nicht gefallen lassen. Er war eben erst Herrscher geworden; er brauchte Erfolge, die seinem Namen Unsterblichkeit sichern sollten. Sargon verläßt seine Hauptstadt Ninive, um mit seinem Heer die 1000 Kilometer Steppenweg zur Stadt des Rebellen zu ziehen. Nach einem Monat erscheint er vor den starken Mauern von Samaria. Es bewährt sich nun, daß die Befesti-

gungsanlagen seit der Zeit des Königs Jehu immer wieder modernisiert wurden. Als sich die Staubwolken über der assyrischen Reitertruppe und über den Streitwagenkolonnen am Horizont zeigen, da läßt Hosea Vorräte in die Burg holen; unnötige Esser, die Flüchtlinge aus Naphtali und Sebulon, werden in Richtung Juda auf den Weg geschickt. Eine Delegation verläßt auf schnellen Fahrzeugen Samaria, um den Allierten am Nil zu alarmieren. Doch der letzte Herrscher von Israel hat Unglück: die Assyrer fangen ihn vor der Burg; Hosea ist aber auf dem Rückweg von einer Inspektionsreise.
Die Vorräte in Samaria reichen für drei Jahre. Ein strenges Rationierungssystem ermöglicht die gleichmäßige Ernährung der 10000 Menschen, die der Stellvertreter des Hosea in der Stadt konzentriert hat. Zisternen sind angelegt, in denen sich das Regenwasser fängt. Das entscheidende Problem für die Stadtverwaltung ist die Sicherung der Disziplin. Verzweiflung läßt sich schon nach wenigen Wochen nicht mehr eindämmen. Von den Türmen der äußeren Befestigungsanlagen aus sehen die Verteidiger bis zum Mittelmeer; ihnen entgehen die Züge der gefangenen Hebräer nicht, die aus den Dörfern ringsum langsam nach Norden marschieren. Sargon II. beginnt schon während der Belagerungszeit mit der Umschichtung der Bevölkerung in seinem Reich, die er sich vorgenommen hat, um den Widerstand der eroberten Völker für immer zu brechen. Den Gruppen, die unter Bewachung nach Norden ziehen, begegnen andere, die von dort kommen: Familien aus den Landstrichen am Oberlauf von Euphrat und Tigris und aus den heutigen türkisch-syrischen Grenzbezirken. Das Organisationstalent der Assyrer bewährt sich noch einmal: Zehntausende von Soldaten sind damit beschäftigt, die Bevölkerungsmassen des großen Reichs zu mischen. Die Männer, die dem gefangenen Hosea in Samaria die Treue halten, wissen, was auf sie wartet.
Aus den überlieferten Texten ist abzulesen, daß Samaria im Sturm erobert wurde. Der Sieger, Sargon II., erwähnt in seinem Bericht nur eine kurze Belagerungszeit: »Im ersten Jahr meiner Regierung begann ich die Belagerung von Samaria und eroberte die Stadt. Menschen aus fremden Gebieten, Gefangene meiner Kriege siedelte ich dort an.« Die Verschleppung der Hebräer aus dem Nordreich erwähnt der assyrische König nicht in dieser Siegesmeldung. Rund 30000 Menschen, Priester, Beamte, Offiziere, Händler, Grundbesitzer, werden deportiert. Nie mehr hören die Zurückgebliebenen

auch nur ein Wort von den Verbannten. Sie tauchen unter im Völkergemisch zwischen Taurusgebirge und Zweistromland, aufgesogen von anderen Stämmen. Die Oberschicht des Nordstaates der Hebräer ist ausgelöscht mit Ablauf des Jahres 721 v. Chr. Zurück bleiben Bauern und Dienstpersonal, sie werden im Service für die neuen Herren gebraucht.

Die Umsiedlungspolitik der Assyrer hat den gewünschten Erfolg: mit dem Untergang des Staates von Samaria verlieren zehn der hebräischen Stämme, die Josua hier angesiedelt hatte, endgültig ihren bisher noch bewahrten eigenen Charakter; sie existieren künftig nicht mehr als Clan, als Großfamilie. Von nun an repräsentieren nur noch die Menschen von Juda das biblische Volk. Der eine Stamm Juda überlebt die Zeit des assyrischen Großreichs. Diese Leistung wird honoriert: der Begriff »Hebräer« wird nach und nach in allen Sprachen durch die Bezeichnung »Juden« ersetzt. Die Menschen von Juda übernahmen im Jahre 721 v. Chr. die schwierige Aufgabe, den Gedanken wachzuhalten an den Allmächtigen Gott.

Juda ist allein

Die Assyrer dokumentieren ihren Sieg durch Reliefs auf Alabasterplatten. Über drei Meter mißt die Gestalt des assyrischen Königs am Denkmal des Asarhaddon. Vor ihm knien, winzig, nur einen Meter groß, zwei fremde Könige, die um Gnade flehen. Eindrucksvoller kann Unterwerfung nicht dargestellt werden: der siegreiche Riese blickt machtvoll mit dem Ausdruck größter Verachtung über die geschlagenen Zwerge hinweg. Von diesem König ist keine Gnade zu erwarten. Das Schicksal der unterworfenen Völker schildert eine Steinplatte aus dem Palast von Kalah, der assyrischen Residenz südlich von Ninive: hebräische Männer ziehen aus ihrer Stadt; sie tragen in kleinen Säcken einen bescheidenen Teil ihres Eigentums mit sich. Die Hebräer sind hochgewachsen – ihr assyrischer Bewacher reicht mit seinem Kopf nur bis zum Hals der Gefangenen; der spitze Helm ersetzt die fehlenden 30 Zentimeter bis zum Mützenrand der Hebräer. Die Deportierten tragen dieselben zipfeligen Kappen, die schon vom Bild der Unterwerfung des Königs Jehu her bekannt sind. Getrennt von den gefangenen Menschen ziehen die Herden der Stadt nach Mesopotamien davon.

Geschichtliche Ereignisse dieser Zeit lassen sich durch schriftliche Dokumente belegen. Im Zweistromland und am Nil hatten sich aus einfachen Bildzeichen Schriftsymbole entwickelt. An Euphrat und Tigris – ein Gebiet, in dem Ton zu den leicht zugänglichen Materialien zählt – werden die Symbole in feuchte Tontafeln eingeprägt. Dem Schreibverfahren entsprechend gibt es keine gebogenen, sondern nur gerade Striche in jeder möglichen Zusammenstellung: gerade, gekreuzte, parallele, einander in Winkeln zugeordnete Striche. Da dem Schreiber immer der Ansatz eines Striches besonders kräftig gelingt, bekommen die Geraden ein keilförmiges Aussehen: kurz vor dem Abheben des Stifts verdünnt sich der Strich im unteren Auslauf.

Um größere Texte im Zusammenhang aufzeichnen zu können, formten die assyrischen Schreiber sechsseitige Prismenblöcke, die rundum beschrieben werden konnten. Solche Blöcke sind in Kalah bei Ninive gefunden worden. Oft wiederholt sich auf mehreren Blöcken der gleiche Text; die Schriftstücke sind kopiert worden, um Gesetzestexte und Siegesberichte mehreren Interessenten zugänglich machen zu können.

Auch König Sanherib, der drittletzte Herrscher der Assyrer vor dem Ende ihres Reichs, läßt seine Erfolge mehrfach in gleichen Worten auf Tonprismen rühmen. Der Text vermittelt einen Eindruck von der Macht, die Sanherib in seinen Händen konzentrieren konnte. Der Herrscher stellt sich zunächst vor: »Ich bin Sanherib, der überragende König, der allesbeherrschende König, der weise Herrscher, der Liebling des mächtigen Gottes. Der König, der Gerechtigkeit übt, mit Hilfe beispringt, der die Waisen unterstützt. Der vollkommene Held, der Tapfere, der Anführer aller Fürsten. Der Große, der Rebellionen zerschlägt, der die Bösen in den Boden tritt. Gott Assur, der starke Fels, verlieh mir mein Königtum, das unerreichbar ist in seiner Größe. Vom oberen See, wo die Sonne untergeht, bis zum unteren See, wo sie aufgeht, beugen sich alle Menschen unter meine Füße. Starke Herrscher haben Angst vor dem Kampf mit mir. Sie lassen ihr Land im Stich und flüchten wie die Nachtvögel in Felsspalten.« Mit dem »oberen See, wo die Sonne untergeht«, ist das Mittelmeer gemeint; der »untere See, wo sie aufgeht«, bezeichnet den Persisch/Arabischen Golf.
Die Schriften der Tonprismen erzählen von den Feldzügen, die Sanherib zwanzig Jahre nach der Vernichtung von Samaria ausführte: »Ich nahm mir das Land der Hethiter zum Ziel. Den König von Sidon warf die Furcht vor meinem Glanze nieder. Er floh übers Meer und starb. Tubalu setzte ich als König ein über sie. Steuer und Tribut legte ich ihnen Jahr für Jahr auf ohne Unterlaß. Minhimmu von Samsimuruna, Tubalu von Sidon, Abdiliti von Arvad, Urumilki von Biblos, Mitinti von Asdod, Puduel von Bet Ammon, Kamusunadbi von Moab, Malikrammu von Edom. Alle Könige des Landes brachten reiche Geschenke und küßten meine Füße. Der König von Askalon hatte sich nicht unterworfen. Die Götter seines Hauses, ihn selbst, sein Weib, seine Söhne, seine Töchter, seine Brüder und seine Verwandten väterlicherseits führte ich fort nach Assyrien. Ich belagerte Bet Dabon, Jaffa, Banabarqa und Azuru. Sie hatten sich meinen Füßen nicht schleunigst unterworfen, so eroberte ich sie und ließ sie plündern. Die Herren von Eqron, die ihren König wegen seiner Verbindung zu Assyrien in Ketten gelegt und an Hiskia von Juda ausgeliefert hatten, fielen in Furcht. Sie holten Hilfe aus Ägypten. Bogenschützen, Wagen und Rosse kamen ihnen zu Hilfe. Auf der Ebene von Elteqo bildeten sie eine Front und schärften ihre Waffen. Mit Hilfe meines Gottes Assur kämpfte ich mit ihnen und besiegte sie. Den Obersten der Wagen

und die Söhne eines Königs von Ägypten nebst dem Obersten der Wagen des Königs von Äthiopien nahm ich mitten in der Schlacht lebend gefangen. Die Statthalter und die wichtigen Männer der Stadt Eqron tötete ich. An die Türme der Stadtmauer hängte ich ihre Leichen. Hiskia von Juda unterwarf sich meinem Joch nicht. 46 seiner festen ummauerten Städte und die Dörfer in ihrer Umgebung aber belagerte ich mit Kampfmaschinen. Die Fußsoldaten stürmten über Bohlenbahnen durch Breschen. 200150 Menschen, Große und Kleine, Männer und Frauen, Pferde, Maultiere, Esel, Kamele, Rinder und kleine Tiere ohne Zahl führte ich aus den Städten heraus und nahm alles zur Beute. Hiskia selbst schloß ich wie einen Vogel im Käfig in seiner Hauptstadt Jerusalem ein. Schanzen warf ich gegen ihn auf, und wer aus einem Stadttor herauskam, den brachte ich um. Die Städte des Hiskia, die ich geplündert hatte, trennte ich von seinem Lande ab. Den König Hiskia aber warf die Furcht vor der Macht meiner Herrschaft nieder, und die vorzüglichen Soldaten, die er zur Verstärkung seiner Residenz Jerusalem herangeholt hatte, zitterten vor Schrecken. 1000 Kilogramm Gold, 30000 Kilogramm Silber, Edelsteine, Kosmetikartikel, Steine aus Lapislazuli, elfenbeinerne Betten, Thronsessel aus Elfenbein, Elefantenhaut ließ er mir ausliefern. Hiskia übergab mir seine Töchter, seine Palastdamen, seine Sänger und Sängerinnen. Ich führte sie alle nach Ninive, in meine Residenzstadt.«

König Sanherib prahlt, wenn er die Zahl der Gefangenen mit 200150 angibt, doch steckt in allen Angaben dieser Propagandaschrift ein Wahrheitskern. Der Herrscher von Jerusalem, König Hiskia, hatte die Politik der Freundschaft mit den Assyrern aufgegeben. Im ersten Jahrzehnt nach der Niederlage des Nordstaates, also in besonders kritischer Zeit, versuchte sich Hiskia aus der Abhängigkeit von den Assyrern zu lösen. Durch geheime Absprachen verband er sich mit den Philistern, besonders mit den Chefs der Städte Ekron und Askalon. Dort lebten unruhige Männer, die sich mit der Machtlosigkeit gegenüber dem assyrischen Reich nicht abfinden konnten. Die Rebellen sicherten sich wieder einmal ägyptische Unterstützung, hinter der jedoch zu dieser Zeit noch weniger militärische Kraft als früher zu finden war. Erstaunlich ist, daß die Politiker dieser Jahre den Niedergang Ägyptens noch immer nicht zur Kenntnis nehmen wollten. Sie suchten Schutz bei einem Staat, der längst selbst Hilfe brauchte, und fanden nur Enttäuschung. Ekron und Askalon wurden von Sanherib für die Kontakte zum

Nil bestraft. Dem König, den die Freunde der Ägypter in Ekron abgesetzt hatten, gab Sanherib den Thron zurück.
Die Belagerung von Juda, die von der Schrift auf den Tonprismen erwähnt wird, fand im Jahre 701 v. Chr. statt. Der Prophet Jesaja schildert seine Impression vom Anmarsch der Assyrer in diesem Jahr. Die Perfektion der Gegner fasziniert ihn: »Gott pflanzt ein Panier auf für ein Volk aus der Ferne und lockt es vom Ende der Welt herbei. Da rückt es eilends an. Kein Müder ist darunter, keiner der strauchelt. Der Schurz ihrer Lenden löst sich nicht, bei ihnen zerreißt kein Schuhriemen. Ihre Pfeile sind geschärft, und ihre Bogen gespannt. Ein Gebrüll haben sie wie Löwen. Sie brüllen wie die jungen Löwen, sie knurren und packen den Raub und schleppen ihn fort. Da ist niemand, der helfen kann« (5,26).
Das Alte Testament und die archivierten Dokumente des Königs Sanherib ergänzen sich. Zusammen ergeben sie ein Bild der Vorgänge. Doch beide Quellen verschweigen auch wichtige Details. Sanherib berichtet in großen Worten vom Tribut, den Hiskia bezahlt habe; warum er die Stadt schließlich verschont, erzählt er nicht. Er drückt sich um die volle Wahrheit, zum Schaden der historischen Erkenntnis, denn auch das Alte Testament läßt uns im Stich. Jerusalem ist im Jahre 701 v. Chr. zwar umzingelt, aber in der Tat nicht eingenommen worden. Tagelang wurde über die Kapitulation verhandelt: zur Verblüffung der jüdischen Delegation sprachen die Bevollmächtigten des assyrischen Befehlshabers Rabschakeh Hebräisch; sie drohten sehr wirkungsvoll in der Umgangssprache der Belagerten. Als die Panik in der Stadt umsprang in lähmende Todesangst, da akzeptierten die assyrischen Unterhändler plötzlich die Zahlung von Tribut. Hiskia lieferte Gold und Silber aus an die Belagerer und konnte zu seiner Genugtuung von der Stadtmauer aus zusehen, wie das assyrische Heer nach Norden abzog. Die Belagerung wurde aufgehoben. Sicher hat Sanherib nicht ohne Grund so kurz vor dem Ziel resigniert. Doch bisher gibt kein Dokument Aufschluß, welches Motiv den siegreichen König aus Juda wegtrieb. Die Erzähler der Bibel konnten die Aufhebung der Blockade nur als Wunder Gottes empfinden.
Zur Zeit des Königs Hiskia begannen die Hebräer, die auf kleinem Raum um die Stadt Jerusalem übriggeblieben waren, sich an den Glauben der Väter zu erinnern. Auf den Bergen in der Nähe der Stadt wurden die Heiligtümer der anderen Götter – wie schon so oft – zertrümmert: die Säulen aus Stein und Holz verschwanden.

Hiskia rottete den Kult eines Schlangenidols aus; das Sinnbild der Schlange war immer mehr zum Gott geworden, von dem das bedrohte Volk Rettung erhoffte. Durch die Jahrhunderte der Geschichte des biblischen Volkes konnten sich hartnäckig die Götter Kanaans aus der Zeit vor der Landnahme in der Erinnerung halten. Die Hebräer vertrauten mehr den Göttern, die seit jeher auf ihrem angestammten Platz im Lande saßen, als dem Allmächtigen Gott, der sie aus Ägypten durch die Steppe von Sinai geführt hatte.

Die Religionsreform des Hiskia hatte politische Gründe. Sein Vorgänger Ahas war so sehr den Assyrern hörig gewesen, daß er ihre Form des Gottesdienstes übernahm. Zur Zeit der Allianz zwischen Juda und Assyrien, vor dem Untergang des hebräischen Nordstaates, begeisterte sich Ahas in Damaskus für die Gestaltung der assyrischen Altäre. In den Tempel zog Konkurrenz ein für den Allmächtigen Gott. Die Erzähler des Alten Testaments nehmen eine eigentümlich neutrale Haltung ein zu diesen Vorfällen: »Der König Ahas hatte eine Begegnung mit dem Assyrerkönig Tiglatpileser in Damaskus, er sah dort den Altar und schickte an den Priester Uria eine Zeichnung dieses Altars und ein genaues Modell seiner Ausführung. Der Priester Uria errichtete den Altar nach dem Modell, das der König Ahas aus Damaskus geschickt hatte, noch bevor der König aus Damaskus zurückkehrte. Nach seiner Heimkehr aus Damaskus sah der König den Altar, trat hin und stieg zu ihm empor. Er ließ sein Brand- und Speiseopfer in Rauch aufgehen und sprengte das Blut seiner Opfertiere auf den Altar« (2 KÖNIGE 16, 10ff.). Der Gott der Väter mußte es sich gefallen lassen, daß Ahas seinen Altar in die Ecke schob; »er stellte ihn seitlich des neuen Altars nach Norden auf.« Das »eherne Meer«, seit Salomo die Attraktion des Tempels von Jerusalem, ließ Ahas aus dem Gebäude heraustragen und auf die Straße stellen; er hielt die Wasserspiele, die längst nicht mehr in Gebrauch waren, für nutzloses Gerümpel. Den Zugang zur Bundeslade vernagelt dieser König.

Diese Abwendung vom einen Allmächtigen Gott machte Hiskia wieder rückgängig: die Tür zur Bundeslade wurde geöffnet, den Altar des assyrischen Gottes trugen die Tempelarbeiter zum Schuttplatz; sie holten Kultgeräte des Allmächtigen Gottes wieder aus der Ecke. Nur das »eherne Meer« blieb auf der Straße. Mit der neuerlichen Religionsreform endeten die Jahre der Freundschaft mit Assyrien. Die politische Neuorientierung in Juda ist mit einer

Revolution der Religion zugunsten der Tradition verbunden. Der Allmächtige Gott wird zum Verbündeten in der Verteidigung gegen die Assyrer. Jerusalem besinnt sich auf das Erfolgsrezept früherer Zeiten.
Hiskia verläßt sich nicht nur auf die Kraft der Bundeslade in seiner Planung; er präpariert Jerusalem durch die Kunst seiner Ingenieure für die lange Auseinandersetzung mit Assyrien. Jede Belagerung kann überstanden werden, wenn die Versorgung mit Lebensmitteln, vor allem aber mit Trinkwasser, funktioniert. Die Wasserversorgung der Stadt Jerusalem aber war schwierig. Die Quellen am Fuß der Bergzunge im Kidrontal befinden sich außerhalb des Festungsgürtels; sie sind im Falle der Belagerung nicht zugänglich für die Eingeschlossenen. Um die Versorgung mit Wasser zu sichern, ordnet Hiskia an, einen Stollen zu graben, der das Wasser der Gihonquelle in den Teich Siloah leiten kann. Mit Hacke, Hammer, Meißel und Axt – die Hiebspuren der Werkzeuge sind im Stein zu sehen – schlagen die Arbeiter einen Gang in den Fels. Viele hundert Tonnen an Gesteinsbrocken werden nach draußen, vor das Stollenloch geschleppt. In eigentümlichen Windungen verläuft der Tunnel. Der gerade Weg, so erzählt eine Sage, hätte das Grab Davids angebohrt, diese Entheiligung mußte vermieden werden. Der wahre Grund liegt in der Praxis des Stollengrabens: die Arbeiter folgten einer feuchten Gesteinsschicht, die schon immer Wasser in kleineren Mengen in den Tümpel von Siloah geleitet hatte; sie vergrößerten einen natürlichen unterirdischen Bach. 533 Meter lang ist der Tunnel, der heute noch existiert, 60 Zentimeter breit und an den niedrigsten Stellen knapp zwei Meter hoch. Eine Erinnerungstafel, sie wird in Konstantinopel aufbewahrt, berichtet Einzelheiten vom Bau des Stollens: »Das war die Geschichte der Durchbohrung. Gegeneinander gruben, von zwei Seiten, die Arbeiter. Als noch eineinhalb Meter durchbohrt werden mußten, da war zu hören, wie einer dem anderen zurief, daß bereits ein Loch im Felsen entstanden sei. Und am Tage der Durchbohrung schlugen die Arbeiter mit ihren Hacken einer dem anderen entgegen. Bald strömte das Wasser aus der Quelle in den Teich.« Die Leistung ist erstaunlich, daß die Arbeiter ihre Gänge aufeinander zutreiben konnten, selbst wenn ihnen die Spur des unterirdischen Bachs die Aufgabe erleichtert hat. Allerdings gibt es Anzeichen, daß die Bohrarbeiter nicht von Schwierigkeiten verschont blieben: die Höhe des Tunnels schwankt zwischen 1,94 Meter im Nordteil und

5,08 Meter im Südteil des Stollens – daraus ist zu schließen, daß der Arbeitstrupp im Süden den Boden seiner Partie um zwei bis drei Meter absenken mußte, als die Bodenhöhe des nördlichen Kanalteils erkennbar wurde.
Das Ende des unterirdischen Kanals am Siloah-Teich, eine gemauerte Zisterne, gehört heute noch zu den Sehenswürdigkeiten von Jerusalem. Die Wasserfläche liegt offen da, mußte aber zur Zeit des Hiskia – so das Resultat neuer archäologischer Untersuchungen – unter einer Felsplatte verborgen gewesen sein. Erst die Entdekkung der Verankerung einer Überdachung läßt die Anlage dieses Systems der Wasserversorgung sinnvoll erscheinen. Die Ausgrabungen der allerletzten Zeit beweisen nämlich, daß der Endpunkt des unterirdischen Aquädukts – genauso wie der Anfang, die Quelle Gihon – um wenige Meter außerhalb der Stadtmauer liegt. Es ist doch kaum anzunehmen, Hiskia habe den Kanaltunnel graben lassen, um Wasser von einer gefährdeten Stelle zur anderen zu leiten. Das Rätsel ist zu lösen: die Felsplatte schließt an die Stadtmauer an, eine Treppe unter dem Wall ermöglicht geschützten Zugang. Die Belagerer werden durch Bogenschützen daran gehindert, sich dem versteckten Wasserreservoir zu nähern.

Juda rettet sich zunächst

Der Assyrerkönig Sanherib, der die Belagerung von Jerusalem abbrach, hat sich in die Erinnerung des biblischen Volkes tief eingegraben. Die Legenden erzählen in bewundernden Formulierungen von diesem verhinderten Eroberer: »Der Hochmut Sanheribs, des Königs von Assur, war über alle Maßen groß. Er saß auf seinem Thronsessel und unter ihm lagen die Steine der Urzeit. Wenn er sich bewegte, dann zerbrachen diese Steine und Wasser quoll aus ihnen.« Ein Mann, der Wasser finden kann, gilt – wie Moses – als besonders begnadet. »Als Sanheribs Heer einen Fluß überschritt, da waren es so viele, daß die Vorhut schwimmend ans Ufer kam. Doch als die durstigen Männer getrunken hatten, konnte der Mittelteil des Heeres schon zu Fuß hindurchwaten, so viel tranken die Soldaten. Die Nachhut aber ging durch das Flußbett wie auf trockenem Boden. Diese Männer fanden kein Wasser mehr zum Trinken vor, sie mußten es erst aus einer fernen Quelle holen. Was war die wahre Absicht des Schurken Sanherib? Er sprach zu seinen Soldaten: Jeder bringe mir eine Handvoll Staub von der Stadt

Jerusalem. So wird sie abgetragen werden, und ihr Name wird ausgemerzt werden von der Welt.« Triumph spricht aus diesen Worten, daß der Aufschneider Sanherib Jerusalem nicht zerstören konnte.

Das jüdische Volk hat sich ein Sprichwort bewahrt zur Erklärung des assyrischen Abzugs von Jerusalem: »Beginne sofort den Angriff. Schickst du den Angriff erst schlafen, so ist's mit dem Angriff aus!« Die Assyrer hatten zu lange gezögert. Für die Eroberung von Jerusalem gab es für sie nie mehr eine Chance in den restlichen siebzig Jahren, die ihrem Reich noch blieben.

Schon zur Regierungszeit des Hiskia machten sich die künftigen Herren der Region zwischen dem Zweistromland und dem Nil bemerkbar: aus Babylon kam eine Gruppe von Regierungsbeamten auf Staatsbesuch nach Jerusalem. Ganz unbehelligt hatten die Männer das Reich der Assyrer durchquert, obgleich sie als Rebellen galten. Die Diplomaten vertraten einen neubabylonischen Staat am Euphrat, der sich aus dem assyrischen Reichsverband gelöst hatte. Merodach-Baladan hieß der Mann, der Babylon wieder Bedeutung gab; er gehörte zum aramäischen Volk der Chaldäer. Seine Delegation fand Beachtung in Jerusalem. Die Menschen des bedrängten Staates Juda zogen Hoffnung aus der Erkenntnis, daß in der ehemaligen Heimat ihres Stammvaters Abraham ein freundschaftlich gesinntes Volk wohnt, das auch daran interessiert ist, den Assyrern zu schaden. Merodach-Baladan, der Herrscher am Euphrat, wurde zur Gestalt der Sage: »Merodach-Baladan nahm jeden Tag zur dritten Stunde nach dem höchsten Sonnenstand sein Mahl ein, zur neunten Stunde ging er schlafen. Sein Tageslauf wurde gestört, als Gott – um dem König Hiskia in Jerusalem ein Zeichen zu geben – die Sonne versinken und wieder hochsteigen ließ. Als die Sonne wieder an ihrem Platz war, da erwachte Merodach, der sich bei Sonnenuntergang schlafen gelegt hatte. Als er die Sonne in der Position des frühen Nachmittags sah, da wurde er wütend gegen seine Knechte: Ihr habt mich schlafen lassen bis Mittag. Die Knechte antworteten: Der alte Tag hat nicht aufgehört und dauert noch immer an. Da fragte der König: Welcher Gott hat einen Tag sofort auf den anderen Tag folgen lassen? Die Knechte sagten: Das war der Gott Hiskias. Merodach fragte darauf: Gibt es denn einen Gott, der mächtiger ist als mein Gott? Er erhielt die Antwort: Der Gott Hiskias ist der mächtigste von allen. Hierauf schickte der König von Babel Bücher und Geschenke nach Jerusalem. Er schrieb einen

Brief, der so begann: Friede Hiskia dem Könige, Friede der Stadt Jerusalem und Friede dem großen Gott. Als aber die Gesandten mit Brief und Geschenken eben gehen wollten, da dachte er: ich habe Unrecht getan, daß ich Hiskia und seine Stadt in der Anrede dem großen Gott vorangestellt habe. Merodach erhob sich von seinem Sessel und machte drei Schritte, um die Boten zurückzuholen. Danach schrieb er einen zweiten Brief, dessen Überschrift lautete: Friede dem großen Gott, dem König Hiskia und der Stadt Jerusalem! Da sprach der Herr zu ihm: Du bist von deinem Thron aufgestanden und hast drei Schritte getan mir zu Ehren. Ich will dafür von deinen Nachkommen drei Fürsten erheben, die sollen über die ganze Welt herrschen. Diese drei sind: Nebukadnezar, Ewil Merodach und Belsazar.« Drei Herrscher, die von Bedeutung sein werden für das jüdische Volk.

Ganz ungewollt sorgt König Hiskia dafür, daß das Interesse der Dynastie von Babylon an Jerusalem über eineinhalb Jahrhunderte nicht erlischt: er protzt vor den Diplomaten, die auf Staatsbesuch bei ihm waren, mit Gold und Silber. Die Delegation vom Euphrat will auch die Schatzkammer sehen, und Hiskia – stolz auf den Reichtum, der sich trotz der hohen assyrischen Tributforderungen angesammelt hatte – öffnet seinen Tresor. Von dieser Stunde an ist der Neid der babylonischen Herrscher geweckt. Der Prophet Jesaja ist entsetzt über die Naivität des Königs: »Tage werden kommen, da wird man alles, was in deinem Palast ist und was deine Väter bis zum jetzigen Tage angehäuft haben, nach Babel bringen. Nichts wird hier bleiben« (39,6).

Die Voraussicht ist erstaunlich, denn die babylonische Gefahr besteht zu dieser Zeit nur in der Vision des Propheten. Das assyrische Militär aber bestimmt noch immer die Realität. Noch einmal nehmen die Herrscher von Ninive alle Kraft zusammen, um die Rivalen in Ägypten auszuschalten. Die Eroberung des Nildeltas gelingt: kurz vor seinem Untergang erreicht das Reich der Assyrer seine größte Ausdehnung. Jerusalem wird nicht erobert; die Stadt kauft sich erneut frei unter strengen ideologischen Auflagen.

Der Vasallenstaat Juda bekommt den Willen der Imperialisten am Tigris zu spüren, die das kulturelle Leben ihres Staates einheitlich gestalten wollen. Den Menschen von Jerusalem werden assyrische Götter verordnet. Rund um den Tempel entstehen Altäre für Baal und für die assyrischen Sternengötter, für den Sonnengott Samas und für die Königin des Himmels Ischtar. Auf den Hügeln in Juda, so befiehlt die für den tributpflichtigen Staat zuständige Administration in Ninive, müssen die von Hiskia geschlossenen Opferstätten wieder in Betrieb genommen werden. Hartnäckig wehren sich die Gläubigen, die an ihrem Gott festhalten wollen. Zentren des religiösen Widerstands bilden sich in Jerusalem. König Manasse, der Sohn des Hiskia, bricht den Trotz der Gläubigen durch Terror. Er will sich den Ärger mit der Besatzungsmacht ersparen. Diese Politik ist klug: Manasse rettet die Substanz der biblischen Völker über eine gefährliche Zeit hinweg.

Der Tempel wird Symbol des Staates

Fünfzig Jahre nach der Entwertung des reinen Glaubens vom einen Allmächtigen Gott wird das Volk von Juda schon wieder zur Religionsreform gezwungen: die politische Voraussetzung für die Nachahmung der assyrischen Kulte ist in der Zwischenzeit geschwunden, der Druck aus Ninive hat nachgelassen. Das Zweistromland verzehrt seine Aggressivität im Bruderstreit. König Assurbanipal ist selbst kein Heerführer mehr – die assyrischen Heere werden in der Endphase des Reichs von Generälen geführt. Der Herrscher liebt Musik, Dichtung und bildliche Darstellungen; nie zuvor sind Künstler so sehr gefördert worden an Euphrat und Tigris. Der Kunstfreund und Diplomat Assurbanipal, dem Strenge fremd ist, läßt den Vasallenstaaten Freiheit. Nach und nach verfallen die assyrischen Altäre wieder. Den Menschen von Juda werden die Götter insgesamt gleichgültig. Der ständig aufgezwungene Wechsel des Glaubens schwächt die Religiosität des biblischen Volkes. Daß die Partnerschaft mit dem Allmächtigen Gott lange Zeit nicht mehr ernstgenommen wurde, zeigt diese Geschichte, deren historischer Kern sich genau auf das Jahr 621 v. Chr. fixieren läßt: »Im 18. Jahr des Königs Josia sandte der König den Staatsschreiber Schaphan in den Tempel des Herrn mit dem Auftrag: Gehe zum Hohenpriester Hikia. Er soll das Geld hergeben, das im Tempel geopfert, und das in der Kollekte gesammelt worden ist. Man übergebe das Geld den Werkmeistern, die Aufseher im Tempel des Herrn sind. Diese sollen das Geld für die Arbeiter ausgeben, die den Auftrag bekommen, die Schäden im Tempel auszubessern: für die Zimmerleute, Maurer und Hilfsarbeiter. Ein Teil des Geldes werde zum Einkauf von Bauholz und behauenen Steinen verwendet. Mit den Werkmeistern soll jedoch über das Geld nicht abgerechnet werden.

Auf Treu und Glauben soll gehandelt werden. Während der Bauarbeiten findet der Hohepriester eine Schriftrolle, die seit Generationen niemand mehr beachtet hatte. Der Chef der Priester im Lande Juda liest mit wachsendem Interesse; die Chance, die sich ihm bietet, erkennt er sofort. Da findet er diesen Satz: Ihr sollt die Stätte aufsuchen, die der Herr, euer Gott, aus allen euren Stämmen aussuchen wird, um seinem Namen dort eine Wohnung zu bereiten. Nur an diesem Platz sollt ihr mit dem Herrn, eurem Gott, das Opfermahl halten. Hüte dich aber, Brandopfer an jeder beliebigen Stätte darzubieten, die du selbst aussuchst. Nur an der Stätte, die der Herr in einem deiner Stämme erwählen wird, darfst du opfern und alles das tun, was ich dir gebiete.« Der Schrift war zu entnehmen, daß der Allmächtige nur im Tempel von Jerusalem angebetet werden wollte. Für den Hohenpriester ist die Erkenntnis neu, daß Gott in diesem Gebäude seinen irdischen Wohnsitz bezogen hatte. Ihm wurde bewußt, wie frevelhaft Könige, Priester und Volk gehandelt hatten, als sie diesen Tempel in Jahrhunderten verkommen ließen, für profane Zwecke verwendeten, ihn anderen Göttern als Wohnung anboten.

Das 5. Buch Moses ist wiederentdeckt worden im Jahre 621 v. Chr. im Gerümpel, das für die Reparaturarbeiten vors Haus geschafft werden sollte. Dieses Buch enthält die Zehn Gebote und die wichtigsten Anweisungen für das persönliche und religiöse Leben der Hebräer. Die Lektüre wirkt auf den Obersten der Priester wie ein Schock. Vergessen war, daß Gott Forderungen stellte, Ansprüche, die nicht leicht erfüllt werden konnten. Ein Satz in der Schriftrolle weist auf den entscheidenden Fehler hin, den das biblische Volk seit der Landnahme immer wieder begangen hatte: »Jetzt sollt ihr es sehen. Ich, nur ich bin da. Es gibt keinen Gott neben mir. Ich bin es, der tötet. Ich mache lebendig. Ich schwöre, so wahr ich in Ewigkeit lebe, geschärft habe ich mein blitzendes Schwert. Es greift meine Hand zum Gericht. Ich übe Rache an meinen Gegnern, und meinen Hassern vergelte ich. Meine Pfeile, berauscht sind sie von Blut. Mein Schwert soll fressen vom Fleisch, von der Erschlagenen und Gefangenen Blut, vom fliegenden Haupthaar des Feindes.« Als König Josia vom Inhalt der Schriftrolle erfährt, »da zerreißt er seine Kleider« (2 CHRONIK 34, 19). Er verordnet seinem Staat Buße.

Jetzt erst erhält der Tempel von Jerusalem die staatliche Anerkennung als Zentrum des jüdischen Reiches. Alle anderen Opferplätze im Lande werden zerstört von den Soldaten des Josia. Da er keine unbeschäftigten und unzufriedenen Priester um die ehemaligen Opferhügel wohnen lassen will, holt er die erfahrenen Männer nach Jerusalem zum Tempeldienst. Sie werden umgeschult. Die geistige Elite konzentriert sich im Tempel. Sie hatte den männlichen Bewohnern von Juda zu dienen, die dreimal in jedem Jahr zum Wohnsitz des einen Gottes kommen mußten, um zu opfern. Von nun an verbindet das biblische Volk sein Schicksal mit diesem Bauwerk: wird der Tempel zerstört, dann bricht die Zeit der Trauer und Klage an, bis die Hoffnung wächst, daß der Tempel wieder aufgebaut werden kann. Der Tempel von Jerusalem entwickelt sich unter dem Regime des Königs Josia zum Wahrzeichen des unabhängigen Staatswesens.

Die Zentralisierung des Kultes brachte dem König Vorteile: das einheitliche System der Ideologie ließ sich ausnützen für die Straffung der staatlichen Ordnung. Josia besetzte die Gouverneursposten der Verwaltungsdistrikte mit Männern, deren Treue zum Glauben des Moses über allem Zweifel stand. Von diesen Gouverneuren erwartete er absolute Unbestechlichkeit. Ein Dokument ist erhalten, das beweist, wie sehr die Bevölkerung den Gouverneuren vertraute. Im Jerusalemer Israel-Museum liegt ein gebogener flacher Tonscherben, beschriftet mit schwarzer Tinte; er ist auf einem Acker bei Mezad Hashavyahu gefunden worden. In umständlicher Lamentation bittet ein Bauer um Hilfe. Der Schreiber folgt in dieser Niederschrift offensichtlich dem wörtlichen Diktat des Bauern; so reden die Bauern um Jerusalem heute noch, wenn sie empört und aufgeregt sind: »Oh Gouverneur, mein Herr, höre die Worte deines Dieners. Die Ernte hat dein Diener eingeholt in Hasar Asam. Geerntet hat er, dein Diener, alles eingesammelt wie immer, ehe der Sabbat anfängt. Als dein Diener fertig ist mit der Ernte und alles zusammenräumte wie immer, da kam Hoshayahu, der Sohn von Shova, und nahm mir meinen Mantel weg. Gerade, als ich zu Ende kam mit der Ernte, da stahl er mir den Mantel. Alle meine Brüder werden für mich zeugen, alle, die in der Sommerhitze mit mir bei der Ernte waren. Meine Brüder werden alle für mich aussagen. Ich bin frei von Schuld. Bitte sorge dafür, daß mir mein Mantel zurückgegeben wird. Ich flehe den Gouverneur an, daß er den Mantel seinem Diener zurückgibt und Gnade erweist. Bitte sorge dafür, daß der Dieb den Mantel herausgibt. Der Diener hofft, daß der Gouverneur antwortet.«

Die Theokratie war wie zur Zeit des Moses Bürge für Gerechtigkeit. Josia konnte daran denken, auf dieser Basis das Reich Davids wiederaufzubauen. Der Prophet Jeremia unterstützt den König durch ekstatische Worte von der Wiederkunft des Reiches Israel. Die massive Propaganda wirkt: das Volk von Juda empfindet Sehnsucht nach Macht und Größe. Die jüdischen Volkssagen erzählen in frommer Selbsttäuschung davon, daß der Wunsch des Josia in Erfüllung gegangen sei. »Der Prophet Jeremia holte die zehn Stämme zurück aus der Verbannung. Israel und Juda vereinigten sich wieder, und Josia war König über beide Reiche.« Die Sagen verhüllen die Niederlage einer Politik, die Unabhängigkeit sichern sollte, die jedoch Juda noch einmal in die Abhängigkeit von Ägypten führte.

Am Anfang sind die politischen Konstellationen günstig für Josia: die Nachricht traf ein im Laufe des Jahres 614 v. Chr., daß das Volk der Meder die Stadt Assur zerstört habe. Die Meder besaßen ihr angestammtes Land südlich des Kaspischen Meeres; sie waren zunächst Opfer der assyrischen Expansion, doch gelang es ihnen, den Assyrern einen breiten Landstreifen zwischen dem Schwarzen und dem Kaspischen Meer abzunehmen und dort eine autonome Verwaltung einzurichten. Von Norden her begann die Aushöhlung der assyrischen Staatsgewalt. Die Katastrophe brach für die herrschende Dynastie mit überraschender Schnelligkeit herein: im Jahre 612 eroberten die Meder im Verbund mit den neubabylonischen Herrschern die Königsstadt Ninive. Nur in Haran, ehemals Zwischenstation Abrahams auf dem Weg ins Gelobte Land, konnte sich noch ein assyrischer Fürst für einige Zeit halten; doch besaß der Rumpfstaat dieses Fürsten keine Strahlkraft mehr hinein in die Landbrücke zwischen Nil und Zweistromland. Assyrien war als politischer Faktor ausgeschaltet.
Im Wechselspiel der Mächte kommt das bisher schwache ägyptische Reich wieder zu Energie und Eroberungslust. Auf den Abzug der Assyrer reagiert der Pharao Psammetich I. mit einer gründlichen Reorganisation von Verwaltung und Heer im Nildelta. Sein Nachfolger, Necho II., zieht unter dem Vorwand, den Assyrern gegen die Meder und Neubabylonier helfen zu müssen, in das Gebiet von Juda ein. Ein Keilschriftdokument im Britischen Museum in London beweist die vorübergehende Waffenbrüderschaft zwischen Ägypten und Assyrien: »Der König von Assyrien holte sich ein

ägyptisches Heer« – doch spricht dieses Dokument auch von der geringen Kampfbereitschaft der Männer vom Nil. Als sich der Erfolg nicht innerhalb weniger Wochen einstellt, da marschieren die Ägypter wieder aus Mesopotamien ab und beschäftigen sich desto intensiver mit dem Gebiet des hebräischen Volkes.
Wieder sind die Stämme und Familien zerrissen in Parteien: Anhänger der Ägypter, der Babylonier und einige treue Freunde der Assyrer stellen außenpolitische Programme auf. König Josia, der Gegner der Ägypter, versucht noch die Allianz zu verhindern zwischen Ägypten und Assyrien; dem Pharao Necho blockiert er bei Megiddo den Weg nach Norden, ohne jedoch den Ägyptern ernsthaft Schwierigkeiten bereiten zu können. Die Schlacht bei Megiddo dauert, auch in der Erinnerung der biblischen Erzähler, nur Augenblicke: »Der Pharao tötete den Josia, sobald er ihn sah« (2 KÖNIGE 23, 29). Nun ist die Zeit der Unabhängigkeit für den jüdischen Staat zu Ende. Die Ägypter fordern Entschädigung für die kurze Revolte. Jerusalem hat 3500 Kilogramm Silber und 350 Kilogramm Gold zu bezahlen. Da die Zahlungsmittel im Tresor nicht ausreichen, werden die Bewohner mit neuen Steuern belastet.
Der kurze Widerstand bei Megiddo war das letzte Aufbäumen des jüdischen Volkes gegen das Geschick, nur Spielmaterial zu sein der Großmächte. Von nun an unterwirft sich Juda dem Gang der Geschichte; es paßt sich den Magnetfeldern der Macht an. Der Tempel von Jerusalem leert sich, die Priester wandern ab, immer weniger Gläubige interessieren sich für diesen Opferplatz. Das Symbol für die staatliche Einheit verstaubt in der Nordostecke der Stadt. Die Kette von Niederlagen gegen Heere, die sich von anderen Göttern lenken lassen, zerstört den Glauben an den eigenen Gott. Die Menschen von Juda, unsicher und voll Angst, suchen wieder Hilfe bei den Göttern des Landes Kanaan. In den letzten Jahren des Königreichs Juda triumphieren erneut die Götter, die sich zur Zeit der Landnahme hatten verdrängen lassen müssen. Von den Königen dieser Jahre sind in den Legenden nur die Perversitäten überliefert: »Jojakim beschlief seine eigene Mutter. Er scheute sich nicht, in den Schoß einzudringen, dem er entsprossen war.« Jojakim betrat in seiner Regierungszeit nie den Tempel. »Er hatte seinem Leibe ein Zeichen des Gestirngottes aufprägen lassen.«

Nebukadnezar macht ein Ende mit Juda

Die jüdischen Märchen verbergen nicht die Bewunderung vor dem kommenden Eroberer: »Achtzehn Jahre lang ertönte im Palast des Nebukadnezar die Stimme Gottes. Der Herr forderte: Zieh nach Jerusalem und zerstöre den Tempel, denn niemand dort kümmert sich darum. Nebukadnezar aber fürchtete sich, dieser Stimme zu folgen, denn er wußte, was damals, zur Zeit des Königs Hiskia, dem Sanherib vor Jerusalem widerfahren war. Er glaubte nicht, daß der Gott Israels seinen Tempel in Jerusalem wirklich würde fallenlassen. Nebukadnezar wollte durch Zauberwerk erfahren, ob er den Zug nach Juda unternehmen solle oder nicht. Er schrieb die Namen vieler Städte auf Tontafeln und zielte darauf mit dem Pfeil. Er schoß einen Pfeil ab gegen den Namen Antiochias, und der Pfeil zerbrach. Ebenso geschah es bei den Städten Tyrus und Laodicea. Als er aber mit dem Pfeil Jerusalem traf, da blieb der Pfeil ganz und durchbohrte die Tontafel. Da wußte Nebukadnezar, daß er Stadt und Tempel zerstören mußte.«

Die Kräfteverhältnisse im Zweistromland hatten sich inzwischen geklärt. Die Erben des Assyrerreichs, die Meder und die Herren von Babylonien, teilten sich in gütlichem Einverständnis die Herrschaftsbereiche auf. Der König von Babylon, Nabopolassar, bewies sofort Expansionslust. Er schickte seinen Sohn Nebukadnezar gegen die Truppe des Pharao Necho im Land der Hebräer. Die Schlacht von Karkemis im Jahre 609 endet mit der Niederlage des Pharao. Der Prophet Jeremia, der seine Stimme wieder hören läßt nach dem Tod des Königs Josia, höhnt hinter den abziehenden Ägyptern her: »Der Name des Pharao, des ägyptischen Königs, sei künftig lautes Getöse, das nicht mehr in die Zeit paßt« (46, 17). Juda hat noch einmal Glück: Nebukadnezar muß nach Babylon zurück, da sein Vater gestorben war. Die Neuordnung in der Administration der wachsenden Großmacht gibt den Hebräern im Staat von Jerusalem Ruhe. Doch von Unabhängigkeit kann keine Rede sein. Auf geringe Regungen des Selbstbewußtseins der jüdischen Herrscher reagiert Babylon mit Härte.

Alle vorangegangenen Großmächte wollten kontrollieren, was in der Landbrücke zwischen Nil und Zweistromland geschieht; auch die neuen Mächtigen in Babylon interessieren sich für politische Veränderungen in Juda. Im Jahre 598 folgt Nebukadnezar der Versuchung, sich den »Fruchtbaren Halbmond« zu erobern, den Gürtel bepflanzbaren Bodens zwischen Tigris, Euphrat, der Mittelmeerküste und dem Nil. Um eine starke Aufmarschposition gegen Ägypten zu gewinnen, verlangt er Unterwerfung von allen Fürstentümern um Damaskus und Jerusalem. König Jojachin von Juda sieht keine Chance für die Aufrechterhaltung der Souveränität. Er opfert sich und rettet so den Bestand von Juda. Er öffnet Jerusalem und begibt sich freiwillig als Geisel in die Gefangenschaft, zusammen mit seiner Mutter, seinen Dienern, seinen Obersten und Hofbeamten.

Nebukadnezar macht Schluß mit den Gottesdiensten im Tempel. Die kostbaren Geräte verladen die Babylonier auf Transportwagen der Armee und schicken sie in die bisher noch schmucklosen Paläste am Euphrat. Da die neue Großmacht dringend Handwerker braucht, läßt Nebukadnezar alle Schmiede, Schlosser, Bauwerkmeister und Kunsthandwerker deportieren. Juda wird in einen Agrarstaat verwandelt; schärfer präzisiert: in einen schwachen Verband von in der Landwirtschaft tätigen Familien, denen keinerlei eigenständige religiöse Ausrichtung erlaubt ist. Ohne Ideologie aber ist die Existenz von Juda sinnlos geworden. Der letzte König tritt sein Amt an. Der Unglückliche heißt Zedekia, der Name ist abzuleiten von Zaddik, der Gerechte.

Zedekia, eingesetzt von Nebukadnezar, kann keine Ordnung halten. Abmachungen, Versprechen, Verträge gelten nicht mehr, da sich jede Art von Gerichtsbarkeit aus Mangel an geschultem Personal aufgelöst hatte. Die Richter befanden sich in der Deportation, Polizisten und Soldaten ebenfalls; niemand ist da, der die Menschen zur Einhaltung sozialer Regeln auffordert. Propheten, Weissager und Irre verkünden auf den Straßen den Untergang des hebräischen Volkes. Klageweiber steigern die Hysterie. Raub, Totschlag, Vergewaltigung gelten nicht mehr als Verbrechen, so alltäglich sind diese Taten geworden. Das biblische Volk erniedrigt sich, die Menschen unterscheiden sich kaum mehr von Tieren.

Wer trägt die Schuld an der Degeneration? Diese Frage beschäftigt die Berichterstatter des Alten Testaments und der jüdischen Legenden noch lange. Ihr Ansatzpunkt zur Erklärung ist die Klage über die Abkehr vom wahren Glauben; schon seit Jahrhunderten läßt sich das Volk irreleiten, es muß daher ausgelöscht werden. Gott hatte das Urteil längst festgelegt, als noch Männer wie Josia versuchten, die Hebräer auf den Weg der bewährten Tradition zu leiten – dieses Geschichtsbild bleibt im Glauben der Juden haften.

Der gedemütigte König von Israel, Jehu, mit Tributen vor Salmanassar III. Relief des Obelisken von Kalach (Detail)

Auf einem Tonprism
berichtet König Sanh
von Assur u. a. über
Unterwerfung von P

ardukzakirschumi von Babylon und Salmanas-
r III. von Assur begrüßen sich. Relief am Sockel
nes assyrischen Königsthrones

Den Hebräern, die in assyrische Gefangenschaft verschleppt werden, ist die Mitnahme von kleinem Gepäck erlaubt. Von den Stämmen, die im Gebiet von Samaria gelebt hatten, ist keine Spur mehr zu finden

Während König Sanherib von Assur die in Tell Lakhish gemachte Beute entgegennimmt, huldigen ihm 3 Bürger der besiegten judäischen Stadt. Relief aus dem Königspalast in Ninive

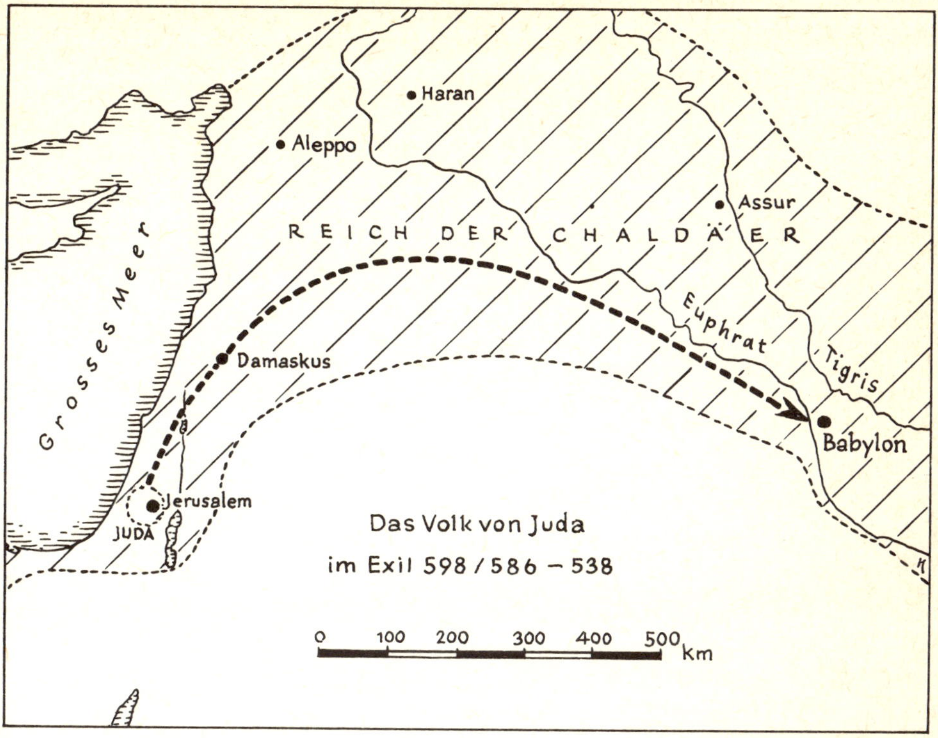

Juda vegetiert dem von Gott bestimmten Untergang entgegen. Dem König fehlen keineswegs politische Ratgeber, die zu wissen glauben, wie die Katastrophe vermieden werden kann. Die Legenden bewahren die Erinnerung an ein Rededuell zweier Propheten vor dem König Zedekia: »Die Herrschaft des Zedekia dauerte gerade ein Jahr, da kam ein Prophet zu ihm, der Hananja hieß. Dieser Prophet sprach: Der Gott Israels sagt, daß er die Macht des Königs von Babel zerschmettern wolle: in zwei Jahren bringt Gott alle Geräte des Tempels zurück, die Nebukadnezar geraubt hat. Darauf sagte Jeremia: Du behauptest, in zwei Jahren würde alles zurückgebracht werden. Ich aber sage, daß Nebukadnezar wiederkommt und sich auch das noch holt, was übriggeblieben ist. Nach Babel wird alles transportiert werden, und dort bleiben. Hierauf sagte Hananja zu Jeremia: Gib uns ein Zeichen, daß deine Worte wahr sind. Jeremia antwortete: Ich prophezeie Schlimmes, also kann ich keinen Beweis dafür erbringen. Du aber kündigst Gutes an, du mußt einen Beweis geben, daß du wahr sprichst. Doch Hananja bestand darauf, daß Jeremia seine Weissagung durch ein Zeichen zu bekräftigen habe. Da sagte schließlich Jeremia: Nun wohl, so spreche ich mein Zeichen aus: In diesem Jahr noch wirst du sterben, denn du hast Worte gesprochen, die von Gottes Weg ablenken. Es geschah so, und Hananja starb noch in demselben Jahr, einen Tag vor dem Beginn des neuen Jahres. Hananja aber hatte den Leuten, die bei ihm wohnten, angeordnet, seinen Tod erst im neuen Jahr bekanntzugeben, damit Jeremia als Lügner erscheine.«

Dort wo die Hügel von Juda auslaufen in die Küstenebene, in das Land der Philister, liegt die Stadt Tell Lakhish. Zu besichtigen sind dort Mauerreste aus dem zweiten Jahrtausend v. Chr. und Trümmer eines Regierungspalastes. Im Schutt eines Ruinenhügels fanden Archäologen im Jahr 1938 beschriebene Tonscherben. Die Schriftzeichen sind mit einer Art Tinte aufgetragen. Die Dokumente waren zur Zeit der Belagerung der judäischen Stadt zu dieser Zeit, die Lachis hieß, in einen Winkel zwischen zwei Stadtmauern geworfen worden. Das Archiv des Befehlshabers der Stadt fand so ein halbwegs sicheres Versteck vor den stürmenden Truppen des Nebukadnezar. Auf Hunderten von Tonscherben ist die Schrift so verblaßt, daß kein Wort mehr identifiziert werden kann; auf drei Tafeln aber ist die Schrift wenigstens teilweise erhalten. Die Schriftreste lassen erkennen, daß diese Schreiben an einen Mann mit Namen Joas gerichtet waren. Die eindeutige Übersetzung des Textes ist nicht möglich, doch scheint folgender Wortlaut einigermaßen gesichert zu sein: »Möge Gott dafür sorgen, daß mein Herr heute gute Nachricht empfängt. Und nun zur Sache: Ganz nach der Anordnung meines Herrn hat euer Knecht gehandelt. Ich habe genau nach eurer Anordnung geschrieben. In Bet-Harapid ist kein Mensch anwesend. Semaja ist zur Stadt gegangen. Azeqa können wir nicht sehen.« Der erste Satz enthält die gebräuchliche Grußformel, mit der fast alle Briefe aus diesen Jahren beginnen. Dann aber folgen knappe Schilderungen der Ereignisse, die mit der Eroberung der Dörfer um Lachis zusammenhängen. Einige Forscher lesen am Ende der Schriftreste diesen Text: »Nach den Rauchsignalen von Lachis halten wir Ausschau. Die Rauchsignale von Azeqa sehen wir nicht mehr.« Diese Interpretation liest aus dem Text heraus, daß die Stadt Lachis selbst zu diesem Zeitpunkt noch in der Hand

der Hebräer ist – die 15 Kilometer nördlich gelegene Festung Azeqa muß bereits gefallen sein.
Zu einer Strafexpedition ist Nebukadnezar in das Land von Juda eingefallen, aus Zorn, weil das verwüstete und durch Deportationen geschwächte Königreich es gewagt hatte, wieder einmal mit den Herrschern am Nil Konspirationen zu spinnen. Propheten, politische Abenteurer wie Hananja, stacheln den König Zedekia an, Unterstützung in Ägypten zu suchen. Doch auch aus dem Zweistromland kommen dringende Aufforderungen, Bündnisse zu schließen gegen Babylon. Die verbannten Juden sind politisch aktiv an Tigris und Euphrat. Mit Boten funktioniert der Briefverkehr reibungslos über die Entfernung von fast 1000 Kilometern Weg durch Steppe und Wüste. In den Gefangenenlagern bei Babylon denkt die deportierte Führungsschicht des Staates Juda darüber nach, wie es gelingen könnte, wieder zurückzukehren nach Jerusalem. Sie sieht Hoffnung in einer militärischen Befreiungsaktion, die von den Ägyptern durchzuführen wäre. Deshalb ihr Wunsch, Kontakte aufzunehmen zu den Pharaonen am Nil.
Zedekia läßt sich überreden, eine Delegation nach Ägypten zu schicken. Die Aufforderung zu helfen wird dort dankbar gehört: ägyptische Truppen bereiten sich schon bald darauf vor, über die Küstenstraße, dem Mittelmeer entlang, durch Sinai zu marschieren. Die Vorbereitungen und ihre Ursachen entgehen den Spionen der Babylonier nicht. Zedekia muß für seine Verwegenheit büßen.

Die Deportation der Menschen aus dem Nordstaat, aus Israel, rund 130 Jahre zuvor, hatte alle Spuren der zehn Stämme ausgelöscht: niemals mehr erreichte ein Lebenszeichen die Zurückgebliebenen. Die Priester, Beamten, Richter, Offiziere, die in der Gefangenschaft der Babylonier leben, aber sind aufzuspüren. Tontafeln blieben erhalten mit Abrechnungen der Lebenshaltungskosten für die königliche Familie aus Juda. Sie lebte in Babylon. Aus dem 13. Regierungsjahr des Königs Nebukadnezar, also aus dem Jahr 592 v. Chr., stammen Belege über Lebensmittelzuweisungen an König Jojachin, der mit seinem Titel »Herrscher von Juda« bezeichnet wird. Drei weitere Tafeln betreffen den Unterhalt der königlichen Prinzen; andere Urkunden erwähnen »Männer aus dem Lande Juda«. Das Alte Testament spricht von der Sonderstellung des jüdischen Königs: Was nötig war zum Lebensunterhalt des Jojachin, wurde täglich geliefert, solange er lebte. Die Adeligen und Intellektuellen unter

den Deportierten konnten ein durchaus angenehmes Leben führen am Euphrat. Unbelastet von Fronarbeit dachten sie über Pläne nach, die ihnen die Rückkehr nach Jerusalem ermöglichen sollten. Der Psalm 137 hält die Stimmung der verbannten Familien fest: »An den Wassern zu Babylon saßen wir und weinten, wenn wir uns an Jerusalem erinnerten.«
Nebukadnezar zerschlägt das Komplott. Seine Truppen erobern eine Stadt nach der anderen in Juda. Die Festung Lachis, hoch oben auf einer Kuppe, umgeben von einer doppelten Mauer, wird ausgeräuchert: riesige Holzfeuer, angezündet von den Belagerungstruppen, lassen die Ziegel der Mauern bersten, durch die Bresche stürmen die babylonischen Infanteristen. Draußen, vor Lachis, wurde eine Grabkammer gefunden mit 2000 Skeletten aus der Zeit der Eroberung. Die Toten wurden einst eilig und ohne Begräbnisritual in die Grube geworfen; viele Schädeldecken sind zertrümmert. Bisher ist nur eines der zahllosen Massengräber entdeckt mit den Opfern der Erstürmung von Lachis.

Unerträglich lange zieht sich für die Menschen in Jerusalem die Zeit der Belagerung hin. Einmal noch wächst die Hoffnung, der Ausgang des Krieges könne glücklich sein: Nebukadnezar muß seine Truppen abziehen, um die Ägypter zu vertreiben, die sich über Gaza den Städten am Meer nähern. Das Heer der Pharaonen aber erweist sich als zu schwach, um Hilfe für das belagerte Jerusalem zu bringen.
Das Schicksal des Propheten Jeremia zeigt, wie nervös die Bewohner der Stadt auf den Ausgang des Kampfes warteten: Als Nebukadnezar abgezogen war, wollte Jeremia in einem Dorf der Umgebung sehen, was von seinem Eigentum die Monate der Besatzung überstanden hatte. Die Wache am Tor verhaftet ihn, da er denunziert worden war. Ein Verwandter des verstorbenen Propheten Hananja behauptet, Jeremia wolle zu den Babyloniern flüchten, um sie wieder zurückzuholen. Der Verdacht reicht aus, um Jeremia in Haft zu halten. Die jüdischen Erzähler wissen von nächtlichen Unterhaltungen des verzweifelten Königs Zedekia mit dem Propheten: »In später Stunde ließ der König Zedekia den Jeremia kommen und fragte ihn: Hörst du noch etwas von Gott? Jeremia antwortete: Ja, er sagte mir, daß der König von Babylon dich gefangennehmen wird. Da wurde das Gesicht des Zedekia finster, und der Prophet hatte Angst um sein Leben. Doch der König ließ

Jeremia in den Vorhof des Gefängnisses zurückbringen.« Die Menschlichkeit des Zedekia wird von den Legendenerzählern besonders betont: »Zedekia ließ dem Propheten jeden Tag Brot geben, bis es kein Brot mehr gab in Jerusalem.« Die Weissagungen des Jeremia wurden Realität: Nebukadnezar kam wieder.
Der Hunger der Menschen in der belagerten Stadt bleibt in der Erinnerung. Die Sagen überliefern eindringliche Schilderungen: »Zwei Frauen zeigten sich in den Straßen, und eine sprach zur anderen: Man hat dich doch nie auf der Straße gesehen, nie bin ich dir hier begegnet. Die Angeredete erwiderte: Ich kann's nicht verschweigen. Furchtbar ist dieser Hunger. Ich ertrage ihn nicht mehr. Sie faßten einander an, um sich gegenseitig zu stützen, vor Schwäche konnten sie den Weg nicht finden. Sie umklammerten beide die Säulen und fielen tot hin. Eine andere Frau hob ihr Kind an die Brust. Allein es kam kein Tropfen Milch, die Kinder verfielen in Krämpfe und starben auf dem Schoß ihrer Mütter.« Der Hunger schwächt die Verteidiger, die Sonderrationen der Bewaffneten werden immer geringer. Die Schwarzmarktpreise für Lebensmittel steigen. Zu Beginn der Belagerung gaben die Händler, die Korn gehamstert hatten, für eine Schüssel voll Gold eine Schüssel Weizen; Zahlungsmittel und Ware wurden im selben Volumen ausgemessen. Bald gab es nur noch Roggen für Gold, dann noch Gerste, schließlich nur Heu. Gekochtes Heu wurde wichtigstes Nahrungsmittel in Jerusalem, bezahlbar nur mit Goldbarren.

Die gutgenährten Soldaten des Nebukadnezar aber konnten warten, bis der Widerstand erlosch auf den Mauern. Kurz vor dem Zusammenbruch der Verteidigung versucht König Zedekia zu fliehen. Er nimmt mit einigen Offizieren den Weg nach Süden aus dem Palast durch die Stadt, an der Kaserne vorbei, dem Zentrum des letzten Widerstandes, zum Tor »zwischen den beiden Mauern«. Das Gebüsch des königlichen Obstgartens schützt die Fliehenden, dann verschwinden sie im Kidrontal; sie haben die Absicht, sich bis zum Jordantal durchzuschlagen. Bei Jericho ist die Flucht zu Ende. Nebukadnezar läßt den König Zedekia blenden, den königlichen Prinzen werden die Köpfe abgeschlagen. Die Stadt Jerusalem ist Opfer der angestauten Aggressionslust der Babylonier: die Sieger zerstören blindwütig den Palast, die Häuser der Reichen und der Armen; sie verbrennen auch den Tempel (4 KÖNIGE 24).
Vor 400 Jahren hatte Salomo dem Allmächtigen Gott auf dem Hü-

gel über Jerusalem einen irdischen Wohnsitz angeboten. Jetzt war Gott heimatlos. Und mit ihm verlor das Volk von Jerusalem seine Heimat. Die Familien wurden zu Marschkolonnen zusammengestellt. Die Führungsschicht, die sich – nach dem Ausbluten der Intelligenz während der letzten Deportation – inzwischen neu gebildet hatte, wurde in Gefangenschaft geführt. Im nächsten Schub folgten alle, die irgendeinen nützlichen Beruf gelernt hatten. Zurück in Jerusalem blieb nur wertloses Gesindel.
In der Endphase des Kampfes versuchten die Frauen, die den Hunger überstanden hatten, mit ihren Mitteln die Sieger milde zu stimmen. Die Erzähler überliefern den Bericht, wie es zuging im eroberten Jerusalem: »Als der Feind kam, da putzten sich Frauen wie Huren auf, in Gruppen besuchten sie das Lager vor der Stadt. Die fremden Soldaten, Offiziere und Oberkommandierenden schliefen mit diesen Frauen und ließen sie in ihren Wagen fahren.« Wie nicht anders zu erwarten, ziehen sich die Frauen üble Krankheiten zu: »Sogleich machte Gott die Scheitel der Frauen kahl. Er ließ ihre Haut aussätzig werden, und ihre Haare wurden von Läusen übersät.« Die Frauen konnten das Schicksal nicht abwenden. Der Prophet Ezechiel nennt Jerusalem eine Dirne, die Gott untreu wurde und für diese Untreue bestraft werden mußte.

Exil in Babylon

»Es klebe mir die Zunge am Gaumen, wenn ich dein nicht gedenke, wenn ich nicht Jerusalem zum Gipfel meiner Freude mache!« Der irdische Wohnsitz Gottes ist zerstört. Im Exil formt sich der neue Gedanke, daß der Name Gottes nicht unbedingt an einem Platz, in einem festen Haus residieren müsse. Die Ideologie wird um eine Nuance bereichert. Die Priester predigen jetzt, der eine Allmächtige Gott stehe überall in der Welt dem biblischen Volk bei, auch in Babylon; Gott kralle sich nicht an Ruinen fest. Diese Loslösung von der Realität ermöglicht eine Änderung der Vorstellung vom heiligen Ort Jerusalem: wenn es die wirkliche Stadt Jerusalem nicht mehr gab, so konnte sie ersetzt werden durch die Vision vom himmlischen Jerusalem, von Gottes Wohnsitz im Himmel, der von unerhörter Pracht und Schönheit glänzt. Dieses himmlische Jerusalem ist der Ort, wo sich das Volk der Hebräer sammeln wird, um endlich ungestört dem einen Gott zu dienen. Das irdische Jerusalem, von dessen Wiederaufbau die Propheten mit ideenreichem

Wortschwall schwärmen, kann nur ein Abglanz, eine Kopie sein der idealen Behausung des Herrn.
1000 Kilometer von der Heimat entfernt finden die Hebräer die Kraft ihrer Religion wieder. Die Entwurzelten erinnern sich des Paktes mit Gott, und sie beklagen ihren Abfall, ihre Untreue. Schon die langen Wochen der Wanderung auf dem Weg, den einst Urvater Abraham in umgekehrter Richtung zurückgelegt hatte, läßt den 50000 Deportierten Zeit zum Nachdenken. Klagelieder werden gesungen zu schwermütigen Melodien: »Es trauern Haus und Mauer, niedergedrückt sind sie. Im Boden versunken sind die Tore, zerbrochen die Riegel. Schweigend sitzen am Boden die Alten, Staub auf das Haupt gestreut, in Säcken gekleidet zum Zeichen der Trauer. Was ist geblieben von der Stadt, die man die Allerschönste nannte, die Wonne der ganzen Welt.«
Noch vor der Zerstörung Jerusalems, aber mit dem Wissen um das, was passieren wird, schreibt Jeremia einen Brief an die erste Gruppe der Verbannten, die um König Jojachin in Babylon leben, an die Priester, Richter und Offiziere, die Komplotte empfahlen, um wieder heimkehren zu können. Jeremia gibt den Rat: »Baut Häuser und wohnt darin, pflanzt Gärten und verzehrt die Frucht. Nehmt Frauen, zeugt Söhne und Töchter, nehmt Frauen auch für eure Söhne und gebt eure Töchter Männern, daß sie wiederum Söhne und Töchter bekommen. Ihr sollt euch dort vermehren und nicht vermindern« (JEREMIA 29,5ff.).
Dann folgt der revolutionäre, aber kluge Rat: »Bemüht euch um das Wohlergehen des Landes, in dem ihr jetzt lebt, und betet für dieses Land, denn auf seiner Wohlfahrt beruht euer eigenes Wohl.« Beigefügt ist eine Warnung vor dem politischen Einfluß der Parteigänger Ägyptens: »Laßt euch nicht täuschen von den Propheten, die unter euch sind.«
Die Größe der Stadt Babylon beeindruckt die Hebräer zunächst nicht. Ihre eigene Stadt Jerusalem erschien ihnen weit schöner in der Erinnerung. Über Babylon sprachen sie nur mit Worten voll Abscheu. Den Ort der Verbannung sahen sie als Sammelpunkt aller Sünden an: hier residierten Hurerei, Hochmut und sexuelle Perversion. In den Phrasen der Propheten und in der weit bescheideneren Anklage der Märchenerzähler ist die Polemik gegen Babylon erhalten geblieben. Diese Polemik hat die Vorstellung von Babylon bis heute beeinflußt. Spätere Historiker sahen die Stadt und ihre Herrscher mit den Augen der deportierten Juden.

Babylon war quadratisch angelegt. Die Angaben über die Länge der Seiten dieses Quadrats schwanken zwischen dreiundzwanzig und siebzehn Kilometern. Gleichgültig, welches dieser Maße stimmt: Babylon bildete auch für heutige Begriffe einen immensen Siedlungskomplex mit einer Grundfläche von mindestens vierhundert Quadratkilometern. Mitten durch die Stadt floß der Euphrat. Die beiden Stadthälften rechts und links des Flusses wurden mit Mauern aus Ziegelstein umgeben. Die Häuser waren durchweg drei bis vier Stockwerke hoch, und damit weit größer als die Bauten in Jerusalem. Zwei Paläste standen in Babylon; in jeder Stadthälfte einer. Der König bewohnt den einen Palast, Gott Baal den anderen. Wir sind nicht auf Phantasie angewiesen in der Vorstellung von Größe und Pracht der Regierungsbauten: im Pergamon-Museum in Berlin ist das vierzig Meter hohe Ischtar-Tor zu sehen, das Nebukadnezar II. in Babylon hat aufbauen lassen. Das Tor besteht aus glasierten Ziegeln. Die Grundfarbe ist blau, die Ornamentik kontrastiert in goldenen Tönen. Dieses prächtige Bauwerk hatte das biblische Volk im Exil täglich vor Augen.

Hinter den Stadtmauern am Fluß, in den engen Gassen des Hafenviertels, siedeln sich die Juden an. Die Handwerker, die Schmiede und Schlosser, finden Arbeit durch das umfangreiche Bauprogramm für die Hauptstadt. Frondienst wird nicht von ihnen verlangt; selbst die Klagelieder erzählen nichts von Zwangsarbeit. Jeder kann einen Beruf ausüben, die riesige Stadt bietet Möglichkeiten genug. Die intelligenten Hebräer nutzen ihr Talent, das ihnen auch heute noch hilft, kritische Zeiten zu überstehen: sie treiben Handel und schließen vorteilhafte Geschäfte ab. Da ihnen kein eigener Besitz geblieben ist, vermitteln sie Kauf, Verkauf und Tausch des Eigentums der eingesessenen Bevölkerung. Einige lernen sehr rasch die Grundregeln der damaligen Volkswirtschaft; sie erkennen die Tendenz zur Ausweitung der Geschäfte in der Stadt selbst, zur Ausbreitung des Handels im ganzen babylonischen Reich. Diese Hebräer gründen Banken, mit geliehenem Kapital zunächst. An das Bankgeschäft gliedern sie Maklerbüros an, die Grundstücke und Waren vermitteln; in diesen Jahren entdecken die Juden in Babylon bereits die reichen Verdienstmöglichkeiten, die im Versicherungswesen stecken. Das Exil in Babylon verwandelt das biblische Volk: aus Bauern und Handwerkern werden Händler.

Nebukadnezar regiert zweiundvierzig Jahre lang. Mehr durch Diplomatie als durch Demonstration militärischer Stärke gelingt es ihm, sein Reich gegen die Partner von einst, gegen die Meder, zu sichern. Sein Sohn Amel-Marduk regiert nur zwei Jahre lang, von 562 bis 560. Die Autoren des Alten Testaments verändern den Namen dieses Königs, sie nennen ihn Ewil Merodak, »Ewil« läßt sich mit Dummkopf übersetzen. Unrecht haben die Urheber des Scherzes nicht: Amel-Marduk und die nachfolgenden Könige sind nicht klug genug, um gegen die schleichende Aushöhlung der Lebenskraft des babylonischen Staates zu rebellieren. Nabunaid, der letzte Herrscher in Babylon, verehrt den Mondgott Sin und bringt sich durch hartnäckiges Festhalten an diesem Kult in Gegensatz zu den Marduk-Priestern, die sich an ihre Vorrechte klammern und die ungern den Konkurrenzgöttern höchste Protektion gönnen. König Nabunaid beweist Voraussicht, er überläßt Palast und Herrschaft seinem Sohn Belsazar und lebt künftig als Privatmann an der Grenze zu den Aramäerstämmen, die ebenfalls Anhänger des Mondgottes Sin sind. Der schweren Aufgabe, das Reich gegen die andringenden Perser zu sichern, entzieht sich Nabunaid; er weiß, daß die Herrschaft seiner Dynastie zu Ende geht. Er handelt als Philosoph.

Der Mann, der in den kommenden Jahren den Raum zwischen dem Persischen Golf, dem Kaspischen Meer, dem Schwarzen Meer und dem Mittelmeer beherrschen wird, ist der Perserkönig Kyros. Er hatte sich um das Jahr 550 unabhängig gemacht von den Medern und war in raschem Tempo nach Westen durchgestoßen. Nach vier Jahren erreichte Kyros das Gebiet der heutigen Türkei. In großem Bogen umgingen die persischen Heere das Reich der Babylonier. Erst im Jahre 539 ist die Schonzeit für Babylon zu Ende: Belsazar wird abgesetzt; Kyros übernimmt den gesamten Bereich der babylonischen Herrschaft in seinen Staat. Niemand wehrt sich, keiner hat Furcht vor dem Sieger. Die Schreiber des Kyros halten auf Tonzylindern die Stimmung in Babylon fest: »Als ich friedlich einzog, da sorgte Gott Marduk dafür, daß sich die Herzen der Babylonier mir zuneigten. Im ganzen Land zogen meine Truppen umher, kein Volk wurde belästigt. Die Einwohner Babylons befreite ich von der Unterdrückung. Ich bin Kyros, der König, der über alles herrscht, der mächtige König, Herrscher von Babylon, von Sumer und Akkad. Der Mächtigste der vier Weltgegenden.« Kyros zeigt sich tolerant: wer den Mondgott Sin anbetet, darf bei seinem Kult bleiben, auch den Hebräern läßt er ihren Gott.

Nur die Hälfte kehrt aus dem Exil zurück

»So spricht Kyros, der König von Persien: Alle Reiche der Erde hat mir der Herr, der Himmelsgott, verliehen. Er hat mich beauftragt, ihm ein Haus in Jerusalem zu bauen, das in Juda liegt. Wer unter euch zu seinem Volk gehört, mit dem sei sein Gott. Er ziehe hinauf nach Jerusalem in Juda und baue das Haus des Herrn, des Gottes Israels.« König Kyros gibt die Juden frei. Die Zeit der Verbannung ist zu Ende. Doch darüber jubeln keineswegs alle Hebräer. Nur sehr zögernd setzt die Bewegung der Rückwanderung ein. Die Händler geben ungern ihre Firmen auf, die sie inzwischen in Babylon gegründet hatten. Bankhäuser und Versicherungsunternehmen lassen sich nur mit Verlust innerhalb weniger Wochen oder Monate liquidieren. So machen sich zunächst die auf den Weg, die arm geblieben waren in den vergangenen fünf Jahrzehnten. Sie kommen im Herbst 537 in Jerusalem an, voll guten Willens, den Auftrag zum Wiederaufbau des Tempels zu erfüllen: das Ruinengrundstück wird vom Schutt befreit. Die Initiative erlahmt jedoch rasch, denn wichtiger als der Tempelbau ist die Beschaffung von Wohnungen. Kein Haus war unzerstört geblieben bei der Eroberung durch Nebukadnezar.

Zwar erinnert sich das jüdische Volk bis heute, daß Kyros damals dem ersten persischen Gouverneur von Jerusalem, Sesbassar, Geld mitgegeben habe für den Wiederaufbau. In der verwüsteten Stadt aber ist nichts zu spüren von einem Staatszuschuß. Fast zwanzig Jahre später erst wird die Arbeit am Tempel endlich energisch begonnen. Inzwischen ist allerdings die Baugenehmigung des Kyros längst in Vergessenheit geraten. Der Gouverneur von Jerusalem muß bei König Darius nachfragen, ob die Zentralverwaltung des Reiches mit der Errichtung einer Kultstätte des jüdischen Glaubens in dieser Provinz einverstanden ist: »Dem König Darius Heil in Fülle. Wir wollen den König informieren, daß wir uns in die Provinz Juda zum Tempel des großen Gottes begeben haben. Dieser wird mit Quadersteinen aufgebaut, und auf seine Wände legt man eine Holztäfelung. Wenn es dem König nun gut erscheint, so suche man in den Archiven von Babel, ob es sich wirklich so verhält, daß der König Kyros eine Weisung erlassen hat, jenes Gotteshaus in Jerusalem zu bauen. Die königliche Entscheidung in dieser Frage lasse man uns zukommen.« Die Urkunde wurde tatsächlich damals gefunden, im Staatsarchiv von Ekbatana, im Gebiet der Meder. Dort war einige Jahre lang die Verwaltungsorganisation des Perserreichs untergebracht. Darius hält sich an die Abmachung des Vorgängers: »Das Haus soll wieder aufgebaut werden als Stätte der Schlachtopfer. Seine Höhe soll 15 Meter betragen, seine Länge 30 Meter, seine Breite 10 Meter. Gebt freie Hand den Ältesten der Juden. Sie dürfen jenes Gotteshaus an seiner früheren Stelle wieder aufbauen.« Die Maße entsprachen genau denen des alten Tempels. Das Vorbild, der Tempel Salomos, wurde nur in der Größe des Gebäudes erreicht. Der neuen Opferstätte fehlte jegliche Pracht, die das frühere Heiligtum ausgezeichnet hatte. Nüchtern und ungeschmückt standen die gemauerten Wände. Edle Hölzer, Silber und Gold fehlten; da konnte auch – bei der Armut, die in Jerusalem herrschte – keine Rede davon sein, daß Kopien gegossen werden der ehernen Säulen, die einst am Eingang standen. Der neue Bau ist im Jahre 515 fertig.

Erstaunlich: kein Wort der Verzweiflung ist überliefert zum Verlust der Bundeslade und der von Moses geschriebenen Gesetzestafeln. Der Tempel entsteht wieder, doch niemand bedauert, daß das Zeichen des Bundes zwischen dem einen Allmächtigen Gott und dem biblischen Volk verlorengegangen ist. Die Berichterstatter des Alten Testaments – die Zehntausende von Details, oft ganz nebensächlicher Art, beschrieben haben – vergessen diesen wichtigen Kultgegenstand. Sein Verschwinden wird übergangen. Den Deportierten in Babylon fehlte die Bundeslade nicht – die Heimkehrer unterlassen es, nach Resten der Steintafeln zu suchen. Die Vorstellung von Gott hat sich gewandelt: die Hebräer, gereift durch die Strafen Gottes, brauchen den Holzkasten und die Tafeln nicht mehr.

Vier Wandertrecks, voneinander getrennt durch lange Abstände, bringen einen Teil der deportierten Familien ins Gebiet des ehemaligen Königreichs Juda zurück – nahezu die Hälfte der Verbannten aber sind in Babylon zurückgeblieben. Die Heimkehrer treffen die Ruinenstädte zwar so an, wie sie von den Vätern verlassen worden waren, doch sind überall in den Randzonen von Juda Siedlungen fremder Völker entstanden: Sippen der Samariter hatten sich Weideland im Norden genommen, im Osten hielten sich die Ammoniter nicht an alte Grenzziehungen, im Süden annektierten die Edomiter judäische Steppe. 1500 Quadratkilometer Land blieben den Hebräern noch als Lebensraum, gerade soviel, wie zur Zeit des Josua einem einzelnen Stamm zustand. An Eroberung von Lebensraum war nicht zu denken: die Perser duldeten keine interne Auseinandersetzung zwischen den Provinzen. Jerusalem hätte auch nie einen Krieg gegen die Konkurrenzstadt Samaria wagen können; Samaria hatte sich in den 300 Jahren seit dem assyrischen Überfall erholt. Jerusalem galt als schwächster Stadtstaat zwischen Zweistromland und Nil.

Selbst hundert Jahre nach dem Edikt des Königs Kyros ist die Stadt noch in jämmerlichem Zustand. Nehemia ist der Augenzeuge, der uns wissen läßt, wie die Verteidigungswälle von Jerusalem damals aussahen. Als Beamter des persischen Königs Artaxerxes I. hat er Gelegenheit, im Palast von Susa, nördlich des Persisch-Arabischen Golfs, mit dem mächtigen Herrscher zu sprechen. Sein Chef ist ein milder Herr. Darius, der das Wort des Kyros eingelöst hatte, lebt längst nicht mehr – die Nachfolger dieses Reichsorganisators kümmern sich wenig um den Zustand der Provinzen. Aus Jerusalem hat Nehemia Briefe bekommen, von entfernten Verwandten, die in die Heimat zurückgekehrt waren. Seine engere Familie gehört zu den Hebräern, die am Euphrat geblieben waren; nie ließen sie den Kontakt abreißen zu den Rückwanderern. Die Arrivierten, die im persischen Staat eine Lebensstellung errungen hatten, nahmen Anteil an den Ereignissen in Jerusalem. Nehemia litt unter den schlechten Nachrichten: »Der König fragte mich: Warum siehst du so schlecht aus. Bist du etwa krank? Das kann doch nur ein Herzenskummer sein! Ich geriet durch diese Fragen in großen Schrecken. Da gab ich dem König zur Antwort: Der König möge ewig leben! Wie sollte denn mein Angesicht nicht verfallen aussehen, da doch die Stadt, wo die Gräber meiner Väter sind, in Trümmern liegt und ihre Tore vom Feuer verzehrt sind? Wenn es dem König recht ist, so sende er mich doch nach Juda in die Stadt, darin die Gräber meiner Ahnen sind, damit ich sie wieder aufbaue! Der König war einverstanden, mich ziehen zu lassen. Dann bat ich den König: Wenn es dem König genehm ist, so gebe man mir Briefe an die Statthalter des Landes jenseits des Stromes mit, daß sie mich durchreisen lassen, bis ich nach Juda komme. Desgleichen brauche ich einen Brief an Asaph, den Aufseher über die königlichen Baumgärten. Er solle mir Holzstämme liefern, um in die Tore der Tempelburg Balken einsetzen zu können. Er muß mir auch Holz geben für die Mauer der Stadt! So kam ich denn zu den Statthaltern und gab ihnen die Briefe des Königs. Es mißfiel ihnen sehr, daß jemand kam, der das Wohl der Israeliten fördern wollte. Ich kam schließlich nach Jerusalem und blieb dort drei Tage. Noch niemandem hatte ich etwas davon gesagt, was mir mein Gott zu tun aufgetragen hatte.«

Nehemia inspiziert bei Nacht, damit seine Absicht nicht bemerkt wird, die Trümmer der Ziegel- und Steinmauer. Er reitet auf einem Pferd zum Taltor im Westen der Stadt und folgt bergab in Richtung Süden dem Verlauf der einstigen Befestigungsanlagen. Beim Quelltor im Osten – in der Nähe der Kaserne, wo 150 Jahre zuvor die letzten erbitterten Kämpfe stattgefunden hatten – sind Steine und Ziegel in Massen über den Hang gestürzt. Nehemia muß vom Pferd steigen und zu Fuß die Trümmerhalde überklettern. Kein Mensch begegnet ihm auf dem ganzen Weg. Unbemerkt kommt er durch das Taltor wieder zurück in die Stadt.

Seine Pläne, die Stadtmauer wieder aufzubauen, werden nicht begeistert akzeptiert von den Männern, die Jerusalem zwar im Auftrag des persischen Herrschers, aber doch sehr unabhängig von der Zentralverwaltung regieren. Sie fahren Nehemia an: »Was ist denn das, was ihr da treibt? Wollt ihr euch gegen den König empören?« Sie konnten den Bau des Tempels nicht verhindern, weil das Edikt des Königs Kyros noch galt – eine Baugenehmigung für die Stadtmauer aber liegt nicht vor. Den Gouverneur mußte die Eigenmächtigkeit stutzig machen, lag doch das Land unter der persischen Hoheit im Frieden. Die Anhänger des Nehemia wußten, warum sie Schutz brauchten: die Bewohner der Städte um Jerusalem hatten die Trümmerfelder hundertfünfzig Jahre lang als Steinbruch benützt, sie sahen den Wiederaufbau ungern.

Nehemia beginnt eine Stadtmiliz aufzustellen. Junge Männer mit einfachen Waffen sollen die Arbeiter gegen Überfälle schützen. Die Kombination von Arbeit und Militärdienst, die sich im 20. Jahrhundert, beim Aufbau des israelischen Staates, immer noch bewährt, ist damals von Nehemia erfunden worden: »Es soll uns die Nacht zur Wache und der Tag zur Arbeit dienen. Jeder von uns hatte seine Waffe zur Rechten.« Nach zweiundfünfzig Tagen war die Mauer fertig. Der Erfolgsbericht verschweigt allerdings, daß diese neue Mauer nur den Bereich des Tempels einschloß; sie war lediglich halb so lang wie der Wall, der Jerusalem vor dem Sturm der Babylonier schützte. Die Menschen, die zurückkamen aus dem Exil, fanden alle Platz in der kleineren Stadt.

Verzicht auf politische Macht

Der Raum, der dem biblischen Volk blieb, war fest umrissen: die Stadt, durch den Wall abgegrenzt zur Außenwelt, besitzt keinen Zugang zum Meer; die Kupfer- und Eisenminen im Jordantal, am Roten Meer, gehören den Nachbarländern. Die Hebräer besinnen sich auf ihre Talente: sie treiben Handel und erobern sich auf kommerziellem Gebiet Einfluß in Samaria, in Bet Schean, in Jericho. Einfach ist es nicht, die phönizische Konkurrenz zu verdrängen. Die Händler aus den Hafenstädten beherrschten bisher die Märkte; das ändert sich im Laufe der nächsten Jahrzehnte. Das biblische Volk zieht Vorteile aus der Beschränkung.

Der jüdische Glaube findet seine definitive Form

Mit der vierten Gruppe der Rückwanderer zieht ein Mann nach Jerusalem, der zum Partner des Nehemia wird: der Prophet Esra. Nehemia ordnet die Administration des zerschlagenen Staates, Esra aber gibt dem Glauben der Hebräer die gültige Form. So ganz sicher ist es allerdings nicht, daß die beiden Männer gleichzeitig in Jerusalem gelebt haben; wahrscheinlich kam Esra mit seiner Gruppe erst kurz nach dem Tod des Nehemia in der Stadt an. Aber es ist offensichtlich, daß sich diese beiden Männer ergänzen. Der Gelehrte Esra bringt einen schriftlich fixierten Religionskodex mit aus Babylon: die fünf Bücher Moses in der Form, wie wir sie heute kennen. Im Zweistromland war die Erinnerung, die sich von Generation zu Generation weitervererbt hatte, auf Papyrusrollen aufgeschrieben worden. Künftig konnten sich die Vorschriften, die Gott für dieses Volk durch Moses 900 Jahre zuvor erlassen hatte, nicht mehr verändern. Mit Esra bekommt der Glaube seine endgültige Form. Vor dem Tempel verliest Esra die mitgebrachten Texte. Das Volk nimmt zur Kenntnis, wie es künftig sein Leben zu gestalten habe. Die fünf Bücher Moses werden zum absolut gültigen Gesetz für das biblische Volk. Ein Ziel ist den Menschen gesetzt, den Willen des einen Allmächtigen Gottes zu erfüllen. In Jerusalem entsteht die reinste Form der Theokratie: Gott regiert, der Hohepriester ist sein Anwalt in der Stadt. Auf diesen Mann haben die Juden auch zu hören, wenn sie außerhalb der Gemeinde von Jerusalem leben.

1200 Kilometer entfernt, auf der Nilinsel Elephantine, ist in diesen Jahren ein jüdischer Militärposten stationiert. So weit nilaufwärts, bis in die Gegend des ersten Nilkataraktes – nur wenig nördlich liegt heute der Assuandamm –, hatten sich die Perser vorgekämpft. Der jüdischen Gemeinde war jedoch schon zuvor, im babylonischen Reich, diese Insel zugewiesen worden. Nach dem Wiederaufbau des Tempels in Jerusalem erhalten die Juden auf Elephantine die endgültigen Regeln für die Ausübung des Kults zugeschickt. Absender ist die persische Regierung, die auch für Minoritäten und Splittergruppen im Reich auf Einheitlichkeit der Religionsriten bedacht ist. Die Vorschriften sind präzise gefaßt: »Am Zehnten dieses Monats nehme jeder ein Lamm für seine Familie, ein Lamm für jede Hausgemeinschaft. Ihr müßt ein fehlerloses, männliches, einjähriges Lamm nehmen, ihr könnt es nehmen von den Schafen oder von den Ziegen. Ihr sollt es nun bewahren bis zum 14. dieses Monats, dann soll es die ganze Gemeinde bei der Abenddämmerung schlachten. Von dem Blut sollen sie nehmen und damit die beiden Türpfosten und die Schwelle an den Häusern bestreichen, in denen man es essen werde. Das Fleisch aber, am Feuer gebraten, sollen sie in dieser Nacht essen, dazu ungesäuertes Brot; mit bitteren Kräutern sollen sie es essen.«

Die Dokumente von der Insel Elephantine zeigen uns auch die Schwierigkeiten, mit denen sich der Hohepriester auseinanderzusetzen hatte: so ganz unangefochten blieb die Einmaligkeit der Position von Jerusalem nicht – die Männer dieser Militärkolonie zum Beispiel hatten sich einen eigenen Tempel gebaut. Sie verletzten damit das Gesetz, das dem biblischen Volk nur noch den zentralen Kultort Jerusalem gestattete. Diese Eigenmächtigkeit wurde in Jerusalem erst bekannt, als der Tempel der Juden von Elephantine, ein kleines Bauwerk, bei einer Rebellion der ägyptischen Bevölkerung in Trümmer geschlagen wurde – für den Wiederaufbau erbat sich die Gemeinde finanzielle Unterstützung aus Jerusalem, ohne je auf diesen unverschämten, gesetzwidrigen Wunsch eine Antwort des Hohenpriesters zu bekommen. Auch ein zweites Schreiben löste keine Reaktion aus. Allerdings ist auch kein Zornesausbruch der Kultbewahrer zu Hause erhalten.

Mit der schriftlichen Fixierung der Gesetze war die Aufgabe der Propheten erloschen, Mittler zu sein zwischen Gott und den Hebräern: was Gott zu sagen hatte, war gesagt. Esra, der Überbringer der Schriftrollen aus Babylon, entdeckt eine neue Position, die Macht gibt. Er legt, als Priester, die Gesetze Gottes aus. Esra hält es für notwendig, Rechtsverordnungen zur Reinhaltung der Rasse zu erlassen: wer Frauen aus den Stämmen der Kanaaniter, der Jebusiter, Hethiter, Ammoniter, Moabiter, Edomiter und Ägypter geheiratet hatte, der mußte sich von diesen fremden Frauen und den Kindern trennen. Esra sieht ein Verbrechen darin, daß sich der »heilige Same mit den Heidenvölkern des Landes vermischt« hatte (ESRA 9 u. 10). »Auf Handschlag versprachen die Schuldigen die Entlassung ihrer Frauen. Ihr Schuldopfer für das sträfliche Vergehen bestand in einem Widder.« Das Alte Testament bewahrt eine beachtliche Liste derjenigen, die sich scheiden ließen. Die Schrift vermerkt auch fairerweise, daß einige Männer gegen diese harte Auslegung der göttlichen Gesetze protestierten. Die Sippen um Samaria ließen sich nicht unter die Rassengesetze des Esra zwingen. Sie behielten ihre Frauen und lösten dafür ihre Bindungen zu Jerusalem. Dieser Akt der Treue zum Ehebund hat nicht zur Beliebtheit der Samaritaner im Bereich des jüdischen Staates beigetragen.

Jerusalem konzentriert sich auf die Konsolidierung der Theokratie. Einziges Lebensziel der Hebräer bleibt die Erfüllung des göttlichen Willens. Die Fehler der Vergangenheit, die Neigung zu fremden Göttern, sollten sich nie mehr wiederholen. Gott wurde zum Diktator eingesetzt über das biblische Volk, die Priester ernannten sich zu seinen Bevollmächtigten. Die Folge dieser Hinwendung zu Gott war Verzicht auf Schönheit, Pracht und Bequemlichkeit der irdischen Wohnplätze, der Häuser und Paläste. Das Land Juda, der autonome Distrikt des persischen Großreiches, blieb arm. Nicht weil das Land von den fremden Herren ausgeplündert wurde – das geschah keineswegs, im Gegenteil, die persische Besatzungsmacht zeichnet sich durch Milde aus –, die Hebräer selbst zwangen sich mit Willenskraft zur Armut. Sie bauten keine Häuser für kommende Generationen; sie richteten sich darauf ein, ohne viel Gepäck abrufbereit zu sein, um Befehlen Gottes zu dienen.

In den archäologisch erschlossenen Kulturschichten dieser Zeit sind keine Schmuckgegenstände zu finden. Das Gelobte Land wird in der Isolation zu einem unfreundlichen, daseinsfeindlichen Territorium. Die Hebräer lehnen Bequemlichkeit und Pracht ab, sie haben auch keinerlei Interesse daran, sich irdischen Ruhm zu erkämpfen. Ihr Heer ist klein und nur für die Verteidigung des wiederaufgebauten Walls geeignet. An Eroberungen denken die Hebräer erst wieder 250 Jahre später. Nach einer gründlichen Umgruppierung der politischen Kräfte zwischen Europa und den Grenzen des Fernen Ostens.

Auseinandersetzung mit dem Optimismus der Griechen

Von Westen her kommt diesmal die Invasion. Aus Mazedonien bricht ein zwanzigjähriger Feldherr nach Kleinasien ein. Er besiegt – mehr durch Verwegenheit und Dreistigkeit als durch strategisches Können – im Jahre 333 die Perser bei Issos. Er folgt der Mittelmeerküste über Byblos, Sidon, Tyrus und zerstört im Nildelta die Macht der Ägypter. Der Feldzug ist für ihn ein Lehrgang in Politik und Strategie. Das Bewußtsein, von Göttern abzustammen, gibt ihm die Kraft, an die Eroberung eines Reiches zu denken, das alle damals bekannten Gebiete der Welt umgreift. Der junge Alexander will Herrscher der Welt werden.

Er kommt nicht als Zerstörer, er baut auf. An seinem Weg entstehen neue Städte, die alten werden abgerissen und sofort prächtiger wieder aufgebaut. Alexandria im Nildelta ist ein Beispiel. Ptolemäus, ein Mann aus dem Stab des mazedonischen Welteroberers, übernimmt die Verwaltung in Ägypten. Es gelingt ihm beispielhaft, die alte Kultur der Pharaonen mit dem Schwung und der seelischen Freiheit der neuen Zeit zu vereinen. Er setzt damit ein Beispiel für die Kooperation zwischen Siegern und Besiegten im Reich Alexanders des Großen. Ptolemäus interessiert sich wieder für die Landbrücke zwischen Nildelta und dem Zweistromland. Er holt sich, wie einst die Pharaonen, Baumaterial aus der Küstenregion des fruchtbaren Halbmonds.

Alexander ist ein unruhiger Regent: innerhalb von acht Jahren durchzieht er mit seinem Heer die Strecke von 18000 Kilometern, bis sich schließlich die Truppe weigert, vom Indus an den Ganges zu marschieren – Zeit, sich ernsthaft um die eroberten Provinzen zu kümmern, hat Alexander nicht; doch überall im Riesenreich sitzen fähige Gouverneure, die sich allerdings ohne Mühe die Souveränität über ihr Gebiet aneignen: beim Tod des Eroberers löst sich das Weltreich in Regionalstaaten auf.

Das Land zwischen dem Libanongebirge und den südlichen Ausläufern der Hügelkette von Juda, die Heimat des hebräischen Volkes, gehört wieder zur Einflußsphäre der Herrscher am Nil.

Die führenden Männer der Theokratie Juda kümmern sich nicht um Veränderungen der Weltgeschichte. Sie verzichten darauf, praktischen Widerstand zu leisten gegen die fremden Herrscher, doch sie verhindern zunächst, daß die Ideenwelt des Hellenismus ihre Vorstellung von Gott und von der Ordnung der Welt unterwandert. Befangen in der eigenen Starre des Denkens, können sich die Politiker des Staates um Jerusalem nur zu Klagen hinreißen lassen – die Klage ist der einzig mögliche Ausbruch aus dem engen emotionalen Gürtel. In die Jammerphrasen schleicht sich schließlich die Frage ein: Warum beendet Gott nicht die Kriegszüge der fremden Eroberer? Wobei die hebräischen Politiker die Besatzungsmächte gottlosen Heiden gleichsetzen, deren Einfluß Gott eigentlich zerstören mußte.

Im irdischen Staat des einen Allmächtigen Gottes stilisiert sich ein neues, bisher unbekanntes Bild dieses alleinigen Herrschers aller Dinge: Gott ist nicht mehr der aktive Regent des jüdischen Volkes, er ist jetzt das Licht, das über den Erwählten in purer Reinheit leuchtet; ein Licht, das sich nicht beflecken läßt durch tätige Einmischung in die Vorgänge der Welt. Der gelehrte Schwätzer Habakuk findet die Worte, die zu dieser Gottesvorstellung passen: »Zu rein sind deine Augen, um Böses mitanzusehen, und es ist dir unmöglich, dem Unrecht zuzuschauen.« Habakuk ist keineswegs froh, daß Gott so weltfremd geworden ist; auch er stellt die Frage: »Warum duldet Gott, daß Gewalt regiert?«
Der Kleinstaat Juda lebt zu dieser Zeit von der Landwirtschaft auf den Feldern um Jerusalem und vom Handel. Hebräische Händler ziehen nach Alexandria, das mit der Zeit eine bedeutende jüdische Auslandskolonie wird. Die Männer sehen dort, wie die Städte sich verändern: die Gebäude werden höher und breiter, sind mit Säulen gestützt, die Menschen treiben Sport in den Gymnasien und unterhalten sich im Theater. Die griechische Sprache, elegant und beweglich, ist das Ausdrucksmittel derjenigen, die vorankommen wollen in der Stadt im Nildelta. Zu Hause, in Jerusalem, läßt sich die Jugend nach und nach beeinflussen von den Erzählungen der Handelsagenten: die jungen Männer beginnen griechisch zu reden; den Frauen gefallen die Schmuckstücke aus Alexandria, wohlhabende Familien lassen ihre Zimmer dekorativ ausmalen – wer nicht zur theokratischen Oberschicht, zur Tempelelite, zählt, der hat genug von der puristischen Enthaltsamkeit. Den Priestern und ihren

Anhängern bereitet diese Tendenz zur Auflösung des traditionellen Kultes Verdruß.
Zwei Extreme in der Einstellung zum menschlichen Körper prallten aufeinander: die Priester des jüdischen Staates waren fest überzeugt von der Sündhaftigkeit des Leibes, die jungen Männer aber übten sich nackt im Gymnasium. Die Anhänger der Priester lamentierten über die Verderbnis der Sitten, über die moralische Verkommenheit der »Heiden«, die das Vorbild geben zur Sünde. Die jungen Männer spotteten über die Alten, die den Geist der neuen Zeit überhaupt nicht verstanden. Den Propagandisten der Isolation war schon der Kontakt mit den stärker hellenistisch beeinflußten Nachbarstaaten suspekt. Zu Beginn der Berichte aus der Makkabäerzeit überliefert das Alte Testament Spuren der Auseinandersetzung zwischen Fortschritt und Tradition: »In jenen Jahren traten in Israel gesetzesfeindliche Leute auf. Sie redeten auf viele ein und sprachen: Wir wollen uns mit den Heiden, die rings um uns wohnen, gut vertragen. Seitdem wir uns nämlich von ihnen abgesondert haben, traf uns allerlei Unglück« (1 MAKKABÄER 1,11). Den Priestern galten solche Sätze als Hochverrat an der Sache Gottes, denn die Konsequenzen waren abzusehen: im Gymnasium sahen die jüdischen Männer, daß ihre griechischen Freunde nicht beschnitten waren; von da an legten sie die Beschneidungsvorschriften für die eigenen Kinder nur lässig aus. Der Text in 1 Makkabäer 1,15 erlaubt den Schluß, die Hebräer hätten Methoden gefunden, um auch das Resultat bereits vollzogener Beschneidung wieder zu kaschieren: »Auch stellten sie sich die Vorhaut wieder her.« Wer solche Praktiken guthieß, war vom Bund mit Gott abgefallen, war Ursache für das Elend der Hebräer.

Der Hohepriester ist zuständig für die Reinheit des Kultes. Ihm war von den griechischen Eroberern alle Macht gelassen worden: Alexander und Ptolemäus hatten keine Absicht, den Monotheismus der Kleinstaaten in ihren Reichen anzutasten. Die Herrscher am Nil sicherten sich jedoch Mitspracherecht bei der Wahl des Hohenpriesters. Sie unterbrachen jedoch keine Tradition; sie akzeptierten, daß sich eine Familie in Jerusalem Anspruch auf weltliche und geistliche Herrschaft gesichert hatte: die Sippe der Nachkommen eines wohlhabenden Mannes mit Namen Onias.
Der Hohepriester war die Kontaktperson zu den Beamten der Besatzungsmacht. Er sorgte für pünktlichen Transport der Steuergelder nach Alexandria – in dieser Zeit prägt der hebräische Staat Gold-

münzen; die Zeit der Silber- und Goldbarren als Zahlungsmittel ging mit den Jahren des Propheten Nehemia zu Ende. Verantwortlich für die Finanzpolitik zeichnet der Rat der Ältesten, dem nur Mitglieder einflußreicher Familien angehören. Längst hatte sich eine Aristokratie gebildet in Jerusalem. Der Dualismus der Herrschaft zwischen Hohempriester und Ältestenrat machte die Verwaltung des Landes unbeweglich, doch er nützte der hellenischen Aufsicht: wenn sich Hoherpriester und Ältestenrat stritten, entschied der Spruch der höchsten Instanz der Besatzungsmacht. Der Aufbau der weiteren Stufen der Hierarchie, von der Spitze her gesehen, hielt sich an die Regeln der Theokratie: mehrere Ränge standen über der untersten Stufe der niederen Priester. Das Volk war allen Priestern nachgeordnet. Seine Opfer, Spenden und Steuerzahlungen ermöglichten die Finanzierung der Herrschaft einer Oberschicht.

Ein reicher Jude schreibt um das Jahr 130 v. Chr. seine Eindrücke von der Stadt Jerusalem nieder. Dieser Mann, er nennt sich Aristeas, lebt in Alexandria. Er sieht die zentrale Stadt des Judentums idealisiert, geprägt von symmetrischer Harmonie. Er kann nicht verbergen, daß er hellenistisch gebildet ist. Der Tempel – so schreibt Aristeas – liegt auf der höchsten Erhebung von Jerusalem und ist damit der höchste Punkt der Welt. Aus massivem Stein ist das Gebäude errichtet, durch mächtige Tore geschützt. Innen im Tempel sind siebenhundert Priester beschäftigt, sie sind in verzierte Gewänder gekleidet und bewegen sich mit Grazie. Auf den Pilger Aristeas macht die schwungvolle Art Eindruck, mit der die Priester Opfertiere zum Schlachtplatz werfen. Vom Schmuck des Hohenpriesters notiert Aristeas Details: Das Diadem aus Gold über der Stirn, der mit Edelsteinen besetzte Gürtel, die Goldglöckchen am Saum des Mantels. Die Priester sind reich, das Volk hat zu leben – so sieht Aristeas die Güterverteilung in Jerusalem: die Händler, Handwerker und Bauern sorgen dafür, daß die Stadt Geschäftszentrum der Region bleibt. Aristeas verliert den Maßstab für die Realität: Jerusalem ist in Wahrheit Kultort einer für das Gesamtreich unwichtigen Religion; eine unbedeutende Provinzstadt, die an Reichtum anderen unterlegen ist. Sie wird mit Absicht überschätzt von den Hebräern.

Die Illusion: Jerusalem als Zentrum der Welt

Den Juden, verstreut über viele Länder, mußte Jerusalem als Mittelpunkt der von Gott geschaffenen Erde erscheinen. Die Hohenpriester sorgten dafür, daß der Blick der Gemeinden in der Diaspora ausgerichtet blieb auf den Tempel. Überall in der Welt wenden die Hebräer ihr Gesicht zum Gebet in Richtung Jerusalem. Jede Splittergruppe erhielt Richtlinien, wie unter den jeweiligen besonderen Gegebenheiten der verschiedenen Länder die Reinheit des Kultes zu bewahren sei. Die Priesterkaste verlangt auch von allen Diasporagemeinden Zuschüsse zum Finanzhaushalt der Tempeladministration in Jerusalem; die reiche Gemeinde von Alexandria trug viel dazu bei, daß der Hohepriester sich Goldplatten um den Leib binden konnte.

Eine zahlenmäßig starke jüdische Volksgruppe lebte zu dieser Zeit in Babylon – die Sippen, die nicht bereit gewesen waren zur Rückwanderung, hielten fest an ihrem Glauben und wehrten sich insgesamt so hartnäckig wie die Traditionalisten im Jerusalemer Tempelbereich gegen die Infiltration des hellenistischen Geistes. Vom Zweistromland aus zogen jüdische Familien, oft im Auftrag der Großbanken, zur Krim, nach Armenien, zum Balkan, nach Persien. Siedler lassen sich im äußersten Westen der afrikanischen Küste nieder, in Marokko; kaum hat sich die jüdische Gemeinde festgesetzt in den Städten in der Landecke zwischen Mittelmeer und Atlantik, greift sie über nach Spanien. Auf dem Nil dringen die Sippen nach Afrika hinein. Sie finden sogar in Äthiopien Aufnahme.

Die Eroberung der Weltmärkte durch die Händler aus jüdischen Stämmen vollzieht sich leise und ohne Aufwand. Nach und nach ziehen Zehntausende aus Jerusalem fort, gelockt von den Erzählungen der Verwandten und Bekannten. Dieser freiwillige Marsch ins Exil laugt das Intelligenzpotential des Kleinstaates aus; wem es nicht gelingt, in der gut verdienenden Priesterschicht unterzukommen, der verdingt sich dem Auslandsdienst der Handelsorganisationen von Alexandria. So wirkt sich der Verzicht auf alle Eroberungspläne aus: das hebräische Volk verwendet seine Energie, um sich in einer milden Form von wirtschaftlichem Imperialismus einen Platz in der Welt zu erobern. Jetzt erweist sich der starre Zwang der Theokratie als Vorteil: die Auswanderer lassen sich zwar vom freieren Geist der fremden Großstädte beeinflussen, doch lösen sie nie ihre Bindung an den Tempel von Jerusalem und an seine Priester. Der Magnet ist so attraktiv, daß sich jeder, der ein Kapital erworben hat, die Reise »nach Hause« leistet. Die Bewahrung des Glaubens verhindert die Assimilierung in der kulturellen Umwelt des Exils. Der Aufenthaltsort wird nie zur neuen Heimat. Als Kuriosum muß vermerkt werden, daß die Juden in der Fremde ihren Glauben hartnäckiger bewahren als die Juden zu Hause.

Die fremden Götter siegen wieder

Die Tendenzen der geistigen Entwicklung der Menschen in den Regionalteilen des hellenischen Reiches sind nicht günstig für die Theokratie. Hatte sich der ägyptische König als milder Herrscher bewiesen, so zeigte sich in der Zukunft ein anderes Relikt aus der Zeit der Aufteilung des Alexanderreiches als weniger großzügig: die Dynastie der Seleukiden machte den Nachfolgern des Ptolemäus das Land der Hebräer streitig. Drei Belagerungen in den Jahren 201, 199 und 198 v. Chr. zermürben die ägyptische Besatzung von Jerusalem. Da der Seleukidenkönig Antiochus III. der Bevölkerung in der belagerten Stadt mitgeteilt hatte, daß er bereit sei, Privilegien zu gewähren, freuen sich die Menschen in Jerusalem – alle Schichten, von den Priestern bis zu den Bauern – über den Erfolg der Konkurrenz der Ägypter. Die neuen Herren handeln zunächst klug und bestätigen das theokratische System. Ihre Haltung ändert sich: rund zwanzig Jahre später ernennt sich, nach internen Auseinandersetzungen, Antiochus IV. zum König des Seleukidenreiches.

Dieser Mann hatte bereits Erfahrungen gesammelt, von denen das hebräische Volk noch für ein weiteres Jahrhundert verschont blieb: Antiochus IV. war Opfer gewesen der Kampfkraft und strategischen Geschicklichkeit des römischen Heeres. Sein Vater Antiochus III., ein Herrscher, der sein Leben lang die Gefahr aus Rom unterschätzte, hatte sich in Streit mit den Römern hineinziehen lassen, trotz der Warnungen vor ähnlich katastrophalen Niederlagen, wie sie der mit den Seleukiden befreundete Staat Karthago zuvor schon hatte hinnehmen müssen. Das Experiment endete kläglich. Antiochus III. wurde zwar nach der Kapitulation in Griechenland zum »Freund des Römischen Volkes« ernannt, doch mußte er jeden Landbesitz in Kleinasien, alle seine Kriegsschiffe

und Kriegselefanten abliefern. Seinen Sohn, Antiochus IV., schickte er damals mit dem kompletten Staatsschatz – er bestand aus 500000 Kilogramm Edelmetallen – als Geisel nach Rom. Vierzehn Jahre lang hielt sich der junge Mann dort auf, zwar als Gefangener, aber doch in Freiheit. Dann kam er, auf Umwegen, in den Staat seines Vaters zurück und wurde Herrscher der Seleukiden-Dynastie.
Mit dem Tag seiner Thronbesteigung endete die Zeit der Toleranz gegenüber den jüdischen Gemeinden. Antiochus IV. duldet keine Splitterreligionen mehr in seinem Staat. In Rom hatte er den Zeus-(Jupiter-)kult kennengelernt – diesem Gott fühlte er sich fortan verpflichtet. Von seinen Hofbeamten fordert er den Glauben, er selbst sei die Verkörperung des Gottes Zeus. Er gibt sich den Beinamen »Theos Epiphanes« – der Gott, der im Fleisch erschienen ist. Später verlangt er die Anerkennung der völligen Übereinstimmung seiner Existenz mit Zeus. Je stärker er sich selbst zum Gott verwandelt, desto weniger konnte er die Altäre anderer Götter in seinem Reich dulden.
Der Tempel in Jerusalem war ein solches Heiligtum, das den »leibhaftigen Gott« ärgerte. Antiochus IV. versucht auf sanfte Weise dieses Bollwerk des jüdischen Glaubens zu zerstören: er setzt den fest von der Existenz des Gottes der Juden überzeugten Hohenpriester Onias III. ab und übergibt die weltliche und religiöse Herrschaft an dessen sanftmütigen Bruder Jason. Schon der Name des neuen Chefs der Tempeladministration zeigt, daß er zur Partei der Griechenfreunde gehört: Jason ist die hellenisierte Form des Namens Josua. Während seiner Regierungszeit gewinnt das Gymnasium an Popularität unter den Männern, der Sport – Ringkampf, Wettlauf, Scheibenwurf – entwickelt sich zum wichtigsten Freizeitvergnügen und erhält schließlich sogar religiöse Weihen: im Gymnasium werden Altäre aufgestellt; Gott Melkart erweist sich als besonders attraktiv für die nackten Sportler. Das Gymnasium als Konkurrenz des Tempels – diese Polarisierung wünscht Antiochus IV. der Stadt Jerusalem. Er gewinnt Freunde auch in den Reihen der Tempelpriester; bald ist es keineswegs mehr außergewöhnlich, daß junge Priester viele Stunden des Tages im Gymnasium verbringen; sie gehen nach den Wettkämpfen wieder ins Heiligtum zurück, um ihren Beruf auszuüben. Sie sehen im Tempeldienst schließlich nur noch eine der mancherlei Möglichkeiten, den Lebensunterhalt zu verdienen, der Vergnügen ermöglicht.
Die Herrschaft der Seleukiden steht in diesen Jahren unter massi-

vem Druck der Römer, die entlang der Balkanküste nach Osten vordringen. Ihre Ziele werden immer ehrgeiziger, der Besitz von Mazedonien genügt nicht mehr zur Sicherung der östlichen Flanke. Schon zur Zeit von Antiochus III. fassen die Römer Fuß im Gebiet der heutigen Türkei. Gegen die Armeen von Antiochus IV. gelingt ihnen die Ausweitung des Brückenkopfs durch Vorstöße zum Schwarzen Meer. Die Aufstellung immer neuer Heere zur Abwehr der Römer verschlingt viel Geld. Die Seleukiden sind gezwungen, von ihren Vasallen hohe Summen als Kriegskostenzuschuß zu verlangen. Auch Jerusalem bleibt nicht verschont von diesen Forderungen.
In der Stadt gibt es nur ein Institut, das reich genug ist, um Tausende von Kilogramm an Gold und Silber zu spenden – der Tempel. Doch als die Partei der Griechenfreunde bereit ist, den Tempelschatz für die Kriegführung des Antiochus zu opfern, protestiert Jason; die Grenze seiner Unterstützung des modernen Geistes in der Stadt ist erreicht. Antiochus reagiert rasch; er setzt den Hohenpriester ab. Jason ist überrascht: nur kleine Gruppen von Demonstranten zeigen sich auf dem Tempelvorplatz; die Menschen von Juda nehmen den Eingriff in die Souveränität der Stadt hin. Der neue Hohepriester heißt Menelaus und gehört nicht zu der Familie, die seit Generationen Anspruch hat auf das höchste Amt im Staat. Die Juden respektieren diesen Mann zunächst, obgleich er zuvor nicht einmal Priester des niederen Ranges war. Menelaus, der bedenkenlose Parteigänger der Griechen, sorgt dafür, daß die finanziellen Forderungen des Antiochus erfüllt werden: er überweist Teile des Tempelschatzes an die Kriegskasse nach Antiochia. Diese Tributzahlung erst weckt den Ärger der konservativen Schicht in Jerusalem. Diesmal sind die Demonstrationen hitzig. Die Anhänger des einen Allmächtigen Gottes rotten sich zusammen, sie stürmen Wohnungen der liberalen Griechenfreunde. Sie erschlagen den Bruder des Hohenpriesters Menelaus. Antiochus IV. duldet diese Revolte nicht, er schickt Armee-Einheiten, die den Aufstand der orthodoxen Hebräer unterdrücken.

Politische Mißerfolge machen den Seleukiden-Herrscher aggressiv. Im Jahre 168 v. Chr. will er Ägypten erobern, um die Niederlagen wettzumachen, die er in Kleinasien hinnehmen mußte. Zu seiner Bestürzung trifft ein Legat aus Rom in seinem Lager ein, der ihn in schroffem Ton auffordert, den Vormarsch zum Nil einzustellen.

Tief gedemütigt zieht Antiochus wieder in das Gebiet der Hebräer zurück. Dort waren hinter seinem Rücken erneut Rebellionen gegen die Anhänger des Nacktsports ausgebrochen – Jason, der abgesetzte Hohepriester, hatte sein Versteck östlich des Jordan verlassen, um den Widerstand zu organisieren. Gegen die Truppe des Antiochus aber, die sich gereizt und kampflustig auf dem Rückmarsch befindet, bleibt ihm keine Chance. Jason muß wieder fliehen, seine wichtigsten Anhänger werden hingerichtet, Frauen und Kinder ziehen als Deportierte nach Antiochia. Wieder einmal verliert Jerusalem seine Stadtmauer; nur das Viertel mit den Baracken der Besatzungsgarnison durfte befestigt sein. Das Zentrum der Stadt verlagerte sich vom Tempelbezirk weg – ein neuer Schwerpunkt entstand: die Freunde der Griechen zogen hinter die schützenden Mauern. Bei ihnen konzentrierte sich reges geistiges Leben – Theater und Gymnasien sind Mittelpunkt des hellenistischen Quartiers. Die übrige Stadt versinkt in Apathie, in Trauer und Gebet.

Menelaus, der Hohepriester, hat den Tempel verlassen; der Aufenthalt dort ist ihm zu unsicher. Von Menelaus kommt der Rat, die traditionelle Religion als rückständig und fortschrittsfeindlich anzuprangern. Er macht damit Antiochus IV. Mut, diese Religion ganz und gar zu vertilgen. An Stelle des Gottes der Hebräer soll endgültig Zeus der Gott der Stadt Jerusalem sein. Antiochus, als seine im Fleisch erschienene Ausprägung, sieht sich zum höchsten Regenten berufen.
Die Attraktionen der griechischen Stadt locken immer mehr Menschen aus den Häusern der orthodoxen Gläubigen in das moderne Leben der griechischen Polis. Der Tempel, verlassen, unbewacht, wird ausgeplündert. Menelaus gibt schließlich die Genehmigung für die Aufstellung eines Dionysosaltars – Heiterkeit und sexuelle Freiheit ziehen ein in das Allerheiligste des Tempels; das Dunkel, in dem der Allmächtige Gott wohnt, wird durch helle Fenster zerstört. Die orthodoxen Gläubigen haben das Gefühl, Gott fliehe jetzt das Land der Hebräer.
Auf den Hügelkuppen entstehen Heiligtümer für Zeus. Antiochus IV. hat guten Grund zur Hoffnung, daß die Zerschlagung des jüdischen Glaubens gelingt. Doch er täuscht sich: sein Verbot der Sabbatheiligung und der Beschneidung stachelt den Widerstand an. In Zeiten der Unterdrückung steigert sich der Glaube des biblischen

Volkes zu Heroismus. Die jüdischen Nationalisten und die orthodoxen Gläubigen verbünden sich gegen die Griechenfreunde. Die Gegner der Griechen finden zur rechten Zeit ein Symbol ihres Kampfes. Judas Makkabäus gibt die Richtung der Rebellion an. Sein Vater hatte schon zum Widerstand gehört. In seinem Dorf Modi'in, es lag in der Gegend des heutigen Flughafens Lod, waren eines Tages Soldaten aufgetaucht, ein Offizier kommandierte sie; die Männer sollten im Auftrag des ehemaligen Hohenpriesters, der jetzt dem Zeus diente, eine Reform des Gottesdienstes durchführen. Der Offizier ließ alle Männer des Dorfes zusammentreiben auf einen freien Platz zwischen den Lehmziegelhäusern. Er suchte einen Mann, der bereit war, am Zeusaltar ein Schwein zu schlachten zum Opfer – den Altar hatte die Truppe mitgebracht.
Diese Forderung war eine Ungeheuerlichkeit für jeden, der die Gebote des Moses achtete: das Schwein galt als unreines Tier. Eine größere Beleidigung konnte es für Gott nicht geben als die Perversion, ein Schwein zu opfern am Altar eines fremden Gottes in dem Land, das er den Hebräern zugewiesen hatte. Selbst die besten Freunde der Griechen weigerten sich, dem Offizier diesen Gefallen zu tun. Auf dem Dorfplatz von Modi'in stand auch der Priester Mattathias; seit dem Dekret des Antiochus war es ihm verboten, dem Gott der Juden zu opfern. Der Offizier, der einen Erfolg vorweisen mußte bei der Rückkehr zur Griechengarnison von Jerusalem, bot dem Mattathias Geld an, wenn er das Schwein schlachte. Mattathias weigerte sich. Aber da trat ein anderer Mann aus der Reihe vor, er wollte sich das Geld verdienen. In diesem kritischen Augenblick reagierte Mattathias hart: er stach zu und brachte den Mann um. Für die Menge der Abwartenden war diese Tat ein Gotteszeichen. Den Soldaten blieb keine Chance mehr, sie wurden von den Dorfbewohnern erschlagen. Mattathias warf den Zeusaltar um. In wenigen Stunden war die Tat des abgesetzten Priesters in allen Dörfern und Städten des okkupierten Landes bekannt.
Mattathias schloß sich in den Tagen nach dem Ereignis von Modi'in einer Kommandoorganisation in den Bergen von Juda an. Diese Männer hatten sich die Aufgabe gestellt, die fremden Altäre zu zerschlagen und die männlichen Kleinkinder in den Dörfern zu beschneiden. Sie besetzten die Siedlungen nur für Stunden und verschwanden wieder vor den anrückenden regulären Truppen. Mattathias war diesem abenteuerlichen Leben nicht lange gewachsen. Bei seinem Tod übernahm der dritte Sohn die Position des Kom-

mandochefs. Mitglieder der Geheimorganisationen gaben sich auch damals schon Decknamen; der junge Juda nannte sich Makkabi, der Hammer. Er wurde sehr rasch bekannt, als es seiner Gruppe gelang, einen Stoßtrupp zu vernichten, der von Samaria aus Ordnung in den Bergen schaffen sollte. Durch geschickte Taktik zermürbte er eine zweite, weit schlagkräftigere Militäreinheit. Jetzt wurde Juda Makkabi zum Vorbild für die Jugend; Tausende wollten sich von ihm rekrutieren lassen. Innerhalb von wenigen Tagen ist das ganze Land rings um Jerusalem in der Hand der Aufständischen.

Makkabi hatte einen günstigen Zeitpunkt gewählt: Antiochus IV. ist im Frühling des Jahres 165 am Euphrat in Kämpfe mit den Parthern verwickelt; er kann seinen Freunden in Jerusalem nicht selbst helfen – er ist gezwungen, seinen Regenten Lysias mit der Befriedung des jüdischen Landes zu beauftragen. Die Unterlegenheit des regulären Militärs gegenüber entschlossenen Kommandogruppen erweist sich: auf der Straße von Hebron nach Jerusalem reibt Makkabi die Vorhut der Armee des Lysias auf. Der Stellvertreter des Königs entdeckt jetzt, daß er die Stärke des Gegners falsch eingeschätzt hat. Er zieht die Konsequenz – die Regierungstruppen marschieren zurück.

Makkabi gibt Gott und den Hebräern wieder eine Heimat

Der Kommandoführer wird zum Staatsmann. Er nützt die Chance und besetzt Jerusalem. Zwar ist es ihm nicht möglich, die ganze Stadt einzunehmen, das Stadtviertel der Griechenfreunde öffnet ihm die Tore der stark befestigten Mauer nicht, doch das für ihn wichtigste Gebäude fällt ihm ohne Schwierigkeiten zu: der Tempel. Unvergessen in der Erinnerung des biblischen Volkes ist der Augenblick, als die Männer um Makkabi vor dem Heiligtum ihres Gottes stehen: »In den Höfen wuchs Gras und Gestrüpp, da war ein Dickicht wie auf den Hügeln vor der Stadt.« Schon lange hatte niemand mehr diesen Platz betreten. Sofort beginnt Makkabi mit der Ausrodung der Tempelhöfe; er haut auf das niedere Gebüsch ein und bahnt sich den Weg. Von den Mauern der Griechenstadt stören Bogenschützen die Aufräumungsarbeiten. Tempel und Wall der Polis liegen nur hundert Meter auseinander. Unter dem Schutz der Schilde schleppen die ehemaligen Guerillas Steine zusammen, sie flicken die Schäden in Mauer und Dach. Genau drei Jahre nach der Entweihung des Tempels kann Makkabi im Dezember 164 dem Gott der Hebräer das restaurierte Haus anbieten. Da die Festung der Griechen nicht einzunehmen ist, muß Makkabi den Tempel ebenfalls zum Bollwerk ausbauen; Mauern und Türme schützen das Heiligtum vor den Ferngeschossen der Gegner.

Obgleich sich im Herzen der Stadt noch das Widerstandsnest hält, greifen die Truppen der Anhänger des jüdischen Gottes die Siedlungen im Lande Juda an; viel Energie wird ihnen nicht abgefordert, die Menschen in den Dörfern und Städten sind voll Sympathie für den Priestersohn aus Modi'in. Doch rasch wacht Argwohn auf in den umliegenden Staaten: die Regierungen der Philisterstädte fürchten ein mächtiges Jerusalem, sie hatten profitiert von der militärischen und politischen Schwäche des Hebräerstaates. Der Schreck über die Schlagkraft der Männer des Makkabi löst Wut aus in Asdod; Juden, die in der Philisterstadt wohnen, werden beleidigt, geschlagen, umgebracht. Ähnliche Vorfälle melden jüdische Gemeinden aus dem Land der Edomiter. Die jüdischen Siedler, die bisher sicher gelebt hatten in den Nachbarstaaten, sind plötzlich bedroht. Vor allem gegen die Händler richtet sich der Zorn.

Der »Hammer« fühlt sich herausgefordert. Er schickt Soldaten in die Städte, um Schluß zu machen mit den Ausschreitungen. Dabei erobert Makkabi rasch und unauffällig fast alle Gebiete, die einst zu Davids großem Reich gehört hatten. Es gelingt ihm allerdings nicht, die eroberten Landstriche fest an Jerusalem zu binden. Ihm fehlen die Administratoren, die der Hauptstadt Gewicht und Ansehen gegeben hätten. Makkabi hat immer noch dieselben Männer um sich, die mit ihm in den Tälern der Judaberge gehaust hatten. Sie verlangen jetzt Pfründe als Anerkennung ihrer Leistungen. Das sind nicht die richtigen Persönlichkeiten, um die staatliche Autorität zu stärken. Die Arbeit der Distriktgouverneure ist durch den Umstand erschwert, daß in der Hauptstadt Jerusalem noch immer das Viertel der Griechenfreunde jedem Eroberungsversuch trotzt. Die psychologische Auswirkung auf die Männer in den Randbezirken des Staates kalkuliert Makkabi ein – er muß ein Ende machen mit den Hellenisten. Im Jahre 163 v. Chr. – Antiochus IV. ist gerade gestorben – versucht er, nach gründlicher Vorbereitung, die starke Befestigung zu stürmen. Mit Rammböcken, Leitern und hölzernen Türmen rücken die im Guerillakampf erprobten Truppen gegen die Mauern vor. Der Plan, die Stadt auszuhungern, verspricht keinen Erfolg: an Lebensmitteln und Trinkwasser ist kein Mangel in der Festung.
Die Belagerten aber sehen auf die Dauer Gefahr für das Mauerwerk durch die Rammstöße der Sturmmaschinen. Sie bitten den neuen König, Antiochus V., um Hilfe. Mit achtzig Elefanten und vielen tausend Pferden rückt das griechische Heer zum Entsatz an. Der Herrscher kommandiert diesmal selbst. Die Belagerer werden zu Belagerten. Antiochus sieht den Erfolg greifbar nahe vor sich. Die leeren Häuser der Stadt sind in seiner Hand; nur den Tempel, der mit Verbissenheit verteidigt wird, kann Antiochus nicht stürmen. Alle Gegner der Griechenfreunde sind hinter die festen Mauern geflüchtet. Makkabi verfügt über genügend Kämpfer, doch ihm fehlt es an Lebensmitteln. Seine Situation ist kritisch. Die Ereignisse, die jetzt geschehen, betrachten die Hebräer als Wunder: Antiochus V. bietet Verhandlungen an; das Zögern der Belagerten beantwortet er mit Konzessionen: »Die Juden sind mit der Einführung griechischer Sitten durch meinen Vater nicht einverstanden. Ihnen soll der Tempel zurückgegeben werden. Sie sollen künftig nach den Gesetzen der Vorväter leben können.« Antiochus stellt eine Bedingung: die dicken Mauern der Tempelanlage müssen

Reste der unter Nebukadnezar II. errichteten Zikkurat in Borsippa, südlich von Babylon

Eine hebräische Stadt wird vom ass
rischen König Tiglatpileser III. bela
gert. Rammböcke rollen auf Räder
gegen die Mauern, die Besiegten we
den gepfählt

Bar Kosiba hielt auch in kritischer
Zeit die vorgeschriebenen Glaube
rituale ein:
»Shimeon an Jehuda Bar Menashe
Qiryath Arabaya: an euch sind zv
Esel unterwegs, schickt mit ihnen
zwei Mann an Jehonathan Bar
Be'ayan und Masabala, damit sie z
euch in das Lager Palmzweige un
Zitronen holen, und sendet ander
die euch Myrten bringen und Wei
den.« Diese Gewächse, die »Vier
Arten«, braucht der Jude für die
Feier des Laubhüttenfestes.

Eine enge Schlucht am Toten M
letzter Zufluchtsort der Samare
und Stätte ihrer Vernichtung

Das Archiv des letzten Fürsten von Israel: Briefbündel, die in der Höhle im Tal Nahal Hever gefunden wurden

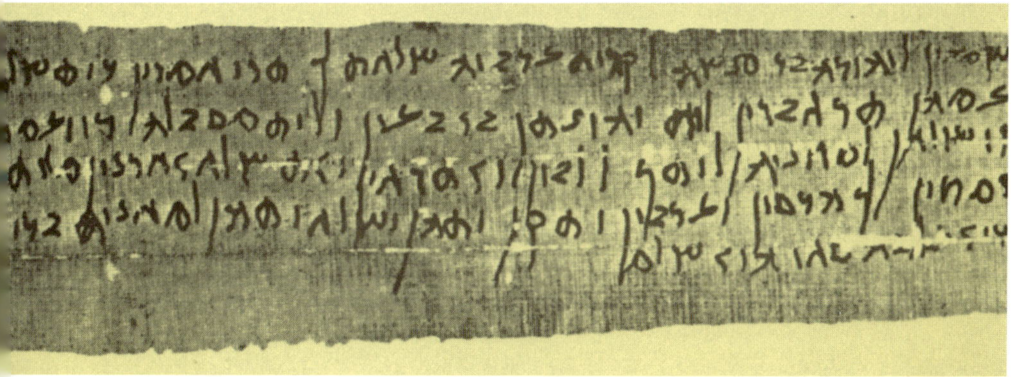

Münzen, die Bar Kosiba prägen ließ mit der Aufschrift »Für die Freiheit Jerusalems«

Blick auf den Schauplatz der Tragödie des Jahres 73: Reste vom Palast Herodes' I. im Felsmassiv von Masada

Tonscherbe mit dem Namen des letzten Kommandanten von Masada, Ben Ya'ir

Judaea capta – Judäa ist erobert. Römische Gedenkmünze

abgetragen werden. Die Nachgiebigkeit des Griechenherrschers hat einen Grund: in Antiochia waren gefährliche Unruhen ausgebrochen. Antiochus konnte keinen Tag länger in Jerusalem bleiben. Die Makkabäer hatten erreicht, was sie wollten: die Verfolgung der Anhänger des einen Allmächtigen Gottes ist zu Ende. Doch die Auseinandersetzung zwischen den orthodoxen Gläubigen und den Anhängern des Zeus schwelt weiter. Jede Seite verzeichnet Siege und Niederlagen.
Der Konzessionsfriede ist die Ursache für den Streit um die Position des Hohenpriesters. Menelaus lebte nicht mehr, er war Opfer des Hasses in den eigenen Reihen der Griechenfreunde geworden. Die Nachfahren des Aaron meldeten ihre traditionellen Ansprüche auf dieses hohe Amt an. Ihr Kandidat hatte Vorteile: seine Abstammung empfiehlt ihn den Traditionalisten – und er hat zu erkennen gegeben, daß er kein Feind der hellenistischen Lebensart ist. Würden die Emotionen nicht lodern zwischen den beiden Volksgruppen, wäre dieser Mann ideal für Verhandlungen, für Kompromisse, für Versöhnung. Doch daran ist gar nicht zu denken. Die Makkabäer lehnen den Kandidaten der Familie Aaron ab.
Die bedingungslose Haltung ärgert die Griechen. Sie rufen aus Syrien Truppen ab und lassen sie in Richtung Jerusalem marschieren. Nun rächt sich der Konzessionsfriede für die Soldaten des Makkabi: die Tempelfestung ist abgetragen, doch die Verteidigungsanlagen des Gegners um die Stadtviertel der Griechenfreunde stehen noch. Makkabi zieht die Konsequenz: er räumt Jerusalem und verlegt seinen Standort in die Berge von Juda. Er ist zurückgeworfen in die Position des Anfangs seiner Karriere: Makkabi führt wieder Kommandogruppen an.
Da dieser Held der Traditionalisten seine Spione in der Stadt behält, erfährt er rechtzeitig von der Unzufriedenheit. Der Hohepriester aus der Aaronfamilie ist unbeliebt, weil er frühere Makkabikämpfer von Staats- und Tempeldiensten ausschließt. Sie hatten an Versöhnung geglaubt, an Freiheit der Religionsausübung; sie mußten jetzt sehen, wie die Griechenanhänger in der Tempelburg die geistliche Macht an sich reißen – so stellten sie sich die Ausführung des königlichen Toleranzediktes nicht vor. Makkabi, der die Explosion vorausahnt, sammelt erfahrene Bewaffnete in entlegenen Tälern. Als der abgefallene Hohepriester Verstärkung holt aus Antiochia, ist Makkabi bereit: die Schlacht bei Adasa endet mit einer Niederlage für das Entsatzheer. Makkabi gewinnt die Entschlossenheit der ver-

gangenen Jahre zurück. Wieder zieht er nach Jerusalem, und diesmal kann sich die Griechenfestung nicht halten. Makkabi wird religiöser und weltlicher Herrscher in Juda.
Der Kommandochef versucht Diplomatie zu lernen. Er begreift die wichtige Rolle, die Rom inzwischen in der Weltecke zwischen Nildelta und Zweistromland spielt. Zwei Gesandtschaften reisen übers Meer mit Vorschlägen für eine Partnerschaft zwischen Juda und dem Römischen Reich. Sie kommen aus Rom nach Hause zurück mit einem Vertrag: Rom und Juda nehmen diplomatische Beziehungen auf. Die Makkabäer können damit rechnen, daß sie Militärhilfe bekommen. Doch die Hoffnung trügt: als ein Jahr später von Syrien her Truppen des Seleukidenherrschers anmarschieren, da hütet sich Rom, in diesen Streit einzugreifen. Daß sich im Vorfeld ihrer Einflußsphäre zwei Religionsgruppen bekämpfen, paßt in die Politik der überseeischen Großmacht. Makkabi, der Hammer, stirbt im Frühjahr 160 bei einem Gefecht in der Nähe der Stadt Ramalla. Die Griechenfreunde hatten ihn zum ungünstigen Zeitpunkt überrascht: Makkabi konnte vor seinem Tod nur 800 Mann zur Verteidigung der Einfallstraßen nach Jerusalem konzentrieren; beim Tod des Oberbefehlshabers flüchten die desorganisierten Makkabäer.
Die Niederlage gibt den orthodoxen Gläubigen wieder Kraft in der Verzweiflung. Ihre Mundpropaganda weckt nationalistische Gefühle in den weniger wohlhabenden Schichten der Bevölkerung. Wieder bekommen die Kommandos in den Bergen von Juda Zulauf. Um sich den Ärger vom Hals zu schaffen, sind die Seleukidengeneräle schließlich bereit, die Nachfolger des Makkabi als politischen Faktor zu akzeptieren. Der jüngste Bruder des toten Makkabi wird im Jahre 152 Hoherpriester. Die Freunde der Griechen sind schließlich die Verlierer der Auseinandersetzung. Achtzehn Jahre lang hatte der Streit gedauert. Die Unterlegenen weigern sich weitere elf Jahre, den Schwund ihrer Macht als Realität hinzunehmen: erst im Jahre 141 kapituliert das griechische Stadtviertel. Doch bleibt dem Staate der Juden nicht lange das Glück, in Ruhe gelassen zu werden. Antiochus VII., König der Syrer, stellt Ansprüche. Er belagert Jerusalem über ein Jahr lang. Die Hungersnot ist so schlimm, daß die Priester alle Familien, die nicht für die Verteidigung gebraucht werden, vor die Mauern schicken – sie sollen draußen selbst für ihre Ernährung sorgen. Nur zum Laubhüttenfest werden sie in die Stadt gelassen.

Die Reiche der Griechen waren untergegangen. Die Regionalherrscher Syriens entwickelten sich zu Kontrahenten der Hohenpriester in Jerusalem. Doch jetzt zahlen sich die Kontakte aus, die Makkabi einst zu den Römern geknüpft hatte. Rom unterstützte die Politik der Hohenpriester, auch als Jerusalem wieder einmal das Land ringsum zu annektieren begann. Den Syrern wurde mitgeteilt, die Expansionspolitik der Hebräer habe die volle Billigung des römischen Senats. Nach 470 Jahren der fremden Einmischung werden Stadt und Staat wieder unabhängig. 65 Jahre lang duldet Rom die Souveränität Jerusalems.

Noch einmal entsteht ein jüdisches Reich, das in seiner Größe vergleichbar ist mit dem Territorium, das David erobert hatte. Jerusalem ist Verwaltungszentrum, Mittelpunkt des Handels der Region zwischen Damaskus und der Wüste Negev, und als Ort des Tempels die Stadt des einen Allmächtigen Gottes. Die Theokratie bildet sich in ihrer reinsten Form aus. Die Hohenpriester sind Regierungschefs und geistliche Herrscher zugleich.

Klassenkampf der Sadduzäer und Pharisäer

Die äußere Ruhe läßt bald ideologischen Streit sichtbar werden. Die Spannungen entstehen aus der Diskussion um den Stellenwert des Tempels in der Gesellschaft des jüdischen Staates. Sadduzäer und Pharisäer bekämpfen sich mit religiösen Argumenten, doch im Kern entwickelt sich eine Auseinandersetzung zwischen Arm und Reich.

Vom Hohenpriester Zadok, einem Mann der Zeit des David und des Salomo, leiten die Sadduzäer den Namen ihrer Partei ab. Zu ihr gehören das Establishment der Tempelpriester, der Grundbesitzer, der wohlhabenden Händler. Die Familien, die seit Generationen die Wirtschaft der Gemeinden beherrschen, rechnen sich zu dieser konservativen Volksgruppe. Sie haben die Rückschläge aus der Zeit der Spaltung in Griechenfreunde und Traditionalisten längst überwunden; Heiratskontrakte schlugen Brücken zwischen Feinden. Der Wohlstand wird wieder von einer dünnen Schicht kontrolliert. Die Männer dieser Kreise treten ein für kompromißlose Beachtung der Gesetze, die Moses dem biblischen Volk verordnet hatte. Sie sind der Meinung, daß diese Gesetze genügen – auch nach den tausend Jahren, die inzwischen seit der Zeit des großen Volksführers vergangen sind. Die Sadduzäer sehen in den schriftlich fixierten Geboten und Verboten die aggressive Ideologie, die Juda braucht, um sich noch mehr politisches Gewicht zu erobern. Der theokratische Staat sollte nie mehr Spielzeug sein der Großmächte. Die Sadduzäer wollten den Römern ein gewichtiger Partner werden, der Mitspracherecht in der Politik besitzt.

Die innenpolitischen Feinde der Sadduzäer sind die Pharisäer. Sie rekrutieren sich aus dem Mittelstand: Kleinbauern, Händler am Markt von Jerusalem und Handwerker fühlen sich in dieser Partei zu Hause. Ihr Name verrät, wie ihre Haltung vom Establishment eingeschätzt wird: der Begriff Pharisäer leitet sich ab vom hebräischen Wort »perushim«; es läßt sich mit »Separatisten« übersetzen. Diese Männer sind wenig interessiert an der internationalen Politik, die Ausdehung des eigenen Staates ist ihnen gleichgültig. Sie geben sich zufrieden, wenn nur ihre Felder und Dörfer nicht von fremden Belagerungstruppen verwüstet werden. Ihnen fehlt Verständnis für das Argument, daß Religion aggressiv sein müsse. Die Pharisäer lassen alle Modifizierungen der Rechtstraditionen und Aufweichungen gelten, die sich in den zehn Jahrhunderten seit Moses eingeschlichen haben in das praktische Leben. Das mosaische Gesetz »Auge um Auge« halten sie nicht mehr für anwendbar in der zivilisierten Zeit, die vom Hellenismus mitgeprägt ist. Sie wollen der harten Formel die Schärfe nehmen. Ihre Auffassung ist: verliert ein Mensch sein Auge durch die Schuld eines anderen, so kann der Schuldige durch Geldbußen sühnen.

Die religiös-politischen Standpunkte hatten sich umgekehrt seit dem Tod des Makkabi. In den Jahren seiner Rebellion gegen griechische Einflüsse standen die Armen auf der Seite der Tradition. Sie stellten das überlieferte Gesetz als Bollwerk auf gegen die idealisierten Vorstellungen von Gott, in denen die Hellenisten den Fortschritt sahen. Jetzt, im letzten Jahrhundert vor Christus, übernahmen die ärmeren Schichten die vom Gedanken der Menschlichkeit beeinflußten Rechtskategorien der Griechenfreunde. Doch treffen solche Verallgemeinerungen nicht alle Faktoren der Trennung zwischen Sadduzäern und Pharisäern. Die »Separatisten« sind nicht angetrieben vom großen Schwung der Menschheitsideale: sie leben in niedrigen Lehmziegelhütten, bedrückt von Abgaben und Zinszahlungen an die Landbesitzer. Ihre Führer sind nicht die gelehrten und traditionsbewußten Tempelpriester – den Pharisäern gibt der kleine Rabbi im Nebenhaus die Lehre weiter. Dieser Rabbi ist ein Mann, der durch privates Studium der Schriften und Überlieferungen den Willen des einen Gottes erkundet hat.

Diese Rabbis sind voll Ideen: sie entwickeln die dem mosaischen Glauben völlig fremde Vision, daß der Mensch nach seinem Tode weiterlebe – sie führen den Begriff der Auferstehung in die Glaubenskategorien ein. Die Rabbis lassen sich von der Vorstellung beeindrucken, die Luft sei von Engeln und bösen Geistern bevölkert. Sie betonen den Dualismus von Gut und Böse. Der Boden wird bereitet für die Lehren des Christentums. Die Pharisäer beeinflussen weit stärker als die Sadduzäer die religiöse Entwicklung der Hebräer. Die ärmere Klasse in Jerusalem setzt die Zeichen für die Zukunft. Der nächste und zugleich letzte bedeutende König der Hebräer sieht in den Pharisäern seine wichtigsten Verbündeten.

In der ersten Hälfte des Jahrhunderts vor Christi Geburt formieren sich die Fronten für den Schlußakt des Dramas vom Kampf der Juden um Unabhängigkeit. Rom hat alle anderen Reiche im Kulturraum zwischen Europa, Nordafrika und dem Vorderen Orient überflügelt; im Mittelmeergebiet gibt es keinen ernsthaften Konkurrenten mehr. General Pompejus zerstört die letzten Überbleibsel des einstigen Seleukidenreichs, er annektiert Syrien, er interessiert sich für den Staat der Juden.

Dort explodiert die Spannung zwischen Pharisäern und Sadduzäern. Der Bürgerkrieg ist ausgebrochen in Jerusalem. Im Tempel, geschützt hinter eilig aufgemauerten dicken Wällen, trotzt der Hohepriester und König Aristobul der Belagerung durch die Pharisäer. Ursache des Streits ist die Unzufriedenheit der ärmeren Bevölkerungsschicht mit dem eroberungssüchtigen Sadduzäerclan: die Pharisäer wollen für die Kosten der militärischen Expeditionen in die Gegend östlich des Jordan, ins nördliche Obergaliläa, und im Süden ins Land Edom nicht mehr aufkommen. Nach einigen Vorgefechten wagen die Pharisäer einen massiven Aufstand. Mitten in den Belagerungskämpfen stellen beide kriegführenden Parteien fest, daß das Passahfest unmittelbar bevorsteht. Die Priester, die sich mit Aristobul verschanzt haben, beklagen den Mangel an Opfertieren. Sie werfen von der Tempelmauer ihren feindlichen Glaubensbrüdern, den Pharisäern, Briefe zu. Sie bitten um Schafe und Widder. Der Chef der Pharisäer ist Hyrkanus, der Bruder des Sadduzäers Aristobul. Um den Fall zu komplizieren, kombiniert sich die Auseinandersetzung zwischen Arm und Reich, zwischen Fortschritt und Tradition auch noch mit Streit unter ehrgeizigen Brüdern. Hyrkanus freut sich über die flehenden Bitten der Gläubigen im belagerten Tempel. Er stellt sich so, als sei er bereit, auf die gottgefälligen Wünsche einzugehen. Der Preis, den er für die Opfertiere fordert, ist hoch. Aristobul läßt die Geldbeutel abseilen über die Tempelmauer, doch Hyrkanus liefert die bestellte Ware nicht. Höhnend steht er vor den Wällen und zeigt seinem Bruder, wie groß der Vorrat der Belagerer an Opfertieren ist.

Der Bruderkrieg lockt den römischen General Pompejus an. Wahrscheinlich haben ihn sogar beide Parteien nach seiner Ankunft in Damaskus um Hilfe gebeten. Der Römer spielt Schiedsrichter, er will dem Aristobul recht geben, der die größere Bestechungssumme anbieten kann. Doch die Pharisäer nehmen den Spruch nicht an. Pompejus ist zunächst dem orientalischen Intrigenspiel der beiden Brüder nicht gewachsen: er überläßt Aristobul und Hyrkanus samt ihren Parteien, den Sadduzäern und Pharisäern, sich selbst. Er will zunächst das Volk der Nabatäer besiegen, eine leichte Aufgabe, deren Erfolg ihm die Absendung von Sondermeldungen an den Senat nach

Rom ermöglicht. Der Senat wartet auf Erfolgsberichte, und Pompejus hat den Ehrgeiz, in Rom als der brillanteste aller Generäle zu gelten.
Pompejus wird getäuscht vom Sadduzäer Aristobul, der sich bereit zeigt, mit ins Land der Nabatäer zu ziehen: bei dem gemeinsamen Feldzug verläßt die Truppe des Aristobul die römische Legion und rückt in die mit viel Proviant versorgte Festung Alexandrien ein. Der Partner der Römer wird zum Verräter. Auf dieses Spiel reagiert Pompejus hart. Er bricht die Expedition gegen die reiche Nabatäerstadt Petra ab, seine Armee zieht in Eilmärschen auf Jerusalem zu. Aristobul erwacht aus dem schönen Traum, seine Intrige könne ihm und der Sadduzäerpartei Sieg und Unabhängigkeit sichern. Vor der Mauer von Jerusalem verspricht er dem römischen General alles Gold der Stadt, wenn er auf die Belagerung verzichtet. Pompejus will schon auf das Angebot eingehen, da sehen beide, der Römer und Aristobul, mit Erstaunen, wie die Stadttore von Jerusalem geschlossen und verriegelt werden. Die religiösen Traditionalisten wollen nichts wissen von Verhandlungen, sie suchen ihr Glück in der militärischen Auseinandersetzung mit Pompejus.

Am Sabbat kämpfen die wahren Gläubigen nicht

Die Spaltung der Juden in zwei Parteien erleichtert den Römern die Belagerung. Die Pharisäer haben keine Lust, in den unvermeidbaren Untergang gerissen zu werden, weil die Sadduzäer sich starrköpfig auf ihre Stärke verlassen wollen. Die Tore der äußeren Mauern, verteidigt von Pharisäern, öffnen sich bald wieder. Die Sadduzäer aber konzentrieren sich in der Tempelfestung. General Pompejus sieht den idealen strategischen Ansatz für die Belagerung: von Norden her ist der Zugang zu den Mauern einfach, wenn ein Graben zugeschüttet wird, der die flache Tempelterrasse von den Wällen trennt. Die Bogenschützen der Sadduzäer verhindern über Tage hin den Beginn des Sand- und Erdtransports. Wer sich dem Graben nähert, wird von den zielsicheren Schützen getroffen. Nur am Sabbat, diese verblüffende Entdeckung machen die Römer nach wenigen Tagen, fliegt kein Pfeil von den Mauern herunter. Die Sadduzäer, als Anhänger der Tradition, entheiligen den Sabbat nicht durch Kriegführung. Die Römer und ihre Helfer aus der Schicht der Pharisäer können ungehindert an jedem Sabbattag soviel Sand und Erde in den Graben werfen, wie sie nur herbeizutransportieren vermögen. Nach zwölf Sabbattagen – die heilige Zahl zwölf zeigt an, daß sich auch die weniger strenggläubigen Pharisäer an Überlieferungen zu halten pflegen – ist das Hindernis zugeschüttet. Pompejus beordert die Belagerungsmaschinerie an die Mauer vor; seine Soldaten brechen mit Rammböcken eine Bresche. Der Sturm beginnt. Die Römer haben Erfahrung in der Eroberung von befestigten Städten. Mit den Legionären ziehen die Pharisäer in die Straßen um den Tempelbezirk ein. Wir dürfen nicht vergessen, daß sich hinter dem Begriff »Pharisäer« das Proletariat der Stadt verbirgt; zu dieser Partei gehören die besitzlosen Handwerker, die Kleinhändler und Bauern. Sie rächen sich jetzt an den Wohlhabenden der anderen Partei. 12000 Anhänger der Oberschicht sollen die Pharisäer erschlagen haben – auch in der Beurteilung dieser Zahl 12000 muß der Propagandawert der heiligen Chiffre beachtet werden. Den Verräter Aristobul läßt Pompejus im Triumphzug durch Rom führen.

Der römische Feldherr wundert sich über diesen Tempel der Hebräer: er sucht ein Bild des Gottes, der hier angebetet wird, und findet keines; nicht eine Statue, nicht das winzigste Symbol der Gottheit ziert die kahlen Räume. Pompejus geht mit seinen Offizieren von Halle zu Halle, von Hof zu Hof. Derart Seltsames hatten sie nie gesehen auf ihren Zügen durch Kleinasien und den Vorderen Orient. In Rom werden die Männer des Pompejus-Stabes respektvoll von diesem außergewöhnlichen Glauben erzählen. Die Achtung der Römer vor der Überzeugung der Hebräer läßt sich beweisen: sie zerstören den Tempel nicht. Das Gebäude erscheint ihnen unheimlich.

Ein König, der kein Jude ist

Die Römer verkleinern den Vasallenstaat. Sie nehmen ihm alle Eroberungen aus der letzten expansiven Phase weg. Diese Provinz des Römischen Reiches umfaßt jetzt die Landstriche Judäa, Galiläa, Samaria und einen kleinen Streifen vom Ostufer des Jordan. Die Zentralregierung in Jerusalem ist schwach, denn in den Distrikten sitzen Gouverneure, die durch den Willen der Besatzungsmacht in diese wichtigen Positionen eingerückt sind. Die Gouverneure passen sich mit mehr oder minder großem Geschick den wechselnden Machtverhältnissen in der Hauptstadt Rom an. Dort bricht Streit zwischen Pompejus und Caesar aus – wer das Glück hat, auf Caesar als den kommenden Mann zu setzen, der steigt höher in der Hierarchie. Herodes, der Gouverneur von Galiläa, besitzt den nötigen politischen Spürsinn. Er erreicht das Ziel. Durch Liebedienerei und Intrige schafft er die Voraussetzung, daß ihn Rom zum König von Judäa ernennt: nach Caesars Tod reagiert er schneller als andere und arrangiert sich mit Marcus Antonius. Herodes gilt in Rom als der richtige Mann, um die jüdische Provinz beim Reich zu halten. Er vergißt darauf hinzuweisen, daß er als Sohn eines Idumäers und einer Frau aus Nabatäa überhaupt nicht zum Volk der Juden gehört.

In Rom wird Herodes zum König von Judäa proklamiert; mit einer römischen Söldnertruppe kommt er ins Land. Doch niemand in Judäa freut sich über diesen Herrscher. In Galiläa hält er sich mühsam zwei Jahre lang, ehe ihm Marcus Antonius eine Legion zum Vormarsch zur Verfügung stellen kann. Auch die Ankunft dieser Armee vor der Stadt bringt keine rasche Entscheidung. Fünf Monate lang belagert Herodes die Tempelfestung; er greift von Norden her an, wie ein Vierteljahrhundert zuvor Pompejus. In der Festung bricht Streit aus – die Pharisäer, die Männer der nicht begüterten Schicht, sehen keinen Grund, warum sie den Fremdling vor den Mauern nicht als König akzeptieren sollten; die Sadduzäer aber wollen den Sohn des Idumäers nicht als Herrscher.

Herodes empfindet es als Unglück, daß er zu Beginn seiner Regierungszeit die eigene Hauptstadt belagern muß. Als die Mauern sturmreif geschlagen sind, gibt er dem römischen Kommandeur Geld, um den Truppen eine Entschädigung dafür zu zahlen, daß

DAS REICH DER RÖMER

ia
hracia
Pontus Euxinus
Mare Caspium
Pontus
Cappadocia
Mesopotamia
Cilicia
Antiochia
Cyprus
Palmyra
U M
SYRIA
Caesarea
Hierosolyma
(Jerusalem)
Heliopolis
AEGYPTUS
Sinus Arabicus
Heinold

sie ihr Plünderungsrecht nicht ausnützen. Der neue König ist aus politischen Gründen menschlich: er will schließlich die Menschen in Jerusalem künftig regieren. Herodes handelt brutal, wenn er keine Rücksicht zu nehmen braucht; die Anhänger der Sadduzäer und die Mitglieder der eigenen Familie bekommen seine Wut im Lauf der Jahre zu spüren. Den Kindermord von Bethlehem, dem kleinen Dorf sieben Kilometer südlich von Jerusalem, erfindet allerdings später die biblische Propaganda der Sadduzäerpartei der Wohlhabenden, die diesen König nie leiden kann.

Herodes, der König der Proletarier

Die Pharisäer bleiben die politische Basis des Herodes fast bis zum Ende. Dreiunddreißig Jahre regiert er, und er versteht es, den Willen der Handwerker, Händler, Bauern zu interpretieren. Als er sein Bauprogramm für den Tempel beginnen will, da wirbt er um Unterstützung wie ein konstitutioneller Monarch: »Ich bin durch Gottes Willen euer Regent geworden, seit langem ist mir Frieden vergönnt, große Reichtümer, große Einnahmen stehen mir zu. Ich halte gute Beziehungen zu den Römern, die – ich möchte es so ausdrücken – die Herren der ganzen Welt sind. Ich möchte in frommer Weise Gott zurückgeben, was er mir geschenkt hat. Er übertrug mir dieses Königreich. Ich will seinen Tempel größer machen – so groß, wie ich es nur kann.«

Der Tempel besteht zu dieser Zeit noch immer aus dem ärmlichen Bau, der in den glanzlosen Jahrzehnten nach der Rückkehr aus der Babylonischen Gefangenschaft mühsam errichtet wurde. Dieser »Zweite Tempel der Juden« besaß die Maße des kärglichen Salomotempels; er war gebaut nach den architektonischen Regeln, die damals, vor über 800 Jahren, galten. Inzwischen hatten die Griechen die Prinzipien entdeckt, wie große Tempelhallen zu konstruieren sind. Die römischen Architekten verfeinerten die Methode der Griechen – und Herodes konnte in Rom vor seiner Abfahrt nach Judäa noch sehen, welche Prachtbauten dort errichtet wurden. Solche Gebäude, wie die Römer sie besaßen, will er in seiner Hauptstadt Jerusalem auch haben. Nur seine politischen Feinde, die Sadduzäer, sind dagegen; sie fürchten, daß Herodes überhaupt nur die Absicht hat, den bestehenden Tempel abzubrechen, um den andersgläubigen Römern einen Gefallen zu tun; an seine Baupläne glauben sie nicht. Herodes beweist ein großes Maß an Geduld: er verspricht, erst dann den alten Tempel abzureißen, wenn für jedermann sichtbar die Vorbereitungen für den Neubau abgeschlossen sind. Die Pharisäer, die Armen, erwarten den Baubeginn voll Ungeduld – sie erhoffen sich Arbeitsplätze.

Seit dem 28. Februar 1968 graben Spezialisten der Israel Exploration Society und der Hebräischen Universität Jerusalem in den südlichen und südwestlichen Bereichen des Tempelberges. Bei Beginn der Ausgrabungen sind nicht ganz acht Monate vergangen seit der Eroberung der bisher jordanischen Stadthälfte: Jerusalem war zu einer Stadt zusammengefaßt worden – zum Ärger der arabischen Welt. Den Archäologen bot sich die Gelegenheit, am historisch wichtigsten Platz nach Spuren der Vergangenheit des biblischen Volkes zu suchen. Die Forscher bekamen den Auftrag, die letzte geschichtliche Phase vor der endgültigen Zerstörung des Tempels zu dokumentieren. Israel ist auf der Suche nach den eigenen Wurzeln. Nur eine Einschränkung behindert die Arbeit der Archäologen: Heiligtümer des Islam dürfen nicht angetastet werden. Die Immunität des Felsendomes verhindert allerdings Grabarbeiten im eigentlichen Bereich des Herodestempels.

Die zwei Vorläufer des Tempels, den Herodes in den letzten Jahrzehnten vor Beginn unserer Zeitrechnung bauen ließ, waren unbedeutende Steinbauten gewesen; ihre Zerstörung kann keine für die Archäologen ergiebigen Ruinenreste hinterlassen haben. Nur von der Grundmauer der Tempelterrasse konnten Reste über dem Kidrontal freigelegt werden. Der Tempel des Herodes aber ist das gewaltigste Bauwerk, das je in Jerusalem errichtet wurde. Seine Relikte sind ergiebiger. Die Klagemauer, der westliche Wall des Tempelbezirks, besteht zum Teil aus den perfekt behauenen Steinen, die Herodes hatte aufschichten lassen. Die Südostecke der Mauer ist einige Meter hoch im Original erhalten. Die Auswirkung der späteren Vernichtung des Baus durch die Römer kann am südlichen Wall beobachtet werden: große Quader liegen auf den Stufen der steinernen Treppe, sie waren aus etwa dreißig Meter Höhe heruntergestürzt. Steinfragmente zeigen die reiche Verzierung der Tempelaußenseite: Blumenornamente, Arabesken und hakenkreuzähnliche Formgebilde sind von den Archäologen entdeckt worden. Ein Fragment trägt die Aufschrift in hebräischen Buchstaben: »Für den Platz, wo die Trompete geblasen wird.« Die Spezialisten vermuten, daß dieser Stein zur oberen Kante der Südwestecke der Mauer gehört; von hier aus hatten Signale den Beginn des Sabbat angezeigt.

Die erhaltenen Ruinen ermöglichen die Rekonstruktion der Tempelaußenansicht im Verlauf der westlichen und der südlichen Mauer. Von der unteren Stadt her führen mehrere breite Treppenaufgänge auf den Wall zu. Zwei Portale geben den Zugang frei in den inneren Tempelbezirk. In einer Höhe von dreißig Metern wird die stabile Mauer abgelöst durch Säulengänge, hinter denen das eigentliche Heiligtum liegt. Von Westen her überbrückt eine Bogenkonstruktion, deren Verankerung noch zu sehen ist, den nördlichen Ausläufer des Tyropoiontals, der die Weststadt vom Tempelberg trennt. Hier konnten Reste der Ausstattung von Ladengeschäften sichergestellt werden; die Händler hatten in der Nähe der Brücke ihren Platz. Ein mit flachen Steinplatten gepflasterter Weg führt an der Mauer entlang. Durch Treppen ist der Gehsteig den Höhenunterschieden angepaßt. Er verbreitert sich im Süden zu einem Platz, dessen Platten nur zum Teil noch an der Stelle liegen, wohin sie die Steinmetze des Herodes gesetzt hatten.

Nach der Erinnerung des jüdischen Volkes sollen 10000 Handwerker am Tempelbau beschäftigt gewesen sein, die Hälfte davon Zimmerleute, die andere Hälfte Steinmetze. Wenigstens von einem dieser Männer kann heute noch die Existenz nachgewiesen werden. Bei Bauarbeiten in der Ortschaft Giv'at Hamivtar im Norden von Jerusalem wurden Grabkammern entdeckt, die zur Zeit des Königs Herodes in den Fels gehauen worden waren. Die Steinsärge enthalten noch Reste menschlicher Skelette. Ein Steinsarg ist auf einer Stirnseite und einer Längsseite mit eingravierter Schrift gekennzeichnet. Die Inschrift heißt: »Simon, der Tempelbauer.« Sarg und Begräbnisstätte sind bescheiden gehalten; auch die Inschrift ist keineswegs prunkhaft angelegt. In Giv'at Hamivtar ist nicht das Grab des Architekten des herodianischen Tempels gefunden worden. Hier liegt ein Mann beerdigt, der in seiner Familie dafür geehrt worden war, daß er, als einer von vielen, an diesem wichtigen Bauprojekt mitgearbeitet hat. Simon kann zu den tausend Priestern gehört haben, denen die Arbeit im Innern des Heiligtums vorbehalten war. Laien durften ja das Allerheiligste nicht betreten.

Der Monarch steht während des Gottesdienstes draußen auf dem freien Platz, zwar abgesondert, aber doch auf gleicher Ebene mit dem Volk. Herodes ist kein Priester, er gehört nicht zu den angesehenen Familien, die seit Generationen Ansprüche auf die Beamtenstellen im Tempel haben. Ihm ist der direkte Kontakt zu Gott verwehrt. Auf der Tempelterrasse hat seine Macht ein Ende. Hier bestimmt der Hohepriester, was zu geschehen hat.

Dieser höchste Vertreter des religiösen Standes ist sich seiner Position bewußt. An Pracht der Kleidung kommt er dem König gleich; an seinem Hof, dem Tempel, leben mindestens so viele Beamte in hohem und niederem Rang wie im Palast des Herodes. Der Hohepriester hat allein das Recht, den innersten Raum des Heiligtums zu betreten. Dorthin begibt er sich jedoch nur an den wichtigsten Festtagen. Die normalen Gottesdienste zelebrieren seine Stellvertreter. Sie werden im Lauf der Regierungsjahre des Herodes immer mehr hineingezogen in den Streit der Parteien in Jerusalem. Den Pharisäern gelingt es, durch außerordentliche Kenntnis des Tempelrituals und durch spitzfindige Auslegung der Gesetzestexte eine große Zahl der Stellvertreterpositionen den Sadduzäern wegzunehmen und durch eigene Männer zu besetzen. Der praktische Einfluß der Stellvertreter auf die Masse der Gläubigen ist bedeutender als der ideologische Einfluß des Hohenpriesters; die Stellvertreter stehen in Verbindung mit den Menschen.

Zweimal am Tag finden die regulären Opfergottesdienste statt; einmal kurz nach der Morgendämmerung, einmal vor Sonnenuntergang. Die Priester zünden Weihrauch an vor dem Vorhang zum Allerheiligsten. Diese Zeremonie hat sich aus dem Baalskult herübergerettet in den Tempel des Allmächtigen Gottes. Den Höhepunkt des Gottesdienstes bildet die Schlachtung der Opfertiere. Verbunden mit der Opferung sind Dankgebete, Bitten, Anrufungen Gottes. Die Felle der geopferten Schafe, Rinder und Ziegen teilen die Priester am Abend unter sich auf. Ihre feierliche Mahlzeit nach der Abenddämmerung besteht aus dem Fleisch der Tiere, aus den zwölf Laiben der Schaubrote, die nach der Tradition in zwei Reihen geordnet auf dem goldenen Tisch im Heiligtum liegen müssen, und aus den Früchten, die von den Gläubigen vor dem Tempel aufgehäuft werden.

Die Tempelmusik entwickelt sich zu hohem Standard. Die Musiker

gehören zur Gruppe der Leviten; sie sind längst nicht mehr Mitglieder des Stammes Levi, wie zur Zeit der Könige Saul, David und Salomo. Levit kann jeder begabte junge Mann werden, der Protektion findet. Chor und Orchester spielen zu den Hauptgottesdiensten. Als Textgrundlage der Chorwerke dienen Psalmen und poetische Teile der Schrift.
Das Heiligste im Tempel ist die Schriftrolle mit den Gesetzestexten. Damit die Worte Gottes nicht mit unreinen Händen berührt werden, sind die Pergamente auf zwei Rollen verteilt, die mit Handgriffen versehen sind. Nur den Priestern ist der Zugang zur Schriftrolle erlaubt.

Da König Herodes nicht zu den Privilegierten gehört, die den Tempel betreten dürfen, ist ihm die Innenausstattung gleichgültig. Er sorgt dafür, daß die Fassade prachtvoll wirkt. Es gibt einen Augenzeugen, der als korrekter Berichterstatter bekannt ist: Joseph Ben Mathitjahu; er stammt aus einer Priesterfamilie und kann sich dem Heiligtum nähern. Später, nach der Zerstörung des Tempels, nimmt Joseph Ben Mathitjahu den römischen Namen Flavius Josephus an. Er beschreibt die Tempelfassade: »Sie war überall mit goldenen Platten bedeckt. Dieses Gold war von großem Gewicht. Die Oberfläche des Tempels reflektierte den ganzen Tag, von den ersten Strahlen an, das Licht der Sonne. Die Leuchtkraft war gewaltig. Selbst wer sich Mühe gab, auf den Tempel zu blicken, mußte schließlich die Augen abwenden. Der Blick auf den Tempel wirkte so, als ob man in die Sonne selbst schaue.«
Um zu verhindern, daß Vögel den Tempel beschmutzen, läßt Herodes auf dem Dach Gitter mit spitzen Stäben anbringen. Auch diese Gitter sind aus purem Gold gefertigt.

Herodes, Ehrenpräsident der Olympischen Spiele

Tausend Jahre lang war im jüdischen Land nicht so viel gebaut worden wie zur Zeit des Königs Herodes. Der Tempel ist nur ein Projekt von vielen. Samaria, die einstige Konkurrenzstadt im Norden, wird ausgebaut und befestigt. Sie heißt künftig Sebaste nach dem griechischen Namen des Kaisers Augustus. Herodes gibt manchen Plätzen die Namen seiner diversen Schutzpatrone in der römischen Regierung: die Festung in der Nordwestecke des Tempel-

bergs trägt die Bezeichnung Antonia; die neugebaute Hafenstadt Caesarea wird nach dem Caesar Augustus benannt. In jeder Stadt läßt Herodes nach römischer Sitte Freilufttheater einrichten, Sportstätten, Pferderennbahnen, öffentliche Bäder.
Die Pharisäer haben nichts gegen die erneute Ausbreitung eines fremden Lebensstils einzuwenden. Das Höchstmaß an Popularität erreicht Herodes durch seinen beachtlichen finanziellen Beitrag zu den Olympischen Spielen in Griechenland. Die Spende bringt ihm den Titel »Ehrenpräsident auf Lebenszeit« ein.

Daß der Staatschef die unsittliche Betätigung der nackten Sportler unterstützt, weckt Zorn und Ablehnung der Sadduzäer. Sie sehen im Betrieb der Sportstätten eine Beleidigung der Gesetze: Moses hatte die Bedeckung des Leibes vorgeschrieben – kein Mensch hat das Recht, dieses Gesetz aufzuheben. Eine schmerzhafte Gichterkrankung des Herodes wird von den religiösen Traditionalisten als Strafe Gottes bezeichnet. Allmählich spricht es sich herum in Jerusalem, daß dieser Sproß aus dem Stamm der Edomiter kein aufrechter Gläubiger sein kann: er baut im Ausland Tempel für andere Götter – auf der Insel Rhodos stiftet er einen Apollotempel. Die Sadduzäer stellen die Frage: Kann Herodes Knecht unseres Gottes sein und zugleich Knecht anderer Götter? Diese propagandistische Frage wirkt nach: Selbst die Pharisäer, seine Stütze gegen die alten Adelsfamilien und gegen die hohe Geistlichkeit, verlieren mit der Zeit das Vertrauen zu diesem König.

Zur Bestürzung des Herodes rebellieren die Handwerker, Bauern, Händler gegen ihn, den in aller Welt bis hin nach Rom respektierten Mann. Anlaß zur Revolte ist der Adler aus solidem Gold, den der Monarch anbringen läßt über dem Haupteingang zum Tempel. Der Adler war von ihm als freundliche Geste gedacht gegenüber den Römern. Die beiden verfeindeten Parteien aber, der Verband der Eliteschicht und der Verband der Armen, sehen in diesem Zeichen einen Bruch der Gesetze: weder am noch im Tempel durfte das Abbild eines lebendigen Wesens angebracht werden – eine sehr strenge sadduzäische Auslegung, denn das zweite Gebot verbietet nur Bilder von Wesen, die angebetet werden müssen; Herodes aber verlangt keineswegs die Anbetung dieses Adlers.
Wie gering die Achtung stark religiöser Kreise vor diesem König geworden war, erweist sich, als das Gerücht in der Stadt umgeht,

Herodes sei gestorben. Eine Menge rottet sich zusammen vor der Tempelmauer, sie flucht auf den Adler. Zwei gläubige Gesetzesschüler lassen sich mit Seilen von der Tempelmauer herab; sie zerstückeln den goldenen Adler, der in Einzelteilen aufs Pflaster stürzt. Herodes aber ist nicht tot. Er rechnet einer Delegation aus der Stadt seine Leistungen für Jerusalem und für das jüdische Land vor und bedauert tief, daß er nicht mehr von diesem Volk geliebt wird. Wieder einmal muß er in den vornehmen alten, reich begüterten Familien seine Feinde sehen. Herodes läßt die beiden aktiven Anhänger der strengen Auslegung der über tausend Jahre alten Gesetze bei lebendigem Leib verbrennen.
Da er weiß, daß er bald sterben wird, ordnet er die Verhaftung der führenden Männer der reichen Familien an. Sie sind in der Stunde seines Todes hinzurichten: es soll Trauer herrschen in Judäa am Tag seines Ablebens.
Die Festung Herodium hatte der König sich selbst zum Begräbnisplatz bestimmt. Sieben Kilometer südlich von Bethlehem, am Rand der Wüste von Judäa, liegt der konische Hügel mit den Überresten von Mauern, Wohnpalästen und Türmen. In den Jahren 1968 und 1969 gruben Forscher des Israel Department of Antiquities and Museums die Fundamente der zerstörten Burganlage aus. Das Grab des Herodes haben sie nicht gefunden. Bar Kosiba, mit dessen Aufstand dieses Buch über die Wurzeln des biblischen Volkes beginnt, suchte sich 140 Jahre nach dem Tod des Herodes die Burg Herodium als Befehlszentrale aus. Ein zweiter befestigter Platz aus der Zeit dieses Herrschers wird bedeutsam in den kommenden Jahren.
Die Ruinen der Herodesfestung Masada am Toten Meer werden heute verehrt als Symbol des Lebenswillens des hebräischen Volkes. Die an schrecklichen Ereignissen reiche Geschichte der Juden erreicht mit den Vorgängen auf Masada einen Gipfel grausamen Geschehens. Ein jüdisches Sprichwort sagt: Als die Schönheit dieser Welt verteilt wurde, da bekam Jerusalem neun Zehntel, die übrige Welt aber nur ein Zehntel – als aber alles Leid dieser Welt verteilt wurde, da bekam Jerusalem wiederum neun Zehntel, der übrigen Welt gab Gott nur ein Zehntel des Schmerzes.

Der Tempel wird Ruinenfeld

Nach dem Tod des Herodes wird das Reich aufgespalten in drei Teile. Die Römer unterdrücken jeden kleinen Ansatz der Unabhängigkeit. Lokale Erhebungen bestraft die Besatzungsmacht mit Massenkreuzigungen. Die wenig begüterten Menschen hungern, da die Ernten schlecht sind. Religiöse Fanatiker verkünden das nahe Ende der Welt. Ein Mann wird im Jahre 4 vor Beginn unserer Zeitrechnung geboren und rund dreißig Jahre später in Jerusalem gekreuzigt, seine Glaubensbewegung wird weltgeschichtliche Bedeutung erlangen: Jesus Christus. Die Juden übernehmen nichts von seiner Lehre. Sie sind nicht mehr auf Propheten angewiesen – ihr Glaube steht fest und unverrückbar. Das Christentum kann daran kaum rütteln. Der persönliche Einfluß des Mannes Jesus Christus auf die Geschichte der Juden ist gering. Christus will der Messias des jüdischen Volkes sein, doch die Juden erwarten keinen armen, machtlosen Herrscher, der ohne Leibwache in die Stadt einzieht. Sie brauchen einen militärischen Führer, der Widerstand organisiert, der ein Rezept weiß, wie die Besatzungsmacht zu vertreiben ist. Jesus Christus ist nicht der erhoffte Taktiker und Stratege der Résistance.

Die steigende Unruhe im Land unterdrücken die Römer mit Gewalt. Jeder der Generalgouverneure verspricht bei der Ankunft aus Rom, er werde mit harter Hand Ordnung schaffen, und hinterläßt bei seiner Abberufung eine noch verworrenere Situation. Vom Jahre 64 bis 66 n. Chr. regiert in Jerusalem der Prokurator Gessius Florus. Beim Amtsantritt sagt er zu, jahrelang zurückgestellte Tributzahlungen eintreiben zu wollen. Er weiß den Ort, wo er sich das Geld holen wird: im Tempel ist der Reichtum des Landes konzentriert; in der Schatzkammer des Tempels konfisziert Gessius Florus sechshundert Kilogramm Silber. Jetzt bricht die Revolte offen aus. Zu ihrer Niederwerfung rückt die Garnison von Caesarea an, die Soldaten verwüsten die Marktgassen und erschlagen, wen sie vorfinden. Doch mit dieser Methode kann die Ruhe nicht mehr erzwungen werden. Gessius Florus muß seine Truppen aus den engen Straßen abziehen, zu viele wurden Opfer der Guerillataktik ihrer zwar geringer, aber für diesen Zweck effektiver bewaffneten Gegner. Der Erfolg in der Hauptstadt steckt an. Caesarea, die Hafenstadt, revoltiert – dann gelingt ein bedeutender Schlag: eine Kommandoeinheit von religiösen Fanatikern überwältigt die römische Garnison auf dem 300 Meter hohen Felsplateau von Masada an der Westküste des Toten Meeres. Die Eroberung der von Herodes angelegten Festung markiert den Wendepunkt: die zersplitterten Aufstände entwickeln sich zum nationalen Befreiungskrieg.

Der Revolutionsrat tagt in Jerusalem

Menachem, der Eroberer von Masada, reitet als Held ein in der Hauptstadt. Innerhalb weniger Stunden gehört seinen Männern der Tempelberg. Die römische Garnison ergibt sich, da Menachem den Soldaten und Offizieren freien Abzug verspricht. Er mag das Versprechen ernst gemeint haben, doch die hysterische Menge erwürgt und zerfetzt die Römer. Kein König und kein Hoherpriester regiert im Jahr 66 die Stadt Jerusalem. Ein aus den gewalttätigsten und rücksichtslosesten Revolutionären gebildeter Rat organisiert die Verwaltung und den Widerstand gegen die kommende Revanche der Römer. Im Tempelhof tagt dieser Revolutionsrat. Er gibt sich selbst das Recht, Münzen zu prägen, Gesetze zu erlassen, Todesurteile zu fällen.

Der Volksheld Menachem ist kein Mann des großen Worts. Sein Mangel an Eloquenz ist ein Nachteil in den Redeschlachten unter den Revolutionären; Eleazar Ben Simon löst den Vorsitzenden Menachem ab und wird bald selbst wieder von anderen Hitzköpfen entmachtet. Doch keiner ist so stark, daß er allen nationalistischen Politikern und Militärs seinen Willen aufzwingen kann. Das Kommando über die jüdische Armee wird zersplittert: drei Generäle teilen sich den Befehlsbereich Jerusalem auf. In den drei Stadtvierteln kommandiert jeweils ein anderer Chef. Keiner hat den Willen zur Zusammenarbeit.

Die Nachricht von den Vorfällen in Judäa löst rasche Reaktion in Rom aus. Kaiser Nero schickt Vespasian, seinen besten Truppenkommandeur, in das Rebellengebiet im Osten. Im Frühsommer des Jahres 67 bereitet Vespasian seinen Feldzug in Galiläa vor. Zwölf Monate später ist nur noch der engere Landkern um Jerusalem unbesetztes Gebiet. In Caesarea erhält Vespasian die Nachricht von Neros Ermordung. Vespasian bricht den Feldzug ab.

Inzwischen ist in der Hauptstadt von Judäa das Jahr 3 der revolutionären Regierung angebrochen – diese Jahreszahl prägt die Münzanstalt von Jerusalem den Geldstücken auf. Wiederum zwölf Monate später ist Vespasian Kaiser von Rom. Sein Sohn Titus setzt die Offensive gegen die jüdische Festung fort. Im April des Jahres 70 sind seine Vorbereitungen abgeschlossen.

Ein Augenzeuge, der schon erwähnte jüdische Geschichtsschreiber Flavius Josephus, hat sehr präzise die Phasen des Kampfes geschildert. Als dreißigjähriger Priester kommandierte er im Frühsommer 67 die Verteidigung von Galiläa. Ausgehungert übergibt er die Festung Jotapata. In der römischen Gefangenschaft macht er sich für die Besatzungsmacht als Dolmetscher nützlich; er steht auf römischer Seite während der Belagerung von Jerusalem. Sein Gemüt ist zerrissen: er leidet mit seinen jüdischen Volksbrüdern – die ihn als Verräter ansehen; sein Verstand hält den Kampf für aussichtslos. Der Überläufer empfiehlt den Eingeschlossenen die Kapitulation – ohne Erfolg.

Auf die Zahlen des Flavius Josephus können wir uns verlassen: die Armee des Titus umfaßt 80000 Mann, die Verteidiger verfügen über 25000 Bewaffnete. Aber nicht jeder im Lager der Römer zählt zu den Kämpfern; der Verwaltungsapparat der Legionen ist personalintensiv. Vier der besten Armeen des Riesenreichs zieht Titus um Jerusalem zusammen: er selbst kampiert mit der Fünften und der Fünfzehnten Legion auf dem Skopusberg über der Stadt, im Westen ist die Zwölfte Legion stationiert; die Zehnte rückt von Jericho heran.

Zu den Waffen der Belagerungstruppen gehören großkalibrige Rammböcke und Riesenschleudern, die zentnerschwere Steinblöcke Hunderte von Metern weit über die hohen Mauern in die Stadt werfen können. Den Angriff beginnen Ingenieure und Pioniere, die vor den Mauern ebene Erdflächen schaffen, Trassen für die schwere Maschinerie. Mit genialen Einfällen verteidigen sich die Juden: sie graben Gänge in die Erdaufschüttungen der Römer und stapeln leicht entflammbares Material unter den hölzernen Riesenschleudern. Die mit Teer vollgesaugten brennenden Bretter und Balken lassen Stichflammen aus dem Boden zischen, in denen die Gerüste rasch in Feuer und Rauch aufgehen. Titus und seine Offiziere sehen ein, daß mit den groben Mitteln der Pioniere die Mauer nicht einzureißen ist. Sie richten sich auf eine lange Belagerungszeit ein. Die 80000 Soldaten erhalten Befehl, einen Wall aus Sand und Erde rings um die Stadt aufzuschütten. Diese Befestigung muß Ausbrüche verhindern; kein jüdisches Stoßtruppunternehmen sollte in der Lage sein, Lebensmittel aus den Dörfern der Umgebung zu holen. Der Hunger wird zur wichtigsten Waffe des Titus. Jeden Tag werfen die Eingeschlossenen Hunderte von toten Menschenkörpern über die Mauer auf die Römer herunter: Frauen, Männer, Kinder, die an Unterernährung, an Entkräftung gestorben sind.

Von April bis September – über die heißen Monate des Jahres 70 n. Chr. – dauert die Belagerung von Jerusalem. In Friedenszeiten bringen die Überlandleitungen genügend Wasser in die Stadt. Das Hauptreservoir bilden die »Teiche des Salomo« südwestlich von Bethlehem. Doch das Wasser der Aquädukte ist von den Römern schon im April in ihre eigenen Zisternen umgeleitet worden. Jerusalem ist auf strenge Einteilung seiner Vorräte angewiesen. Das Regenwasser, das sich in den Wintermonaten in den künstlich angelegten Felskavernen angesammelt hatte, muß ausreichen. Den einzigen Zufluß an frischem Wasser ermöglicht der unterirdische Kanal, den Hiskia acht Jahrhunderte zuvor hatte graben lassen; er verbindet die Gihonquelle mit dem Siloah-Teich. Die Gihonquelle schüttet Wasser in Stößen von jeweils vierzig Minuten Dauer. Die Abstände zwischen den Schüttungsstößen betragen sechs bis acht Stunden; in besonders heißen und trockenen Sommermonaten vergrößern sich die Abstände. Im Juli, August und September sinkt der tägliche Ausstoß von 1200 Kubikmeter auf 800 Kubikmeter ab. Mit dieser Wassermenge können die Organisatoren der Verteidigung von Jerusalem fest rechnen – die Gihonquelle und der überdeckte Siloah-Teich werden auch von den Römern nicht sofort entdeckt. Bei strikter Erfassung der 800 Kubikmeter Flüssigkeit steht jedem der 100000 Eingeschlossenen täglich ein Kontingent von acht Litern zu. Dank der Vorsorge des Hiskia kann Jerusalem von der unteren Stadt aus bis Anfang August mit Wasser guter Qualität versorgt werden; dann erobern die Römer dieses Trinkwassersystem.
Der Revolutionsrat in der Stadt regiert mit brutaler Härte. Revolutionstribunale verurteilen im Schnellverfahren jeden, der auf die – in den Ohren der Revolutionäre – defätistischen Parolen des Flavius Josephus hört. Die Diktatoren unterwerfen das Leben in der Stadt dem Gesetz der Verteidigung. Sogar die Priester und die religiösen Traditionalisten werden zur Unterordnung gezwungen: die Revolutionäre verbieten die Opferung von Tieren an Festtagen;

die Opferriten werden verboten. Kein Tier darf mehr der Nahrungsmittelversorgung entzogen werden.
Die behutsame Taktik der Römer, Schritt für Schritt den Lebensraum des Gegners einzuengen, bewährt sich. Sie spalten im August die Stadt in zwei Verteidigungsbereiche auf: der Tempel im Osten und die Zitadelle des Herodes im Westen sind noch in der Hand der Juden. Für Titus stellt sich die Frage, ob der Tempel nach der Einnahme zerstört werden soll oder nicht. Der Feldherr diskutiert diese Frage mit seinen Offizieren. Einige Kommandeure sind der Meinung, daß die Zerstörung den römischen Namen beflecke, die Mehrzahl aber stimmt für totale Vernichtung des Heiligtums. Tacitus überliefert die militärischen Argumente dieser Männer: die Juden haben selbst aus dem Tempel ein »Theater des Blutvergießens« gemacht. Der Tempel kann nicht mehr als Platz der Anbetung betrachtet werden. Er bildet eine Festung, die mit einer Garnison belegt ist. Da diese Garnison der Aufforderung zur Kapitulation nicht folgt, besteht das Recht, Jerusalem der Plünderung durch die Truppe freizugeben.

Der Tempel brennt

Über die Ausrüstung der Römer ist Flavius Josephus als ehemaliger Kommandeur des jüdischen Kontingents von Galiläa gut informiert: »Die Römer besitzen Katapulte zum Abschuß von Wurfspeeren, und sie verfügen über Steinschleudern. Mit diesen Kriegsmaschinen kämpfen sie nicht nur Ausfälle nieder, es gelingt ihnen auch, die Juden von der Mauer zu vertreiben. Die Steingeschosse wiegen etwa 40 Pfund und fliegen nahezu 400 Meter weit. Vor ihnen gibt es keinen Schutz, auch weiter hinten in der Stadt nicht. Die Juden konnten zuerst die Steine sehen – sie glänzten im Flug, weil sie weiß waren. Die Turmwächter warnten, sobald die Schleudermaschine zu arbeiten begann. Die Wächter schrien: der Stein kommt! Wer sich im Gefahrenbereich aufhielt, der rannte weg und suchte Deckung. Der Wachdienst verhinderte so, daß die Steine viele Juden töteten. Doch die römischen Steinwurfspezialisten lernten aus dieser Erfahrung. Sie färben die Steine dunkel, so daß ihre Flugbahn nicht mehr beobachtet werden kann. Der Warndienst versagt von nun an. So kommt bei jedem Schuß eine ganze Anzahl von Menschen ums Leben.«

Die Mauern, die Herodes dem Tempel gegeben hatte, widerstehen den Steingeschossen und Rammböcken. Doch jetzt wenden auch die Römer Feuer an: sie setzen die schweren eisenbeschlagenen Holztore an der Südmauer und hinter den Brücken der Westmauer in Brand. Durch die leeren Toröffnungen steigen bewährte Draufgänger in die Gassen ein. Auf dem freien Platz um das Heiligtum stellen sich Tausende von Juden zum letzten Kampf. Voll Respekt schreibt der griechische Historiker Dio Cassius: »Die Juden verteidigten sich jetzt mit mehr Willenskraft als zuvor. Es war, als ob sie es für ein besonderes Glück hielten, in der Nähe des Tempels bei der Verteidigung des Heiligtums zu sterben. Die Kampfwut der Verteidiger ließ nicht nach, bis ein Teil des Tempels in Flammen stand. Dann warfen sie sich in die Schwerter der Römer oder sprangen ins Feuer. Sie empfanden den Tod nicht als Zerstörung, sondern als Erlösung. Sie gingen im Gefühl, befreit zu sein, mit dem Tempel unter.« Dio Cassius war allerdings kein Augenzeuge, er lebte erst hundert Jahre nach der Vernichtung Jerusalems.
Flavius Josephus berichtet über den Brand des Tempels: »Der Feuersturm war so heftig, daß der ganze Berg, auf dem das Gebäude stand, in Flammen gehüllt war. Das Feuer schlug sogar aus den Fundamenten.« Am neunten Tag des Monats Ab vernichteten die Römer den Tempel; am selben Tag vor mehr als sechshundert Jahren war auch Nebukadnezar in Jerusalem eingedrungen. Eine ironische Pointe: Archäologen fanden die Steintafel, die allen Nichtjuden das Betreten des inneren Bezirks des Tempels bei Todesstrafe verbot.
Den ganzen September über hielt sich noch Widerstand in der Stadt. Den Mitgliedern des Revolutionsrats war durch die römischen Linien hindurch die Flucht zur Zitadelle des Herodes gelungen. Sie hoffen noch auf einen Verhandlungsfrieden; die Revolutionäre bitten um Abzug in die Wüste, doch Titus lehnt ab. Um den 30. September fällt auch die Zitadelle.
Auf dem Forum Romanum in Rom, vor dem Abhang des Palatinhügels, steht der Triumphbogen, der an den Ausgang des jüdischen Krieges erinnert. Ein Relief im Durchgang zeigt den Einzug der siegreichen Legionäre in Rom. Sie schleppen den siebenarmigen Leuchter, die silbernen Trompeten und den goldenen Tisch der Schaubrote. Nichts, was den Juden heilig war, entging der Plünderung, den Tempelvorhang hängte Titus als Trophäe in seinem Palast auf. Doch nicht nur der Tempelbereich wird zerstört, die ganze

Stadt Jerusalem brennt nieder. Die Ausgrabungen im jüdischen Viertel der Altstadt, begonnen nach der Eroberung durch die israelischen Truppen im Jahr 1967, beweisen den Brand. 150 Meter westlich des Tempelberges werden die Reste eines Hauses entdeckt; der Grundriß des Erdgeschosses ist erkennbar: Eingang, vier Zimmer, Küche und Bad. Ein Meter hohe Wände sind erhalten, so hoch waren die Räume mit Schutt angefüllt: Decke und oberes Stockwerk stürzten beim Brand zusammen. Nur Holzasche ist von den Balken übriggeblieben. Niemand hatte sich später die Mühe gemacht, die Trümmer auszuräumen – nachfolgende Generationen errichteten ihre Gebäude auf den eingeebneten Schuttgrundstükken. So blieb dieses Zeugnis der Ereignisse des Jahres 70 n. Chr. erhalten.

Die Münzen, die in den Räumen verstreut liegen, tragen die vom Revolutionsrat verordnete Prägung der Jahreszahlen. Die bewegliche Ausstattung des Hauses läßt sich rekonstruieren: Gewürzmörser, Mahlsteine, Marmortische, Gewichte und Mengenmaße, Steinvasen, Duftflaschen, aus Italien importierte Krüge. In der Ecke eines Raumes liegt die Metallspitze eines Pfeils. Unter den Trümmern an der Küchenwand fanden die Archäologen die Knochen eines menschlichen Arms. Der Name der Familie, die hier wohnte, ist feststellbar: ein Steingewicht trägt die Aufschrift »Bar Kathros« – Sohn des Kathros; nach der talmudischen Überlieferung gehört die Familie Kathros zu den vier Sippen, die in den Jahren vor der Revolte Reichtum durch Verkauf von Beamtenpositionen in der Tempelhierarchie erworben hatten.

Der Triumphbogen des Titus auf dem Forum Romanum wurde erst nach dessen Tod unter Domitian im Jahr 81 n. Chr. errichtet. Es ist nicht bewiesen, daß der als wichtigstes Beutegut hervorgehobene siebenarmige Leuchter eine genaue Kopie darstellt; er ist wohl nach der Phantasie aus dem Stein gemeißelt worden. Im Brandschutt des jüdischen Stadtviertels aber findet sich eine zwanzig Zentimeter hohe Gipsplatte, zerbrochen in zwei Teile, die zeigt, wie die Menorah, der siebenarmige Leuchter, im benachbarten Tempel ausgesehen hat. Menorahbilder sind äußerst selten zu finden – die Juden hatten Scheu davor, den heiligen Leuchter im Tempel zu kopieren. Diese Gipsplatte bewahrt wohl die einzige Nachbildung aus jener Zeit. Bemerkenswert sind die dünnen langen Arme, die auf einer kurzen Basis aufgesetzt sind. Die Verzierungen bestehen aus Verdickungen und schmalen Metallscheibchen. Die Flammen züngeln unmittelbar über der obersten Verdickung. Der Leuchter im Tempel muß einen Docht gehabt haben, der Öl verbrannte.

Die Römer entvölkern die Stadt: einige Tausend Menschen werden als Gefangene nach Rom transportiert, andere leben in den nächsten Jahren als Sklaven in der Garnisonsstadt Caesarea; viele kommen in den Schaukämpfen im Zirkus ums Leben. Die überlebenden Mitglieder des Revolutionsrates werden in Rom im Mamertinischen Kerker hingerichtet. Kaiser Vespasian kann eine Gedenkmünze prägen lassen: Judaea capta – Judäa ist gefangen. Die eine Seite der Münze zeigt den Kaiser in selbstgefälliger Pose – die andere eine trauernde Jüdin.

Doch mit der Verschleppung der Bevölkerung von Jerusalem endet diese Epoche der jüdischen Geschichte noch nicht, der Widerstand dauert fort. Drei Jahre lang hält die Herodes-Festung Masada gegen starke römische Belagerungsstreitkräfte stand.

Das Ende in Masada – 960 Hebräer gegen 15 000 Römer

Wer noch aus Jerusalem hatte fliehen können, schlug sich durch nach Süden in Richtung Hebron. Die Hügel, bedeckt mit Weingärten und Olivenwäldern, boten vorübergehend Schutz für kleine Gruppen. Das endgültige Ziel der Flüchtlinge war die Festung Masada am Toten Meer. Seit vier Jahren hielt sich dort ungestört von den Römern eine Kolonie von Anhängern der national-religiösen Ideologie. Masada hatte gute Aussicht, auch weiterhin ein Bollwerk des hebräischen Glaubens zu bleiben.

Der Felswürfel ragt hoch aus der Küstenebene. Die Sturzbäche, die jedes Jahr im Winter aus den Bergen von Hebron herunterschießen, haben den riesigen Block freigewaschen; seine vier Seiten steigen steil an bis zur Höhe von 500 Metern über der Felsbasis. Das Plateau von Masada ist nahezu eben. Seine Dimension: 700 mal 350 Meter.

Herodes hatte erkannt, daß dies der ideale Platz ist für eine Festung, die auch einer langen Belagerung standhält. Da er in der ständigen Furcht lebte, die seit Generationen mächtigen Familien in Jerusalem könnten ihn als König absetzen, baute er sich auf dem Felswürfel eine Fluchtburg mit riesigen Vorratsräumen. Tausende von Tonnen an Getreide, Öl und Wein lagerten in Tongefäßen unter den Gewölben. Da die Luft so hoch über dem Toten Meer sehr trocken ist, verdarben die Lebensmittel nicht. Neunzig Jahre lang waren die Vorräte unberührt geblieben – jetzt konnten die ausgehungerten Flüchtlinge davon leben. Die Mauern der Vorratsbunker wurden in den letzten Jahren freigelegt, sie können derzeit besichtigt werden.

Zu sehen sind auch noch die genialen Anlagen, mit denen die Ingenieure des Herodes die Wasserversorgung in einer Gegend ohne Quellen sicherten: am Westhang des Berges ließen sie in eine weichere Gesteinsschicht Vertiefungen graben; zwei Reihen solcher Löcher ziehen sich parallel über das mittlere Drittel der Steilwand hin. Jede dieser Zisternen faßt vier Millionen Liter Wasser. Insgesamt besaß die Festung Masada Speichermöglichkeiten für fünfzig Millionen Liter Wasser. Über der Festung selbst regnet es selten, mit Regenwasser aus dem Bereich des Plateaus konnten die Zisternen nicht gefüllt werden. Doch zwischen November und März regnet es häufig weiter im Westen, über den Bergen von Judäa.

Dieses Wasser fließt schon wenige Minuten nach den Regengüssen mit großer Geschwindigkeit im Tal an Masada vorbei. Die Techniker des Herodes fingen durch ein Kanalsystem das Wasser auf und leiteten es den Hang entlang in die Zisternen. Von den Kavernen in halber Höhe aus füllten Arbeiter täglich die Vorräte auf dem Plateau auf: von hier schleppten sie das Wasser in Tonkrügen nach oben. Die Flüssigkeit, die von Hebron herunter durch das Tal gurgelt, ist vermischt mit Lehm und Sand; sie kommt in Masada als braune Brühe an. Doch ich sah selbst, daß die Pfützen innerhalb kurzer Zeit voll sauberen Wassers stehen: der Schmutz senkt sich sofort ab.

Einige Wochen nach der Zerstörung von Jerusalem leben 960 Männer, Frauen und Kinder in Masada. Die Ausgrabungen zeigen, daß die Flüchtlinge die großen Räume des Herodes nicht benützt haben; sie leben in den Kasematten, die zur Befestigung der Mauer gehören. Als die bewohnbaren Nischen alle besetzt sind, bauen sie an die Mauer primitive Häuser aus Lehmziegel an. Sie fühlen sich nur als Gäste auf dieser Burg, nicht als Eigentümer, die das Recht haben, die Paläste zu bewohnen. Schwarze Färbungen der Mauer zeigen die vielen Plätze an, wo die Kochöfen der Familien standen. Viele Feuerstelle und tönerne Töpfe sind erhalten.

Wer sich heute über die Mauer nach Osten, Norden und Westen beugt, sieht die sorgfältig abgesteckten Quadrate der Römerlager. An acht Positionen rings um den Berg bezog die Zehnte Legion mit 10000 Soldaten Stellung – 5000 Hilfskräfte sicherten die Versorgung dieser Armee. Diese Zwangsarbeiter schichteten die Lagermauern auf, die von oben deutlich zu sehen sind; sie zogen einen Belagerungswall von 3500 Meter Länge über die begehbaren Flächen rings um den Felsblock; sie transportierten Wasser aus der 15 Kilometer entfernten Oase En Gedi heran. Im umfangreichsten und am höchsten gelegenen Camp wohnte der Provinzstatthalter Flavius Silva mit seinem Stab.

Flavius Silva hatte eine undankbare Aufgabe übernommen: er mußte einen Feldzug führen, von dem in Rom eigentlich niemand etwas wissen durfte; denn dort war der Sieg über Judäa längst gefeiert worden mit Triumphzügen und mit der Ausgabe der Gedenkmünze »Judaea capta«. Daß 960 Juden noch unabhängig waren und Widerstand leisteten, das konnte nur als Blamage angesehen werden in der Hauptstadt. Solange diese Nationalisten in Freiheit lebten, blieb immer die Gefahr neuer Aufstände in Judäa; siegreiche

Rebellionen wirkten ansteckend auf die Unterdrückten. Dieses Nest der national-religiösen Revolution konnte von den Römern nicht geduldet werden.

Die Verteidiger sind gläubige Juden

Aus besonderem Grund zeigen die israelischen Archäologen große Befriedigung über die Entdeckung einer Synagoge auf dem Plateau der Festung Masada. Sie sehen in diesem Bau aus dem 1. Jahrhundert n. Chr. einen weiteren Pfeiler der ideellen Brücke, die Vergangenheit und Gegenwart verbindet. Die Synagoge von Masada festigt den Anspruch der Menschen jüdischer Religion auf dieses Land zwischen Jordan, Totem Meer und Mittelmeer. »Mit jeder erfolgreichen Grabung sichern wir Gegenwart und Zukunft« – das ist der patriotische Grundsatz der israelischen Archäologie. Da unter dem Fußboden der Synagoge viele Schichten Pferdemist liegen, nehmen die Archäologen an, daß die Belagerten kurz entschlossen einen Stall umgebaut haben. Sie richteten diesen Raum zur Andacht ein und ordneten die Säulenreihe, wie es Vorschrift war, auf das rund hundert Kilometer entfernte Jerusalem zu.

Die letzte Zuflucht der Essener-Sekte

80 Kilometer nördlich von Masada, ebenfalls am Westufer des Toten Meeres, liegt der Ausgrabungsplatz Chirbet Qumran. Die Ruinen haben an Bedeutung gewonnen, seit in der unmittelbaren Umgebung, versteckt in Höhlen, Schriften gefunden wurden, die Zeugnis geben von der Existenz einer puritanischen Sekte. Es ist zu vermuten, daß die Anhänger dieser Sekte den umfangreichen Gebäudekomplex in der Ebene bewohnt haben. Die Historiker nehmen an, daß es sich um die religiöse Sekte der Essener handelt, die u. a. von Flavius Josephus, Philo und Plinius erwähnt werden.

Die Sektierer teilten die Menschheit ein in Auserwählte und Verdammte. Sie sahen die Welt beherrscht von zwei Mächten: dem Fürsten des Lichts und dem Engel oder Geist der Finsternis. Sich selbst rechneten die Sektenmitglieder zu den Auserwählten – den »Söhnen des Lichts«. Zwischen ihnen und den »Söhnen der Fin-

sternis«, so glaubten sie, werde ein Krieg entbrennen, der das Ende der Welt markiere. Sie glaubten, daß dieser Kampf unmittelbar bevorstehe, und bereiteten sich darauf vor. Keinen Zweifel gab es für sie am siegreichen Ausgang dieses Kampfes, an dessen Ende ein neues Israel geschaffen werde. Ihr Ziel war es, den Grad von Heiligkeit und Gerechtigkeit zu erlangen, den Gott von jedem Gläubigen forderte. Dieser Grad der Heiligkeit war durch das Prinzip der Auserwählung für jeden schon vorherbestimmt.
Die Mitglieder, dazu gehören auch Frauen und Kinder, bereiten sich auf Kampf und Sieg vor. Sie leben in der Gemeinschaft nach strengen Regeln. Ihnen ist kein Eigentum erlaubt; sie unterwerfen sich den Befehlen der Vorsteher; sie passen sich in eine Rangordnung ein, die jedem nach der Stufe seiner Vollendung den Platz am Eßtisch zuweist. Um sich zu unterscheiden von allen übrigen Hebräern, orientieren sich die Menschen von Qumran nach einem eigenen Kalender: sie arbeiten, wenn die anderen feiern; sie feiern, wenn die anderen arbeiten.
Die Separierung ist kein Schutz gegen die römischen Truppen: die Besatzungsmacht verschont auch nicht die politisch indifferenten Religionsgruppen, zu denen die Bewohner des Gebäudekomplexes von Chirbet Qumran gehören. Die Zehnte Legion hat den Auftrag, auf dem Marsch in Richtung Masada grundsätzlich alle Sekten aufzulösen. Den Gläubigen bleibt nur die Flucht in die Festung. Sie nehmen das Wichtigste mit aus ihrem Besitz: die Schriftrollen. Doppelte Exemplare, Kopien, verstecken sie zuvor noch in den nahen Höhlen. Reste von Dokumenten, die auf Masada im Schutt der Ruinen gefunden wurden, stimmen wörtlich überein mit den Schriften aus den Höhlen. Die Datumsangaben der Rolle »Gesänge zum Sabbatopfer« weist darauf hin, daß in der Festung Menschen gelebt haben, die mit dem exklusiven Kalender der Qumransekte vertraut waren.

Römische Ingenieure entscheiden den Kampf

Flavius Josephus, der Überläufer, beschreibt als Augenzeuge die Taktik der Römer: »Der Feldherr Silva hatte den ganzen Platz mit einer Mauer umgeben, daß keiner von den Belagerten mehr entkommen konnte. Um an die Festung heranzukommen, plante Silva eine Erdaufschüttung. Im Westen erhob sich ein breiter Fels, der einen starken Vorsprung bildete und rund 150 Meter unter der Mauerbasis von Masada lag. Silva befahl den Soldaten, Sand heranzuschaffen. Die Leute arbeiteten eifrig, und bald erhob sich ein Damm von 100 Metern, der aber noch nicht hoch genug und nicht fest genug war, um die Belagerungsmaschinen aufzunehmen, so daß noch Steine aufgehäuft werden mußten.«

Der Damm der Römer zieht sich in sanfter Schräge vom Tal herauf zur Festung hoch. Er ist bis heute gut erhalten. Das Baumaterial stammt aus einer Gesteinsformation, die Flavius Josephus den »weißen Felsen« nennt; die Steine unterscheiden sich schon in der hellen Färbung vom braunen, harten Dolomit, aus dem Masada besteht. Zur Verhinderung solcher Aufschüttungsarbeiten konnten die Belagerten auf eine Waffe zurückgreifen, die schon König Herodes hatte bereitlegen lassen: runde Steine von jeweils etwa fünfzig Kilogramm Gewicht. Sie rollen mit großer Wucht den Abhang hinunter und zerschmettern die Menschen, die in ihrem Weg stehen. Stapel dieser Steinmunition liegen noch innerhalb der Befestigungen im Süden und Osten; an der Westmauer von Masada aber wurden keine dieser Steine mehr gefunden, hier haben die Belagerten die Waffe eingesetzt. Aufhalten konnten sie den Baufortschritt nicht.

Eine andere Art von runden Steinen liegt im Schutt der westlichen Befestigungswerke: Geschosse in der Größer einer Grapefruit. Diese Steine schleuderten die Belagerungsmaschinen der Römer gegen die Mauer. Flavius Josephus schildert die Technik der Belagerung: »Es wurde auf der Plattform des Dammes ein Turm von dreißig Meter Höhe errichtet. Dieser Turm war vollkommen mit Eisenplatten gepanzert. Von seiner oberen Brücke aus schleuderten die Römer Wurfspeere und Steine. Die Juden, die auf der Festungsmauer kämpften, mußten sich wegen der Geschosse in Deckung halten. Sie konnten es nicht mehr wagen, ihre Köpfe über die Mauer zu heben. Als dieser Erfolg errungen war, ließ Silva einen mächtigen Rammbock auf den Damm schaffen; heftige und häufige Schläge brachten die Mauer schließlich zum Bersten.«

Daß ihnen Gefahr drohen könnte, damit hatten die Rebellen bis zu dieser Stunde nicht gerechnet. Ihre Vorratslager sind voll. Zwar unterbricht der Damm an der Westseite des Felsens die Wasserzufuhr aus den Wadis der Berge von Judäa, doch das Wasser in den Zisternen auf der Plattform reicht noch für lange Zeit. Als psychologisch gefährlich erweist sich der Erfolg der römischen Ingenieurkunst: auf den mächtigen Holzkonstruktionen stehen die Angreifer an den Steinschleudern jetzt in derselben Höhe wie die Verteidiger – von Masada aus blicken die jüdischen Kämpfer nicht mehr auf den Feind herab, sondern zum Feind hinüber. Entnervend wirken die mit zentnerschwerer Wucht geführten Schläge des Rammbocks, die das ganze Festungswerk erzittern lassen. Flavius Josephus beobachtete die weitere Entwicklung: »Die Belagerten schichteten in Eile eine zweite Mauer auf. Sie war so konstruiert, daß große Balken längsseits parallel zum bisherigen Wall aufeinandergefügt wurden: es entstanden zwei massive Holzzäune mit einem Zwischenraum, den die Männer von Masada mit Erde füllten. Diese Konstruktion erwies sich tatsächlich als wirkungsvoll gegen die Schläge des Rammbocks, da die Stöße die Erde zwischen den Balkenzäunen nur fester zusammenrüttelten und so den Bau noch widerstandsfähiger machten. Als Silva das bemerkte, kam ihm der Einfall, daß die Holzkonstruktion am ehesten durch Feuer zu vernichten sei. Er befahl den Soldaten an den Schleudern, Pechfackeln gegen die Holzbalken zu schießen. Das Holz brannte bald lichterloh.« Doch über Stunden hin haben die Juden Glück – der Wind bläst vom Toten Meer nach Westen über das Felsplateau, den Römern entgegen. Der Belagerungsturm ist in Rauch gehüllt, die Flammen vom Mauerbrand schlagen gegen die Panzerung der Holzkonstruktion. Silva fürchtet, daß seine eigene Maschinerie zu brennen anfängt. Gegen Abend aber ändert der Wind plötzlich, von einer Sekunde zur anderen, die Richtung. Hellauf lodert der Brand der zweiten, hölzernen Festungsmauer. Die Römer beschließen, am anderen Tag durch die Bresche zu stürmen. Sie haben noch immer Sorge vor hohen Verlusten; sie rechnen damit, daß ohne blutiges Gemetzel der Widerstand auf Masada nicht zu brechen ist.

Am Morgen steigen sie aus den Lagern rings um den Felsblock über den Sanddamm zur Festung hoch. Sie schleichen durch die weit aufklaffende Mauerlücke. Rauchschwaden nehmen ihnen die Sicht. In den Kasematten hinter den Wällen verbrennen Holzmöbel, Kleider, Nahrungsmittel unter ölig stinkendem Qualm. Die Römer dringen vor auf den freien Platz. Sie entdecken keinen Gegner. Hinter dem Westpalast erst werden, verstreut über den Platz, 957 Juden gefunden – sie sind tot. Nur eine Frau hatte mit ihren zwei Kindern die grausige Nacht überlebt. Flavius Josephus schrieb auf, was sie erzählt: »Jeder Mann tötete seine nächsten Angehörigen. Selbst wollten sie keine Sekunde länger leben als die Erschlagenen. Sie bestimmten deshalb nach dem Los zehn Männer, die alle übrigen töten sollten. Jeder legte sich neben seine tote Frau und neben seine toten Kinder und breitete die Arme um sie. Und als die Zehn ohne zu zögern alle erschlagen hatten, da verlosten sie unter sich, wer derjenige sein sollte, der die anderen neun töten und danach sich selbst umbringen mußte. Die neun boten ihre Nacken dar. Der letzte prüfte nach, ob einer den Gnadenstoß brauchte. Er sah, daß alle tot waren. Nachdem er Feuer an den Palast gelegt hatte, durchbohrte er sich mit dem Schwert. Alle hatten sich umgebracht, damit keiner lebend in die Hände der Römer falle.«

Ohne Triumphgeschrei nehmen die Römer Masada ein. Sie werfen die Toten über den steilen Abhang im Süden. Fünfundzwanzig Skelette, ohne Ordnung gestapelt, entdeckt eine Ausgrabungsexpedition unter Professor Yigael Yadin 1965 in einer Höhle unterhalb der südlichen Kasemattenmauer. Spezialisten der Medizinischen Fakultät der Hebräischen Universität Jerusalem stellen fest, daß vierzehn der Skelette von Männern stammen, sechs von sehr jungen Frauen, vier von Kindern; ein außerordentlich kleines Skelett wird als Knochengerüst eines Embryos identifiziert.

Einige der Leichen, die oben auf dem Plateau von Masada unter Trümmern begraben lagen, hatten die Römer nicht entdecken können. Die Archäologengruppe unter Leitung von Yigael Yadin stieß auf das Skelett eines Mannes, das von Silberplättchen in großer Zahl umgeben war. Dieser Mann hatte vor dem Tod seine Rüstung angezogen, die in Einzelteile zerfiel im Lauf der neunzehn Jahrhunderte, die seit der Selbstvernichtung der Juden von Masada vergangen sind. Neben dem Kämpfer in der Rüstung liegen eine Frau und ein Kind. Ein Tonscherben, der einst beschriftet war, wurde wenige Zentimeter daneben gefunden. Andere Tonplättchen wurden beim Tor, das zu den Wasserreservoirs führt, aufgelesen. Auf diesen Plättchen sind die Aufschriften zu entziffern. Es sind Männernamen. Die Tonscherben sind die Lose, mit denen die zehn Männer bestimmt worden waren, die alle anderen zu erschlagen hatten. Ein Name ist bekannt: Ben Ya'ir. Der Überläufer Flavius Josephus hat den Mann gekannt – es handelt sich um Eleazar Ben Ya'ir, den Kommandanten der Festung Masada. Auch er hatte sich dem Los unterworfen.

Eleazar Ben Ya'ir, Vorbild der heutigen Generation

Flavius Josephus ist von schlechtem Gewissen geplagt: er hat den bequemen Weg der Gefangenschaft gewählt. Zwar hat er einige Wochen lang Ketten getragen, aber jetzt ist er frei. Als jüdischer Offizier nahm er Demütigungen hin, um weiterleben zu können. Daran leidet er sein Leben lang. Da Flavius Josephus selbst nicht die Kraft hatte, zu handeln wie der Kommandant von Masada, setzt er in seinen Schriften dem Eleazar Ben Ya'ir ein monumentales Denkmal. Die Worte der verstörten Frau, die in einem Versteck die Nacht des Todes überlebt hatte, gestaltet er zu einem politischen Epos von hoher Wirkungskraft. Es ist völlig gleichgültig, ob Eleazar Ben Ya'ir tatsächlich seinen Kampfgenossen mit eindringlichen Worten den Tod geraten hat. Was für das Alte Testament gilt, gilt auch für die Legende, die Flavius Josephus zu flechten verstand: sie beeinflußt die Wirklichkeit von heute. Flavius Josephus überliefert Worte, die den kämpferischen Israeli in Jerusalem, in Tel Aviv, in den Kibbutzim vom Negev, am Toten Meer und im Jordantal Kraft geben. Die letzte Rede des Kommandanten von Masada gehört zur Pflichtlektüre jedes Absolventen der israelischen Militärakademie. Flavius Josephus zitiert die Worte des Eleazar Ben Ya'ir so: »Meine großherzigen Freunde, da wir schon vor langer Zeit beschlossen haben, niemals Sklaven der Römer zu werden oder uns irgend jemandem, außer Gott, zu unterwerfen, so müssen wir nun diesen Entschluß befolgen. Wir bringen Schande über uns, wenn wir uns jetzt in Sklaverei begeben und uns furchtbaren Strafen aussetzen, wo wir uns doch damals nicht ergaben, als es noch ganz ungefährlich war. Ich bin der Ansicht, daß die Römer uns erbarmungslos behandeln werden. Wir waren doch die ersten, die gegen sie revoltierten, und wir sind auch die letzten, die noch kämpfen. Ich sehe eine besondere Gnade darin, ruhmreich und in Freiheit das Leben beschließen zu dürfen. Vielen wurde diese Gnade nicht zuteil. Unsere Lage ist so, daß wir morgen in der Hand des Feindes sein werden. Aber noch haben wir die Freiheit, zusammen mit unseren liebsten Freunden ruhmvoll zu sterben. Diese Festung, die unüberwindbar schien, kann uns nicht retten. Zwar besitzen wir noch volle Lebensmittellager, wir haben genug Waffen, doch Gott selbst nahm uns die Hoffnung. Das Feuer, das auf unsere Feinde niederging, drehte sich nicht von selbst auf einen Schlag

gegen unsere Mauer, sondern Gott in seinem Zorn hat den Wind gedreht. An seinem Zorn sind wir schuld durch unsere Sünden. Die Strafe für diese Sünden aber wollen wir nicht den Römern überlassen. Wir geben uns Gott in die Hand durch unseren Tod. Seine Strafe wird milder sein als die der Römer. Lieber sollen unsere Frauen sterben, als daß sie geschändet werden. Lieber sterben unsere Kinder, als daß sie in der Sklaverei weiterleben. Wenn sie tot sind, wollen wir uns gegenseitig den gleichen ehrenvollen Liebesdienst erweisen. Nur so können wir uns die Freiheit, das schönste Denkmal für uns, erhalten. Wo ist unsere große Stadt geblieben, die Hauptstadt des Judenvolkes? Wo ist die Stadt, die Gott selbst zur Wohnstätte auserwählte? Sie ist zerstört bis auf die Grundmauern. Armselige Greise wühlen in der Asche des Tempels, und ein paar Weiber sind am Leben zum Vergnügen der Feinde. Wer kann daran denken und noch Freude haben am Sonnenschein? Laßt uns sterben, bevor wir Knechte unserer Feinde werden. Als freie Menschen scheiden wir aus dieser Welt. Wir wollen uns beeilen und unseren Feinden die Freude verderben, uns in ihre Gewalt zu bekommen. Wir wollen ein Beispiel setzen. Es wird sie zwingen, über unseren Tod zu staunen und unseren Entschluß zu bewundern.«
Auf dem Felsplateau von Masada wird alljährlich seit der Neugründung des jüdischen Staates der Offiziersnachwuchs der israelischen Armee vereidigt. Eleazar Ben Ya'ir hat recht behalten: die Männer und Frauen um ihn haben ein Beispiel gesetzt. »Masada darf nicht wieder fallen!« Dieser Spruch prägt den Geist der jungen Männer, die heute auf dem freien Platz zwischen den Festungsruinen den Treueid schwören. Die Wurzeln, die das jüdische Volk vor vielen Generationen in den Boden schlug, treiben.

Register

Bildnachweis:

Alle Abbildungen aus den Archiven der Buchverlage Ullstein (Propyläen) / Langen Müller
außer: Prof. Yigael Yadin, Jerusalem (5)

Schutzumschlagmotiv:

Die Inschrift auf der Steinstele schildert die Erfolge und Siege König Mesas von Moab
über die Hebräer (um 840 v. Chr.).
Wortlaut der Übersetzung siehe Seite 126/127.

Bitte beachten
Sie die folgenden Seiten

496 Seiten

HERBIG

BRITANNIA
Oceanus Britannicus
GERMANIA
Mare Cantabricum
GALLIA
Raetia
ILLYRIC
Dalmatia
ITALIA
HISPANIA
Roma
MARE
Mauretania
IONT
DAS REICH DER RÖMER
0
500
1000
km